智元微库
OPEN MIND

成 长 也 是 一 种 美 好

人力资源管理合规实战入门

吕帅 —————————————— 著

人民邮电出版社

北京

图书在版编目（CIP）数据

人力资源管理合规实战入门 / 吕帅著. -- 北京 ：
人民邮电出版社，2022.10
ISBN 978-7-115-59944-5

Ⅰ．①人… Ⅱ．①吕… Ⅲ．①人力资源管理 Ⅳ.
①F243

中国版本图书馆CIP数据核字(2022)第160075号

◆ 著 吕 帅
责任编辑 黄琳佳
责任印制 周昇亮

◆ 人民邮电出版社出版发行　　北京市丰台区成寿寺路11号
邮编 100164　　电子邮件 315@ptpress.com.cn
网址 https://www.ptpress.com.cn

涿州市京南印刷厂印刷

◆ 开本：720×960　1/16

印张：20　　　　　　　　2022年10月第1版

字数：350千字　　　　　　2022年10月河北第1次印刷

定 价：79.80 元

读者服务热线：（010）81055522　印装质量热线：（010）81055316
反盗版热线：（010）81055315
广告经营许可证：京东市监广登字20170147号

编 辑 委 员 会

我对于人力资源合规的看法（代序）

　　正式启动这本书的写作是在 2022 年年初，我在此之前刚刚看完了刘慈欣的《三体》三部曲，除了拜服大刘的各种惊人脑洞，更加惊叹于他对"功利主义"与"道德主义"之争的一种黑色幽默式的呈现。

　　我时常自诩为"一线"劳动法律师、"一线"兼职劳动仲裁员，但这个"一线"并非娱乐圈的"一线"，而是指直接面对劳动者、用人单位及审裁机构的第一现场。在这个过程中，我的思维方式逐渐从法律至上转变为"无讼"至上，因为我发现，调解比裁决更能解决问题，讲通道理比单纯解释法律更重要。

　　如果我们顺着这种思维回到企业的用人管理中，就会发现多数纠纷是在"功利主义"思想下产生的，这是一种冷静到冷酷的理性思维。我们常说战争是冷酷的，善战之人也必须是理性的，但事实上，所谓"功利主义"并非这一小部分人才会有的思维模式。在《三体》描述的那种全人类生死存亡之际，如果你站在"上帝"的视角，自会认同为保留人类的火种而牺牲部分人类的观点，即使你会被他们视为"功利主义"的魔鬼。但如果你身在其中，又会无比希望决策者是程心那样的"道德主义"拥护者。

　　同理，我们都处在现实世界里，处在真实的劳资关系中，如果企业对于劳动者来说只是冷冰冰的管理机器，那又何谈"人"力资源管理呢？

　　本书中，我引用了大量案例（本书引用案例均来自裁判文书网、各级法院发布的典型案例等，并采用化名、改编的形式出现），就是为了向用人单位提出一种"善良管理"的概念，这个概念原本是我在审理劳动争议仲裁案件时，对于企业自主管理权与劳动者的实际权利甚至是伦理道德产生冲突时的一个评判要件，比如在判断企业对员工单方做出违纪解除、单方调岗、休息休假安排、工资发放等行为是否合理时，就要分析企业管理行为的出发点是否出于"善良管理"，如若不是，则将做出否定性评价。

2021 年 1 月 19 日，最高人民法院发布了《关于深入推进社会主义核心价值观融入裁判文书释法说理的指导意见》，要求法官在法律框架内运用社会主义核心价值观释法说理，规范行使自由裁量权。

这就为人民法院在判断企业的管理行为是否合理合法限定了一个基本框架。所以，我们必须要把"善良管理"的理念引入企业人力资源合规体系，并把"无讼"作为人力资源合规的最高追求，为了"无讼"，我们就要看清纷争本质，为了"无讼"，我们就要设法定纷止争，解决"人"的问题。

在本书中，我仅希望将我对于人力资源合规的思考与大家探讨，如有遗漏、谬误之处，欢迎批评、指正。本书引用的法规等信息统计截至 2022 年 5 月，如有更新，请以最新公布的法规等文件为准，本书仅作参考。

最后，这本书的完稿要感谢湖南天地人律师事务所杨林主任的鼎力支持，还要感谢柏晟团队小伙伴的协助！

作者邮箱：lvshuai@titanlaw.com，欢迎广大读者批评指正。

吕　帅

2022 年 4 月于长沙

目录

第一部分

员工招聘篇

第一章

人才招聘阶段的合规管理

近年来，如"某某公司要求员工入职告知生育计划""某某公司规定女员工生育就自动离职"等因为用人单位招聘管理不合规而产生的案件频频引起社会关注和媒体报道。在这些案件中，用人单位的违法行为虽然经济成本不大，但势必会造成其他不良反应，并可能对其声誉造成重大影响。这也就意味着，HR 的人力资源管理合规工作，从人才招聘阶段就已经开始了。

【合规风险】

人才招聘阶段的合规风险见表 1-1。

表 1–1　人才招聘阶段的合规风险

责任类型	用人单位违规后果	法律依据
民事责任	停止侵害、赔礼道歉、经济赔偿、精神损害赔偿	违反本法规定，实施就业歧视的，劳动者可以向人民法院提起诉讼 ——《中华人民共和国就业促进法》[①] 第六十二条 承担民事责任的方式主要有：停止侵害；……赔偿损失；消除影响、恢复名誉；赔礼道歉等 ——《中华人民共和国民法典》[②] 第一百七十九条第 1 款 侵害自然人人身权益造成严重精神损害的，被侵权人有权请求精神损害赔偿 ——《民法典》第一千一百八十三条第 1 款
行政责任	责令改正、罚款、失信惩戒	用人单位就业歧视，由劳动保障行政部门责令改正，并可处以罚款 ——参见《就业服务与就业管理规定》第六十八条 对用人单位、人力资源服务机构发布含有性别歧视内容招聘信息的，依法责令改正；拒不改正的，处 1 万元以上 5 万元以下的罚款，情节严重的人力资源服务机构，吊销人力资源服务许可证。并将行政处罚等情况纳入人力资源市场诚信记录，依法实施失信惩戒 ——《关于进一步规范招聘行为促进妇女就业的通知》第四条

【合规实务指引】

一、何为就业歧视

　　用人单位涉及就业歧视的纠纷在招聘、用工及解聘阶段均有可能发生，包括性别歧视、地域歧视、学历歧视、疾病歧视、相貌歧视等。

　　就招聘阶段来说，用人单位对候选人进行择优筛选是无可厚非的，这是用

---

① 以下简称《就业促进法》。
② 以下简称《民法典》。

人单位最基础的用工自主权。但在实践中，往往因为大家对择优筛选的理解存在偏差而产生就业歧视的纠纷争议。所以，要理解何为就业歧视，就要先正确理解择优筛选的含义。

用人单位在筛选人才的过程中必然会设置一定的标准，比如对候选人的工作经历、学历、专业能力等设置录用门槛，而门槛存在的意义应该就是用来考察候选人是否胜任、匹配所招聘的岗位，这样的甄选对所有候选人都是公平的。但是，如果用人单位设置的门槛是因人而异的，而且这种因人而异又没有法律依据且缺乏合理性，那么就有可能涉及就业歧视，此时，法律就会对用人单位的用工自主权进行限制。

［关联案例］

案例 1–1　用人单位因求职者是 ×× 省人拒绝录用，被判在国家级媒体登报道歉

闫某是 ×× 省人，某日，她通过某招聘网发现 A 公司发布了一个合适的招聘岗位，便马上将自己的简历投递过去。第二天，闫某登录该招聘网查看，看到回复消息称闫某不适合该岗位，原因竟然是闫某为 "×× 省人"。

闫某认为，A 公司上述地域歧视行为，违反《中华人民共和国就业促进法》的相关规定，严重侵犯了其人格权，提起诉讼，请求判令 A 公司向其口头道歉、登报道歉、支付精神抚慰金 6 万余元。

裁判结果

人民法院认为，劳动者依法享有平等就业权。对平等就业权的侵害会损害劳动者的人格尊严，受害人有权依照民事法律规定，请求用人单位承担民事责任。就业歧视的本质特征是没有正当理由地差别对待劳动者。用人单位招用人员，不得实施就业歧视。本案中，A 公司在案涉招聘活动中因 "×× 省人" 这一地域事由对闫某实施了不合理的差别对待，损害了闫某平等获得就业机会和就业待遇的权利，构成对闫某平等就业权的侵害，主观上具有明显过错。故判令 A 公司向闫某支付精神抚慰金 9000 元，由 A 公司向闫某口头道歉并在国家级媒体登报道歉。

——最高人民法院第二批社会主义核心价值观涉劳动法案例

二、如何判断是否属于就业歧视

首先，就业歧视类案件属于劳动法与其他法律交叉的案件，2019年1月1日起施行的《最高人民法院关于增加民事案件案由的通知》中在"人格权纠纷"的大项下新增了"平等就业权纠纷"这个案由。这就意味着实施就业歧视的用人单位将可能承担民事侵权责任，而且劳动者可以直接向法院起诉，并不需要经过劳动仲裁的前置程序。

在人格权纠纷案件中，法院一般是从侵权行为的事实、侵害的后果、因果关系、主观过错几个方面来判断侵权责任是否成立。具体到平等就业权纠纷中，用人单位就需要从"就业歧视行为的事实""劳动者的人格尊严是否受到侵害""用人单位的歧视行为与劳动者的人格尊严损害有无因果关系""用人单位实施歧视行为是否有主观故意"四个方面进行抗辩。

此外，在平等就业权纠纷中，法院裁判考虑的最为核心的要素是侵权行为是否存在，也就是审查用人单位是否存在"因人而异"的行为，并从合法性、合理性的角度判断这种"因人而异"是否构成就业歧视。

（一）不具有合法性的"因人而异"

《中华人民共和国劳动法》（以下简称《劳动法》）、《就业促进法》《就业服务与就业管理规定》等法规对禁止就业歧视的情形做了明确规定（见表1-2）。

表1-2　禁止就业歧视的法定情形

法规	涉及条文	禁止歧视的情形
《劳动法》	第十二条	民族、种族、性别、宗教信仰
《就业促进法》	第三条	民族、种族、性别、宗教信仰等
	第二十七条	妇女
	第二十八条	少数民族劳动者
	第二十九条	残疾人
	第三十条	传染病原携带者
	第三十一条	农村劳动者
《就业服务与就业管理规定》	第四条	民族、种族、性别、宗教信仰等
	第五条	农村劳动者

此外，我国在 2005 年 8 月批准了《1958 年消除就业和职业歧视公约》，该公约中规定了性别、种族、宗教、肤色、政治见解、民族血统或社会出身等亦属于禁止就业歧视的情形。

（二）不具有合理性的"因人而异"

对于"因人而异"是否具有合理性，取决于法官对就业歧视性质的认识，属于自由裁量权的范畴。可以根据《1958 年消除就业和职业歧视公约》第一条第 2 款规定的"对一项特定职业基于其内在需要的任何区别、排斥或优惠不应视为歧视"为法律基础进行推论。特定职业的内在需要，如招聘接待、礼仪、文艺岗位有外貌要求，招聘管理、技术岗位有管理经验或专业学历要求等，这些招聘要求都是从"能否胜任、岗位匹配"的角度设置的招聘条件，具备一定的合理性，一般不宜认定为就业歧视。

这里举一缺乏合理性的例子。某外企招聘，有一位中国人和外籍人士同时应聘，这位中国人明显在各方面都优于其他候选人，如果该外企以应聘者的中国人身份为由拒绝录用，这就是典型的民族歧视。

综上，我们可以将这种"不合理"简单理解为"损人且不利己"，这就是就业歧视。

三、不属于就业歧视的"因人而异"

用人单位应当避免发生法律明确禁止及不合理的"因人而异"，但与此同时，法律还规定了一些"职业禁入"的情形（见表 1–3），即法定的"因人而异"，如果用人单位据此不予录用候选人，便不属于就业歧视。

表 1–3　职业禁入的法定情形

群体	涉及条文	职业禁入情形
女职工	《劳动法》第五十九条	矿山井下、国家规定的第四级体力劳动强度的劳动和其他禁忌从事的劳动
	《女职工劳动保护特别规定》附录	每小时负重 6 次以上、每次负重超过 20 公斤的作业，或者间断负重、每次负重超过 25 公斤的作业

（续表）

群体	涉及条文	职业禁入情形
患有以下疾病的人员： 霍乱；细菌性和阿米巴性痢疾；伤寒和副伤寒；病毒性肝炎（甲型、戊型）；活动性肺结核；化脓性或者渗出性皮肤病	《中华人民共和国食品安全法》第四十五条、《关于印发有碍食品安全的疾病目录的通知》（国卫食品发〔2016〕31号）	接触直接入口食品的工作
乙肝表面抗原携带者	《关于已核准的乙肝表面抗原携带者不得从事的职业的说明》	军队、武警、公安特警、民航飞行学生，血站从事采血、血液成分制备、供血等业务工作的员工
传染病或者其他可能污染药品的疾病患者	《中华人民共和国药品管理法》第五十条	直接接触药品的工作

四、用人单位如何避免陷入就业歧视争议

根据目前可以检索到的数百份案例分析，法院认定用人单位"就业歧视"主要有以下情形（见表1–4）。

表1–4　认定就业歧视的常见情形及歧视发生的环节

认定就业歧视的常见情形	歧视发生的环节
招聘广告中明确带有歧视内容	招聘广告
拒绝录用的理由明确带有歧视内容	面试、入职登记表、入职体检、不予录用告知

笔者经过对相关案例的研究，提出如下合规建议。

（一）招聘广告合规

招聘广告是证明就业歧视最为直接的证据之一，所以用人单位在发布或委托第三方发布招聘广告前，应慎重审查招聘广告中是否存在涉及就业歧视的内容。

例如，《就业促进法》第二十七条第2款规定"用人单位招用人员，除国家规定的不适合妇女的工种或者岗位外，不得以性别为由拒绝录用妇女或者提高对妇女的录用标准"，这就属于法律明确禁止的"因人而异"。所以，用人单

位发布招聘信息时应慎用"限男性""男性优先"等表述。

实践中，某些岗位虽不属于上述法定禁止的范围，但可能不适合部分劳动者，比如某岗位存在倒班作息、劳动强度大、出差多的情况。建议用人单位将这些客观存在的情况展示在招聘广告中，这样做一方面体现了对应聘者就业权的尊重，另一方面也利于筛选出更加适合招聘岗位的人选。

当然，用人单位最终还是应当将精力放在"胜任、匹配"的评价上，将岗位要求、工作经验要求、工作技能要求等描述得越详细，人才筛选才会越精准。

（二）入职登记表及入职资料收集合规

入职登记表也是证明就业歧视较为直接的书面证据，比如某企业为了节省用工成本，在招录未育女职工时要求其在入职登记表中填写生育计划，这就明显构成就业歧视。

根据《中华人民共和国个人信息保护法》（以下简称《个人信息保护法》）的规定，入职登记表及入职资料收集过程中也应尽量避免涉及与履行劳动合同无关的个人信息，否则还涉及侵犯个人隐私的法律责任。（这部分内容详见第二章"员工个人信息的合规管理"。）

（三）面试合规

用人单位在面试环节存在就业歧视行为的，应聘者一般会以录音、录像的形式进行取证。比如某企业 HR 在面试时直接询问女性应聘者的婚育情况，则可能构成就业歧视。

HR 在面试过程中应注意避免直接询问女性应聘者的婚育情况，可以从个人职业规划、家庭与工作的平衡等方面与之展开话题，从侧面进行了解。

（四）入职前体检合规

有些用人单位会要求员工在入职前进行体检。用人单位的主要目的是了解员工的健康情况，但如果针对女性职工增加妊娠方面的体检，就属于就业歧视了。

1．用人单位是否有权要求员工进行入职前体检

《中华人民共和国劳动合同法》（以下简称《劳动合同法》）第八条规定，用人单位有权了解劳动者与劳动合同直接相关的基本情况，劳动者应当如实说明。用人单位招用劳动者，不仅需要考虑其工作能力能否匹配应聘岗位，也需要考虑其身体状况能否胜任该工作，而且特殊岗位也有法定的体检要求，所以，用人单位有权要求拟录用的员工进行入职前体检。

2．入职前体检的必要性

现实中，很多用人单位对于入职前体检尚未重视起来。即使我们暂且不谈"入职当天猝死"这类特殊情形，用人单位也绝对不能忽视"带病"入职的医疗期或"社保空档期"的合规风险。

此外，《中华人民共和国职业病防治法》（以下简称《职业病防治法》）第三十五条第 1 款规定："对从事接触职业病危害的作业的劳动者，用人单位应当按照国务院卫生行政部门的规定组织上岗前、在岗期间和离岗时的职业健康检查，并将检查结果书面告知劳动者。"可见，在此种情形下，入职前体检是用人单位的法定义务。

3．入职前体检项目中涉及就业歧视的情况

一般情况下，入职前体检的检查项目包括内科、外科、耳鼻喉、血常规、肝功能、心电图、胸部 X 线等检查，而体检相关的歧视，主要体现在女性怀孕及传染病等方面。

对于女性怀孕检查。《关于进一步规范招聘行为促进妇女就业的通知》中明确规定，不得将妊娠测试作为入职体检项目。入职前体检要求进行妊娠测试不仅是就业歧视，还涉嫌侵犯个人敏感信息。

对于传染病检查。《关于维护乙肝表面抗原携带者就业权利的意见》中已明确规定"用人单位在招、用工过程中，可以根据实际需要将肝功能检查项目作为体检标准，但除国家法律、行政法规和卫生部规定禁止从事的工作外，不得强行将乙肝病毒血清学指标作为体检标准"。如果是从事食品行业或公共场所直接为顾客服务的人员，体检有无患传染病是较为合理的，其他岗位不应将乙肝病毒血清学指标作为体检标准。

4．入职体检的时间

建议用人单位在发放录用通知书之前要求候选人提交体检报告。

其一，如果招聘岗位并非法定的职业禁入岗位，而用人单位在发放录用通知书之后又因为体检结果撤销，将可能涉及就业歧视或缔约过失责任。具体可参见第三章"录用通知书的合规管理"。

其二，如果员工办理入职后，用人单位因为体检结果解除劳动合同，而招聘岗位又并非法定的职业禁入岗位，则用人单位不但需承担员工的病假工资，且不得解除劳动合同。如果此时该员工的社保尚处于空档期，则用人单位还要承担员工的医疗保险待遇等。

（五）不予录用的告知合规

如果对应聘者不予录用，建议不发书面通知；如果发通知，应注意不予录用的理由是否涉及"因人而异"的内容。用人单位 HR 应清楚知晓国家关于就业歧视的相关规定，避免在交流、沟通过程中出现不当言论。

■■■ 拓展问题：无犯罪记录

现实中，有的用人单位要求员工入职时提交无犯罪记录证明，那么，用人单位是否可以要求员工提供无犯罪记录证明呢？这样是否涉嫌就业歧视？

一、用人单位以劳动者曾受过刑事处罚为由不予录用，是否属于就业歧视

《中华人民共和国宪法》（以下简称《宪法》）第四十二条规定，中华人民共和国公民有劳动的权利和义务。劳动是一切有劳动能力的公民的光荣职责。

《中华人民共和国社区矫正法》第四条第 2 款规定，社区矫正对象依法享有的人身权利、财产权利和其他权利不受侵犯，在就业、就学和享受社会保障等方面不受歧视。

《中华人民共和国监狱法》第三十八条规定，刑满释放人员依法享有与其他公民平等的权利。

中央社会治安综合治理委员会《关于进一步加强刑满释放解除劳教人员安置帮教工作的意见》规定，刑满释放和解除劳教人员在就业、就学和社会保障等方面不受歧视。

由此可见，我国相关法律法规已经明确规定了刑满释放人员与其他公民一样，享有平等就业权。也就是说，如果用人单位以劳动者曾受过刑事处罚为由不予录用，将可能构成就业歧视。

二、用人单位可否要求员工提供无犯罪记录证明

《中华人民共和国刑法》(以下简称《刑法》)第一百条规定：依法受过刑事处罚的人，在入伍、就业的时候，应当如实向有关单位报告自己曾受过刑事处罚，不得隐瞒。犯罪的时候不满十八周岁被判处五年有期徒刑以下刑罚的人，免除前款规定的报告义务。

《劳动合同法》第八条规定：用人单位有权了解劳动者与劳动合同直接相关的基本情况，劳动者应当如实说明。

《公安机关办理犯罪记录查询工作规定》(2021年12月31日起施行)第四条第2款规定：单位可以查询本单位在职人员或者拟招录人员的犯罪记录，但应当符合法律、行政法规关于从业禁止的规定。

《刑法》中的前科报告制度与《劳动合同法》的单位知情权制度组合起来，就让用人单位要求员工提供无犯罪记录证明有了法律依据，但这个依据是有限制的。

（1）"犯罪的时候不满十八周岁被判处五年有期徒刑以下刑罚"的刑满释放人员无须向单位报告。

（2）与劳动合同不直接相关的信息，劳动者无须说明。

（3）法律法规有针对受过刑事处罚的职业禁入规定的（见表1-5），用人单位可以查询员工的犯罪记录，也可以要求员工主动提供无犯罪记录证明。

表 1-5　受过刑事处罚的职业禁入

禁止从事范围	涉及的法条	具体规定
公务员	《中华人民共和国公务员法》第二十六条	下列人员不得录用为公务员：因犯罪受过刑事处罚的；被开除中国共产党党籍的；被开除公职的；被依法列为失信联合惩戒对象的；有法律规定不得录用为公务员的其他情形的
法官	《中华人民共和国法官法》第十三条	下列人员不得担任法官：因犯罪受过刑事处罚的；被开除公职的；被吊销律师、公证员执业证书或者被仲裁委员会除名的；有法律规定的其他情形的

（续表）

禁止从事范围	涉及的法条	具体规定
检察官	《中华人民共和国检察官法》第十三条	下列人员不得担任检察官：被开除公职的；被吊销律师、公证员执业证书或者被仲裁委员会除名的；有法律规定的其他情形
生产经营单位的主要负责人	《中华人民共和国安全生产法》第九十四条第3款	生产经营单位的主要负责人依照前款规定受刑事处罚或者撤职处分的，自刑罚执行完毕或者受处分之日起，五年内不得担任任何生产经营单位的主要负责人；对重大、特别重大生产安全事故负有责任的，终身不得担任本行业生产经营单位的主要负责人
证券发行人的董事、监事、高级管理人员	《中华人民共和国证券法》第二百二十一条	违反法律、行政法规或者国务院证券监督管理机构的有关规定，情节严重的，有关责任人员在一定期限内直至终身不得从事证券业务、证券服务业务，不得担任证券发行人的董事、监事、高级管理人员，或者一定期限内不得在证券交易所、国务院批准的其他全国性证券交易场所交易证券
食品生产经营管理工作、担任食品生产经营企业食品安全管理人员	《中华人民共和国食品安全法》第一百三十五条第1款、第2款	被吊销许可证的食品生产经营者及其法定代表人、直接负责的主管人员和其他直接责任人员自处罚决定作出之日起五年内不得申请食品生产经营许可，或者从事食品生产经营管理工作、担任食品生产经营企业食品安全管理人员。 因食品安全犯罪被判处有期徒刑以上刑罚的，终身不得从事食品生产经营管理工作，也不得担任食品生产经营企业食品安全管理人员
执业医师	《中华人民共和国执业医师法》第十五条	受刑事处罚，刑罚执行完毕之日起至申请注册之日止不满二年的，不予注册
注册会计师	《中华人民共和国注册会计师法》第十条	因受刑事处罚，自刑罚执行完毕之日起至申请注册之日止不满五年的，受理申请的注册会计师协会不予注册
公证员	《中华人民共和国公证法》第二十条	因故意犯罪或者职务过失犯罪受过刑事处罚的，不得担任公证员
执业律师	《中华人民共和国律师法》第七条	受过刑事处罚的，不予颁发律师执业证书，但过失犯罪的除外

禁止从事范围	涉及的法条	具体规定
会计	《中华人民共和国会计法》第四十条	因有提供虚假财务会计报告，做假账，隐匿或者故意销毁会计凭证、会计账簿、财务会计报告，贪污，挪用公款，职务侵占等与会计职务有关的违法行为被依法追究刑事责任的人员，不得取得或者重新取得会计从业资格证书
商业银行的董事、高级管理人员	《中华人民共和国商业银行法》第二十七条	因犯有贪污、贿赂、侵占财产、挪用财产罪或者破坏社会经济秩序罪，被判处刑罚，或者因犯罪被剥夺政治权利的，不得担任商业银行的董事、高级管理人员
公开募集基金的基金管理人的董事、监事、高级管理人员和其他从业人员	《中华人民共和国证券投资基金法》第十五条	因犯有贪污贿赂、渎职、侵犯财产罪或者破坏社会主义市场经济秩序罪，被判处刑罚的，不得担任公开募集基金的基金管理人的董事、监事、高级管理人员和其他从业人员
公司的董事、监事、高级管理人员	《中华人民共和国公司法》第一百四十六条	因贪污、贿赂、侵占财产、挪用财产或者破坏社会主义市场经济秩序，被判处刑罚，执行期满未逾五年，或者因犯罪被剥夺政治权利，执行期满未逾五年的，不得担任公司的董事、监事、高级管理人员
保险公司的董事、监事、高级管理人员	《中华人民共和国保险法》第八十二条	因违法行为或者违纪行为被金融监督管理机构取消任职资格的金融机构的董事、监事、高级管理人员，自被取消任职资格之日起未逾五年的；因违法行为或者违纪行为被吊销执业资格的律师、注册会计师或者资产评估机构、验证机构等机构的专业人员，自被吊销执业资格之日起未逾五年的，不得担任保险公司的董事、监事、高级管理人员
教师	《中华人民共和国教师法》第十四条	受到剥夺政治权利或者故意犯罪受到有期徒刑以上刑事处罚的，不能取得教师资格；已经取得教师资格的，丧失教师资格

第二章

员工个人信息的合规管理

我国已经进入法治的信息时代，对于个人信息、个人隐私的保护制度就是一个必然的时代产物，近年来，国家陆续推出了一系列相关法律法规及相应规范（见表2-1）。

表2-1 个人信息保护相关规定

实施时间	名称	机构
2012 年 12 月 28 日实施	《全国人民代表大会常务委员会关于加强网络信息保护的决定》	全国人民代表大会常务委员会
2017 年 6 月 1 日实施	《中华人民共和国网络安全法》	全国人民代表大会常务委员会
2020 年 10 月 1 日实施	《信息安全技术 个人信息安全规范》（GB/T 35273-2020）	国家标准化管理委员会
2022 年 2 月 15 日实施	《网络安全审查办法》	国家互联网信息办公室等 13 部门
2021 年 9 月 1 日实施	《中华人民共和国数据安全法》	全国人民代表大会常务委员会
2021 年 1 月 1 日实施	《民法典》	全国人民代表大会
2021 年 11 月 1 日实施	《个人信息保护法》	全国人民代表大会常务委员会

其实，在《民法典》颁布以前，个人信息保护制度对用工的影响就开始凸显了，如实践中曾出现下列争议案件。

案例 2-1

某员工为外勤岗位，但公司要求外勤员工也要使用某 App 打卡考勤，否则按旷工处理。该员工因拒绝打卡被公司按旷工解雇，于是申请了劳动仲裁。

双方的争议焦点在于，某 App 的打卡功能需要开放手机的 GPS 定位功能，员工认为个人的行踪轨迹信息属于个人隐私。那么公司的解雇行为是否会因为侵犯个人隐私而缺乏合法性？

案例 2-2

某公司在员工的办公电脑上安装了监控软件。员工高某在工作时间使用办公电脑处理私事，公司发现后，依据公司规章制度解除了与高某的劳动合同。

双方的争议焦点在于，公司在办公电脑上安装监控软件的行为是否侵犯了高某的隐私权，从而导致公司解除劳动合同的行为缺乏合法性？

（以上两个案件涉及本章要阐述的具体内容，所以将在本章最后部分再对案例进行解析。）

此外，除了考勤管理、劳动纪律管理，个人信息保护制度与用人单位劳动用工自主权的冲突问题还体现在员工背景调查、病假管理、内部审计等用工环节中。而且，在《个人信息保护法》实施后，用人单位处理员工个人信息是否必须得到员工同意、如何收集及处理员工的敏感个人信息、如何对员工个人信息进行分类、保存管理等典型问题，都已经成为用人单位迫切需要掌握的问题。

【合规风险】

《个人信息保护法》第六十六条至第七十一条设定了用人单位违法、违规处理个人信息的法律责任（见表 2–2）。

表 2-2　用人单位违法、违规处理个人信息的法律责任

责任类型	用人单位承担的责任风险
行政责任	（1）一旦违反：责令改正，给予警告，没收违法所得，对违法处理个人信息的应用程序，责令暂停或者终止提供服务； （2）拒不改正的：并处一百万元以下罚款；对直接负责的主管人员和其他直接责任人员处一万元以上十万元以下罚款； （3）情节严重的：由省级以上履行个人信息保护职责的部门责令改正，没收违法所得，并处五千万元以下或者上一年度营业额百分之五以下罚款，并可以责令暂停相关业务或者停业整顿、通报有关主管部门吊销相关业务许可或者吊销营业执照；对直接负责的主管人员和其他直接责任人员处十万元以上一百万元以下罚款，并可以决定禁止其在一定期限内担任相关企业的董事、监事、高级管理人员和个人信息保护负责人； （4）信用惩罚：依照有关法律、行政法规的规定记入信用档案，并予以公示
民事责任	（1）举证责任：不能证明自己没有过错的，应当承担损害赔偿等侵权责任，即用人单位需要自证清白； （2）赔偿责任：按照个人因此受到的损失或者个人信息处理者因此获得的利益确定；个人因此受到的损失和个人信息处理者因此获得的利益难以确定的，根据实际情况确定赔偿数额； （3）公益诉讼：违反本法规定处理个人信息，侵害众多个人的权益的，人民检察院、法律规定的消费者组织和由国家网信部门确定的组织可以依法向人民法院提起诉讼
刑事责任	（1）构成违反治安管理行为的，依法给予治安管理处罚； （2）构成犯罪的，依法追究刑事责任

【合规实务指引】

一、用人单位处理员工个人信息是否需要员工同意

（一）无须员工同意的情形

一般情况下，用人单位处理员工的个人信息需要员工同意，员工也有权随时撤回同意，但也存在特殊情况，如《个人信息保护法》第十三条规定，在符合法定情形时，用人单位履行告知义务后可不经员工同意处理其个人信息（见表 2-3）。

表 2-3　用人单位可以无须员工同意处理个人信息的情形

情形	个人信息内容
为订立、履行个人作为一方当事人的合同所必需	入职时收集员工的姓名、年龄、国籍、身份证等个人基本信息，以确定其是否符合劳动者的主体资格； 收集员工教育工作信息，以确定符合招聘岗位要求； 收集劳动者的银行账户，以发放工资报酬； 收集劳动者的住址、联系方式，以便工作沟通； 等等
按照依法制定的劳动规章制度和依法签订的集体合同实施人力资源管理所必需	收集员工健康信息，以实现医疗期管理； 收集员工生物识别信息、位置信息，以进行考勤管理； 等等
为应对突发公共卫生事件，或者紧急情况下为保护自然人的生命健康和财产安全所必需	在疫情防控中，收集员工的位置信息、健康信息等

　　这里的"不经员工同意处理"也适用于敏感个人信息，但并非可以随意处理，《个人信息保护法》规定了员工个人信息的处理原则（见表 2-4）。

表 2-4　个人信息处理的基本原则

处理原则	法律依据	法规解读
合法、正当、必要和诚信原则	处理个人信息应当遵循合法、正当、必要和诚信原则，不得通过误导、欺诈、胁迫等方式处理个人信息 ——《个人信息保护法》第五条	这是《个人信息保护法》最重要、最基础的处理原则，是用人单位处理员工个人信息的前提
目的性、相关性原则	处理个人信息应当具有明确、合理的目的，并应当与处理目的直接相关，采取对个人权益影响最小的方式 ——《个人信息保护法》第六条第 1 款	用人单位在处理员工个人信息时，应将处理行为控制在"与处理目的直接相关"的范围
必要性原则	收集个人信息，应当限于实现处理目的的最小范围，不得过度收集个人信息 ——《个人信息保护法》第六条第 2 款	用人单位在处理员工个人信息时，要对其个人权益产生的影响最小
公开透明原则	处理个人信息应当遵循公开、透明原则，公开个人信息处理规则，明示处理的目的、方式和范围 ——《个人信息保护法》第七条	公开透明原则保障了员工的知情权和同意权，是用人单位作为员工个人信息处理者履行"告知同意义务"的前提

（续表）

处理原则	法律依据	法规解读
完整性、准确性原则	处理个人信息应当保证个人信息的质量，避免因个人信息不准确、不完整对个人权益造成不利影响 ——《个人信息保护法》第八条	准确性，即用人单位应当确保所处理的员工个人信息与信息主体的实际情况相符；完整性，即用人单位为特定目的处理员工个人信息时，不应当存在遗漏、不全面，而损害员工个人权益
安全保障原则	个人信息处理者应当对其个人信息处理活动负责，并采取必要措施保障所处理的个人信息的安全 ——《个人信息保护法》第九条	用人单位是员工个人信息处理活动的直接责任人，由用人单位承担员工个人信息处理的法定义务和责任

[关联案例]

案例 2-3　用人单位收集个人信息需遵守必要性原则，疾病细节属于个人隐私，员工有权不提供

谢某在 B 公司担任外勤人员，B 公司的请假制度规定，员工请病假应提交符合规定的病假证明文件，包括有关疾病病历、诊断证明、病假条及其他公司合理要求的文件。

2018 年 9 月 10 日，谢某向公司申请休病假，同时向公司提交了诊断证明书。

2018 年 12 月 29 日，B 公司向谢某发送律师函，内容为：谢某提交的病假文件存在缺少部分病历、心理治疗凭证、心理治疗单据、医药费凭据、心理治疗材料、精神分析治疗材料，要求谢某收函后向 B 公司出具完整的请病假资料，如无法提供，公司将视谢某的行为为旷工，并依法进行后续处理。

2019 年 1 月 16 日，B 公司向谢某发送律师函，称谢某未对欠缺的病假证明文件予以补充提交，因此将其请病假期间视为旷工，谢某严重违纪，故解除与谢某的劳动关系。

经劳动仲裁后，谢某向法院提起诉讼，要求 B 公司支付违法解除劳动合同赔偿金、未休年休假工资、加班费等费用。

裁判结果

人民法院认为，谢某提交的诊断证明书能够反映其存在抑郁状态且有建议休息的医嘱，即便谢某提交的就诊材料不齐全，也不能推翻谢某因病需要休息的事实。同时，根据《民法典》规定，谢某罹患疾病的细节应属个人隐私，B公司要求提供的病历、心理治疗证明材料、费用凭据等应以必要为限，能够反映谢某患病就诊事实即可，不应过分求全，以免侵犯个人隐私，侵害患者权益。该案经历再审，法院最终认定公司以谢某旷工并以此为由解除劳动关系缺乏依据，应支付违法解除的赔偿金。

（二）需要员工单独同意的情形

《个人信息保护法》规定了用人单位处理员工敏感个人信息时必须要取得员工个人单独同意，即需要将个人信息的项目细则一一列出，员工签字同意。

在人力资源管理中，该规定主要是指用人单位收集员工违纪证据时会涉及员工的个人敏感信息，如果用人单位未取得员工的单独同意，那么该证据可能将不符合证据的合法性（证据来源不合法）而不被法院采信，从而导致不利法律后果。

［关联案例］

案例 2-4　员工使用的工作手机数据也是私密信息，公司无权处理

A公司因工作原因给员工江某配置了工作手机，江某离职归还手机后，公司对该手机中的数据做了恢复，并以数据恢复获得的电话录音为证据起诉江某"飞单"，要求江某赔偿损失。

法院认为：除法律另有规定或者权利人明确同意外，任何组织和个人不得实施窃听他人私密活动、处理他人私密信息等行为。A公司对劳动者履行工作职责进行管理监督无可厚非，但A公司应当在合法合理的限度内行使权利。A公司确享有工作手机的所有权，但是A公司并未证明其已明确告知江某公司会在员工离职后对该手机的通话予以录音并恢复数据，或已就恢复其通话信息取得了江某的明确同意，故对该证据的合法性不予认可。

二、个人信息与个人隐私

在用工过程中，用人单位将不可避免地接触到员工的个人信息，比如：姓名、性别、国籍、出生日期等基本信息；教育背景、工作经历等个人经历；银行账户信息、工资等薪酬信息；疾病就诊信息、生育信息、职业病与工伤信息、（因疫情等原因）密切接触者筛查所需的信息等医疗健康信息；指纹或人脸等生物识别（考勤）信息、工作时间内与工作相关的定位信息、聊天记录等设备收集的信息。可见，用人单位对员工个人信息的处理囊括入职、在职、离职等各个用工环节。

那么，用人单位该如何区分一般个人信息与个人隐私呢？

《民法典》及《个人信息保护法》都将"个人信息""个人隐私"做了区分（见表2-5）。

表 2-5　个人信息及个人隐私的规定

	个人信息	个人隐私
《民法典》	以电子或者其他方式记录的能够单独或者与其他信息结合识别特定自然人的各种信息，包括自然人的姓名、出生日期、身份证件号码、生物识别信息、住址、电话号码、电子邮箱、健康信息、行踪信息等	自然人的私人生活安宁和不愿为他人知晓的私密空间、私密活动、私密信息
《个人信息保护法》	以电子或者其他方式记录的与已识别或者可识别的自然人有关的各种信息，不包括匿名化处理后的信息	敏感个人信息是一旦泄露或者非法使用，容易导致自然人的人格尊严受到侵害或者人身、财产安全受到危害的个人信息，包括生物识别、宗教信仰、特定身份、医疗健康、金融账户、行踪轨迹等信息，以及不满十四周岁未成年人的个人信息

此外，还可参考 2020 年 10 月 1 日生效的《信息安全技术　个人信息安全规范》（GB/T 35273-2020）所制定的标准。

（一）个人信息的范围（见表 2-6）

表 2-6　个人信息的项目

信息项目	具体信息
个人基本信息	个人姓名、生日、性别、民族、国籍、家庭关系、住址、个人电话号码、电子邮件地址等
个人身份信息	身份证、军官证、护照、驾驶证、工作证、出入证、社保卡、居住证等
个人生物识别信息	个人基因、指纹、声纹、掌纹、耳廓、虹膜、面部识别特征等
网络身份标示信息	个人信息主体账号、IP 地址、个人数字证书等
个人健康生理信息	个人因生病医治等产生的相关记录，如病症、住院志、医嘱单、检验报告、手术及病理记录、用药记录、药物食物过敏信息、生育信息、以往病史、诊治情况、家族病史、传染病史等，以及与个人身体健康相关的信息，如体重、身高、肺活量等
个人教育工作信息	个人职业、职位、工作单位、学历、学位、教育经历、工作经历、培训记录、成绩单等
个人财产信息	银行账户、鉴别信息（口令）、存款信息（包括资金数量、支付收款记录等）、房产、信贷记录、征信信息、交易和消费记录、流水记录等，以及虚拟货币、虚拟交易、游戏类兑换码等虚拟财产信息
个人通信信息	通信记录和内容、短信、彩信、电子邮件，以及描述个人通信的数据（通常称为元数据）等
联系人信息	通信录、好友列表、群列表、电子邮件地址列表等
个人上网记录	指通过日志储存的个人信息主体操作记录，包括网站浏览记录、软件使用记录、点击记录、收藏列表等
个人常用设备信息	指包括硬件序列号、设备 MAC 地址、软件列表、唯一设备识别码（如 IMEI/Android ID/IDFA/OpenUDID/GUID/SIM 卡 IMSI 信息等）等在内的描述个人常用设备基本情况的信息
个人位置信息	包括行踪轨迹、精确定位信息、住宿信息、经纬度等
其他信息	婚史、宗教信仰、性取向、未公开的违法犯罪记录等

（二）个人敏感信息的范围（见表 2-7）

表 2-7　个人敏感信息的项目

信息项目	具体信息
个人财产信息	银行账户、鉴别信息（口令）、存款信息（包括资金数量、支付收款记录等）、房产信息、信贷记录、征信信息、交易和消费记录、流水记录等，以及虚拟货币、虚拟交易、游戏类兑换码等虚拟财产信息
个人健康生理信息	个人因生病医治等产生的相关记录，如病症、住院志、医嘱单、检验报告、手术及麻醉记录、护理记录、用药记录、药物食物过敏信息、生育信息、以往病史、诊治情况、家族病史、现病史、传染病史等
个人生物识别信息	个人基因、指纹、声纹、掌纹、耳廓、虹膜、面部识别特征等
个人身份信息	身份证、军官证、护照、驾驶证、工作证、社保卡、居住证等
其他信息	性取向、婚史、宗教信仰、未公开的违法犯罪记录、通信记录和内容、通信录、好友列表、群组列表、行踪轨迹、网页浏览记录、住宿信息、精确定位信息等

可见，《个人信息保护法》规定的个人信息、个人敏感信息与《民法典》规定的个人隐私均存在一定的交叉，用人单位应认真识别，并根据信息类型采取不同的管理方式，以避免法律风险。

■■■■ 拓展问题：用人单位使用定位软件、视频监控、工作电脑或手机监控软件，是否会侵犯员工的个人隐私？——

根据上述知识，我们再回看案例 2-1 和案例 2-2。

案例 2-1 中，公司要求员工在个人手机上开放 GPS 定位进行某 App 打卡是否侵犯了员工的隐私权？

手机定位，在信息分类中属于个人敏感信息的"行踪轨迹"信息，乍一看似乎单位确实侵犯了员工的个人隐私权，但根据《个人信息保护法》第十三条规定，如果用人单位收集个人信息是实施人力资源管理所必需，则无须员工同意。用人单位考勤管理需要掌握员工位置信息很明显符合上述要求，且用人单位仅限于工作时间内要求了解员工位置信息，故此时的位置信息也并不属于《民法典》规定的"私人生活安宁"或"私密空间、私密活动、私密信息"，故不适用个人隐私或个人敏感信息保护的规定，最终，法院判决该公司解雇行为合法。

案例2-2中，公司在办公电脑上安装监控软件的行为是否侵犯了劳动者的隐私权？

网页浏览记录等电子数据，也属于个人敏感信息，但在案例2-2中，公司监控的电脑是公司的工作电脑，这台电脑除了属于公司财产，还可能存在一定的商业秘密，且公司员工手册已经规定了"员工在工作时间不得从事与工作无关的事项"，所以，公司对工作电脑进行监控并无不当，最终，法院判决该公司解除劳动合同合法。

此外，曾有公司要求员工居家办公时必须持续开启摄像头，如果离开监控范围即属于脱岗，这种严苛的管理方式就明显违背了《个人信息保护法》的必要性原则。但如果公司只要求员工在网络会议期间开启摄像头，则具备一定的合理性。

笔者建议，用人单位如要采取视频监控、在员工使用的电子设备上安装监控软件等措施，应提前和员工说明用人单位收集个人信息的使用范围及处理办法，并遵循处理个人敏感信息的必要性原则，注意避免产生实际侵权的法律后果或引发不良舆论。

三、员工个人信息合规管理指引

（一）进行个人信息分类，完善制度

从上述分析可知，《个人信息保护法》虽允许用人单位为了实施人力资源管理，无须取得员工同意就可以处理员工个人信息，但仍需遵循合法、正当、必要、诚信、最小范围使用、公开透明等处理原则。所以，用人单位应当对员工个人信息进行全面梳理和分类，并制定专门的个人信息保护管理制度，设定专人负责信息合规管理，确定处理员工个人信息的范围和处理规程，并对接触个人信息较多的岗位进行法律培训并纳入考核。

（二）完善背景调查流程

《人力资源社会保障部最高人民法院关于加强劳动人事争议仲裁与诉讼衔接机制建设的意见（一）》[以下简称《关于劳动人事争议仲裁与诉讼衔接有关问题的意见（一）》]第十九条规定，用人单位因劳动者违反诚信原则，提供虚假学历证书、个人履历等与订立劳动合同直接相关的基本情况构成欺诈解除劳动合同，劳动者主张解除劳动合同经济补偿或者赔偿金的，劳动人事争议仲裁委员会（以下简称"劳动仲裁委员会"）、人民法院不予支持。

该规定表明，审裁机构在审理劳动争议案件时将更加重视诚信原则，但用人单位也应当重视入职审查，把控这一环节的合规。

1. 用人单位应设计完善的应聘登记表及入职材料清单，要求候选人如实填写登记表，并按照入职材料清单提交有关材料，出具书面承诺保证资料真实及承担相应的法律后果。

2. 根据《个人信息保护法》的要求，如果用人单位对候选人进行背景调查涉及个人敏感信息，应先取得候选人的单独书面同意。用人单位可在应聘登记表中对此予以明确。

3. 背景调查的时间节点，最迟应在决定发放录用通知书之前完成。如果在发放录用通知书后，因背景调查发现不合适而取消，则存在承担缔约过失责任的风险；如果在被录用人员已经到岗后解除合同，用人单位可能面临承担违法解除合同的赔偿金或协商解除的经济补偿金等风险。

4. 背景调查的项目及调查途径。从法律风险的角度来说，用人单位在进行背景调查时应关注候选人的个人信用、个人能力、身体健康及其在前单位的工作及劳动关系情况。

（1）个人信用方面，主要考虑候选人是否存在失信情形，公开的调查途径如通过中国裁判文书网、中国执行信息公开网查询。

（2）个人能力方面，主要考虑候选人是否存在学历或工作经历造假。用人单位可根据其提交的学历、学位证书，通过学信网查询学历的真实性；对于工作经历的真假，可要求候选人提供过往业绩或荣誉的材料、社保记录等材料进行判断，必要时也可向其原单位沟通了解。

（3）身体健康方面，参见第一章"人才招聘阶段的合规管理"。

（4）在前单位的工作及劳动关系情况，主要调查候选人与前单位是否解除了劳动合同、是否存在竞业限制、竞业禁止、保密协议或其他未了结的纠纷等。一般可以要求候选人提供前单位开具的离职证明、社保公积金的缴纳情况证明等做出判断，此外，也可要求候选人入职时出具声明书，并承诺声明属实，否则给公司造成的损失由本人全额承担。

（5）如未录用该候选人，应当及时删除其个人信息或做加密、去标识化等处理。

（三）完善入职手续

在员工入职时，用人单位可单独与之签订员工个人信息使用同意书，明确约定哪些属于一般个人信息、哪些属于敏感个人信息，告知员工不同种类的个人信息的使用范围和处理方式、保存期限，个人行使法律权利的方式和程序，以及双方的权利与义务。

（四）规范在职期间的个人信息合规管理

首先，即使获得员工的授权，也要谨慎、合理地处理员工的个人敏感信息，避免出现案例 2–3 中的过度收集员工医疗健康信息等违规情况。

其次，对员工使用的工作手机、工作电脑、OA 账号、钉钉账号、电子邮箱及送达地址等信息材料、设备等进行书面签收，并写明使用要求及目的，避免出现案例 2–4 中证据合法性不被法院采信的情况。

（五）规范离职期间的个人信息合规管理

员工离职后，用人单位应按照有关规定将员工的人事档案、工资条、考勤记录等信息保存一段时间，故用人单位亦应遵循安全保障原则，确保离职员工的个人信息安全，并进行身份识别信息和其他信息分开存储或去标识化。

推荐范本 2-1

员工入职登记表

应聘职位：　　　　　　　　　　　　　　填表日期：　　年　　月　　日

个人基本信息

姓名		性别		民族		
政治面貌		出生年月		籍贯		照片
毕业院校		专业		最高学历		
身份证号码						
联系电话		E-mail				
现住址						
紧急联系人		紧急联系电话		与本人关系		

教育经历（从最高学历开始填写）

时间	毕业学校	专业	证书	升学方式 （保送/统招/自考/成教）

工作经历（从最近开始填写，三年以内的工作履历必须填写）

起止时间	工作单位及岗位	离职薪资	离职原因	证明人及联系方式

家庭基本情况

与本人关系	姓名	工作单位及岗位	联系方式

（续表）

是否有亲属朋友在本单位工作？　□ 无　□ 有		
对方姓名	部门及岗位	与你的关系

所获得的资格证书名称、获得的时间及证书号码

入职材料清单

本人身份证、学历证书 / 学位证书、专业技能证书、前公司离职证明、入职申明书、各项管理制度学习签收单、1 个月内正规医院的体检报告、录用条件确认函、近期两寸免冠近照

其他情况

1. 是否接受出差安排	□ 是　□ 否
2. 有无传染病（史）	□ 是　□ 否
3. 与原单位是否已解除或终止劳动合同	□ 是　□ 否
4. 与原单位是否签署竞业限制义务	□ 是　□ 否
5. 是否从事或接触过职业病危害岗位	□ 是　□ 否
6. 是否存在职业病或未处理完毕工伤	□ 是　□ 否
7. 目前是否在其他单位兼职或投资	□ 是　□ 否
8. 是否受过刑事处罚、行政处罚或其他处分	□ 是　□ 否
9. 在原单位有无违纪或受相关处罚记录	□ 是　□ 否

个人声明

1. 本表上述内容为本人亲笔填写，本人保证提供的履历真实无误，绝无欺瞒，且同意公司向本人在本表所述的工作单位及相关人员核实个人信息及劳动合同关系情况；
2. 本人清楚，上述任何信息如与事实不符，均属于重大事实隐瞒，公司有权依法与本人解除劳动合同且公司不承担任何法律责任，并无须支付任何补偿金、赔偿金。如给公司造成损失的，本人愿意承担全部赔偿责任；
3. 本人手机号、邮箱，以及上述登记的所有地址均可作为单位送达各项通知的送达方式。

员工签名：　　　　日期：　　年　　月　　日

行政人事部审核	经查验，该员工已提供入职材料清单列明的原件，并收取了复印件。 经办人：　　　　日期：　　年　　月　　日
公司领导审核	签名：　　　　日期：　　年　　月　　日
备注	
员工确认	员工签名：　　　　日期：　　年　　月　　日

推荐范本 2-2

员工个人信息保护协议书

甲方（单位）：

乙方（员工）：

甲、乙双方根据《中华人民共和国民法典》《中华人民共和国个人信息保护法》《中华人民共和国劳动法》《中华人民共和国劳动合同法》等有关法律、法规规定，甲方为了合规要求，同时也为了保护乙方的个人信息不受侵犯，双方在平等自愿、公平公正、协商一致、诚实信用的基础上，签订本协议。

一、乙方个人信息的范围

个人基本信息：姓名、性别、国籍、户籍、住址、电话号码、手机号码、电子邮件地址、出生日期等；

个人财产信息：银行账户等；

个人身份信息：身份证、工作者、社保卡、护照、驾驶证、出入证等；

个人生理健康信息：病历、检验报告、医嘱单、体检信息、疫苗接种等；

个人生物识别信息：指纹、面部识别特征等；

其他信息：违法犯罪记录、员工使用公司的计算机、手机、邮箱、即时沟通工具产生的通信记录、网页浏览记录、定位信息等。

二、乙方个人信息的用途

甲方为订立、履行劳动合同及实施人力资源管理所必需，可对乙方的个人信息进行如下处理：

（1）自行或委托第三方对乙方提交的入职材料进行背景调查；

（2）为考勤管理、病假管理、劳动合同签订、工资发放、办理社会保险及公积金、违纪查处、绩效考核、出差管理等使用、搜集、披露、存储、传输乙方个人敏感信息；

（3）为公司财产、人身、消防等安全管理对乙方实施视频监控，工作电脑、手机监控及收集使用记录等；

（4）为公共卫生事件防控需要收集乙方行踪信息、健康信息等；

……

三、保密义务

乙方应对所接触到的其他员工、甲方关联方员工的个人信息承担保密义务，如有违反，甲方有权解除与乙方的劳动关系。由此造成其他方损失的，乙方应承担赔偿责任。

第三章

录用通知书的合规管理

实践中，用人单位可能会因为意外情况撤销录用通知书，比如在做背景调查时发现候选人有不良记录或存在法定的职业禁入情形，又如招聘的岗位被取消或因不可抗力导致撤销录用，等等。但也有用人单位错误地认为录用通知书没有法律约束力，可以随意反悔。

【合规风险】

当用人单位撤销录用，或录用通知书与签订的劳动合同内容不一致时，用人单位可能将承担赔偿拟录用人员损失的法律责任。

［关联案例］

案例 3-1　单位随意撤销录用，赔偿三个月工资

彭某本来是 L 公司高薪聘请的摄影师，月平均工资为 9888 元。

2019 年 10 月，彭某在招聘平台看到 A 公司也在招聘摄影师，便投递了简历，A 公司对彭某进行了两次面试后，双方达成了初步意向，A 公司于 2019 年 11 月 6

日向彭某发出录用通知书，其内容为："经过面试甄选，我司决定正式聘用您为本公司设计部摄影师，薪资为 12 000 ／月（含固定工资及月度绩效），试用期三个月（试用薪资为转正薪资的 80%），请您于 2019 年 11 月 27 日报到。"

谈妥后，彭某向 L 公司提出了离职申请。

2019 年 11 月 22 日，正在等待入职的彭某却意外收到 A 公司 HR 吴某的一条微信，称公司的摄影师岗位已有人上岗，现对彭某撤销录用。

失业在家的彭某遂向法院起诉，请求判令 A 公司赔偿经济损失 35 000 元。

裁判结果

人民法院认为，A 公司向彭某发出的含有特定内容的录用通知书具有要约的法律性质，彭某接到录用通知书后在规定报到时间内辞掉原工作，准备按要求去上班，该行为亦表示彭某接受该要约，该录用通知书即发生法律效力。双方对缔结劳动合同的目的达成一致意见。

录用通知书生效后，用人单位不得随意撤回，否则势必对劳动者的就业权造成损害。A 公司在向彭某发出录用通知书后，于 2019 年 11 月 22 日以摄影师岗位已有人上岗为由对彭某撤销录用决定，造成彭某失业，该行为有违法律规定的诚实信用原则，客观上侵犯了彭某的就业权，造成彭某的就业损失，应当承担缔约过失的法律责任。

法院判决：A 公司赔偿彭某三个月的工资损失 29 664 元。

【合规实务指引】

一、录用通知书在法律上的性质

录用通知书的问题在劳动法律中没有明确规定，实践中，对于《劳动合同法》未明确规定的情形，裁审机关的通行做法是依据民法的相关规定进行处理。

录用通知书一般在用人单位决定录用候选人的情况下发送，内容包含工作岗位、工作地点、劳动报酬、合同期限、试用期等具体约定，这就十分符合《民法典》所规定的"要约"特性。

二、随意撤销录用通知书可能要承担的法律责任

《民法典》第一百三十七条规定，"以非对话方式作出的采用数据电文形式的意思表示，相对人指定特定系统接收数据电文的，该数据电文进入该特定系统时生效；未指定特定系统的，相对人知道或者应当知道该数据电文进入其系统时生效。"所以，如果录用通知书是采用电子邮件、手机短信、微信等数据电文形式发出的，那么候选人知道或应当知道该数据电文进入其系统时，录用通知这一要约即生效。此时如果用人单位随意撤销录用通知书，就可能将承担缔约过失责任。

《民法典》第四百七十一条规定，"当事人订立合同，可以采取要约、承诺方式或者其他方式。"也就是说，当候选人接受录用通知书后，合同即以要约方式成立了，用人单位此时再撤销录用通知书，等于单方解除合同，将可能承担相应的违约赔偿责任。

实践中，也有观点认为劳动者被违法撤销录用通知书后可以要求用人单位履行签订劳动合同的义务。笔者认为，劳动合同属于特殊合同，《劳动合同法》第七条也规定了"用人单位自用工之日起即与劳动者建立劳动关系"。故在用人单位实际用工之前的阶段仍应适用《民法典》，而不能直接适用劳动法律。笔者检索的大部分案例中，裁审机关也仍将该期间的法律责任定性为缔约过失责任。

三、录用通知书管理的合规建议

（一）不发或谨慎发放录用通知书

建议用人单位在发放录用通知书前，充分做好候选人的拟录用人员的背景调查、入职前体检等工作，避免缔约过失责任。此外，在背景调查前注意取得书面同意，且在拒绝录用时避免体现就业歧视，此两点请参考第一章"人才招聘阶段的合规管理"和第二章"员工个人信息的合规管理"。

（二）额外约定录用通知书的生效要件

《民法典》注重合同当事人的意思自治，要约和承诺均可以附条件和期限。

比如约定特定时间前必须回复，否则录用通知书失效；特定时间前携带真实无误的个人简历、证书等材料报到入职，否则录用通知书失效；等等。

（三）对特殊人才可约定违约金

如果某个候选人是用人单位花费了一定的成本、确定需要的人才，此时为了避免候选人收到录用通知书而不入职造成的损失，用人单位也可以约定"如您对录用通知书回复同意，则录用通知书生效并成立，如您未在指定日期报到入职，则应向××用人单位支付违约金××元"。

（四）明确录用通知书与劳动合同的关系

实践中，部分用人单位发放的录用通知书与后期签订的劳动合同内容不一致，特别是薪酬的降低，非常容易引发争议。笔者检索到的案例中，多数法院认为录用通知书已经生效并成立，如变更需要协商一致。

建议用人单位对于无须注明薪酬的，在录用通知书中可不对薪酬福利等详细内容进行说明。对于某些必须注明薪酬的，也可在录用通知书中约定"以正式签订的劳动合同约定为准"。

（五）录用通知书的撤回、撤销及调解

1. 撤回。用人单位如需撤回录用通知书，那么撤回的通知应当在录用通知书送达候选人之前或同时送达（参见《民法典》第一百四十一条、第四百七十五条），操作难度可想而知。

2. 撤销。用人单位如需撤销录用通知书，需要在候选人作出"同意"的承诺之前使撤销要约的意思到达候选人（参见《民法典》第四百七十七条）。但《民法典》第四百七十六条规定："要约可以撤销，但是有下列情形之一的除外：（一）要约人以确定承诺期限或者其他形式明示要约不可撤销；（二）受要约人有理由认为要约是不可撤销的，并已经为履行合同做了合理准备工作。"所以用人单位还需注意，如果候选人已经为履行劳动合同做了合理的准备工作，如已经向原单位辞职、在录用单位附近租房等，那么录用通知书仍然无法撤销。所以，用人单位要认识到录用通知书是法律文书，务必谨慎对待。

3. 调解。用人单位可参考实践中法院的通常做法，即按照候选人1~3个月

工资标准（一般为录用通知书记载的月工资）作为赔偿进行调解。

（六）员工入职后，及时签订劳动合同

实践中有观点认为，有的录用通知书已载明岗位、薪酬、期限、试用期等详尽内容，无须再签订劳动合同。此观点在实务中争议较大，为避免不必要的争议，用人单位应依法签订书面劳动合同，避免产生赔偿二倍工资等法律风险。

第二部分

员工入职试用篇

第四章

劳动合同签订的合规管理

　　劳动者与用人单位签订的最重要的一份法律文件就是劳动合同，而劳动合同也是维系用人单位与劳动者之间最重要的法律纽带。

　　对于用人单位来说，劳动合同是最重要的管理工具之一。然而很多用人单位却并不重视，一旦产生纠纷，极大地增加了用人单位合规成本。如何编制和签订劳动合同是人力资源管理者必不可少的知识储备。

　　本章的内容涉及我国劳动法律中最具特点的两项关于劳动合同的制度，一是"二倍工资"，二是"强制续签"。劳动合同签订的合规风险见表4–1。

【合规风险】

表4–1　劳动合同签订的合规风险

用人单位责任	法律依据
支付二倍工资	用人单位自用工之日起超过一个月不满一年未与劳动者订立书面劳动合同的，应当向劳动者每月支付二倍的工资。

用人单位责任	法律依据
支付二倍工资	用人单位违反本法规定不与劳动者订立无固定期限劳动合同的，自应当订立无固定期限劳动合同之日起向劳动者每月支付二倍的工资。 ——《劳动合同法》第八十二条
视为签订无固定期限劳动合同	用人单位自用工之日起满一年不与劳动者订立书面劳动合同的，视为用人单位与劳动者已订立无固定期限劳动合同。 ——《劳动合同法》第十四条第 3 款
应当订立无固定期限劳动合同	有下列情形之一，劳动者提出或者同意续订、订立劳动合同的，除劳动者提出订立固定期限劳动合同外，应当订立无固定期限劳动合同…… ——《劳动合同法》第十四条第 2 款

【合规实务指引】

一、支付二倍工资的合规风险

（一）何种情况下需支付二倍工资

"二倍工资"虽名为"工资"，但其本质并不是一种"工资"待遇，而是一种惩罚性的赔偿责任。这项制度设置的目的在于促使用人单位与劳动者签订劳动合同。用人单位支付二倍工资主要适用于在员工入职时未与之签订劳动合同、合同到期后未续签但继续用工，以及应当签订无固定期限劳动合同但未签订这三种情形。

在司法实践中，用人单位被诉偿付二倍工资的原因有很多，而绝大多数用人单位败诉的原因是缺乏合规意识及证据意识。

［关联案例］

案例 4-1　用人单位未能举证员工拒签合同，赔偿二倍工资差额

蔡某于 2017 年 6 月 1 日入职甲公司，双方未签订劳动合同。

2017 年 8 月，双方发生工资争议，蔡某向劳动仲裁委员会提起仲裁申请，要求公司支付经济补偿金 5000 元、双倍工资 30 000 元、法定节假日加班工资 1839 元。劳动仲裁委员会支持蔡某某的主张后，甲公司不服，提起诉讼。

甲公司提出，公司已经在一个月内要求蔡某签订劳动合同，蔡某故意拒签，以"劳动碰瓷"的意图恶意索取二倍工资，甲公司还提供了其他员工的书面证言及蔡某与其他用人单位的劳动争议民事判决书为证。

法院判决甲公司支付蔡某二倍工资差额。

案例 4–2　劳动合同非员工本人签字，用人单位赔偿二倍工资差额

秦某因与用人单位存在争议，申请了劳动仲裁，要求单位支付未签订劳动合同的二倍工资。仲裁委员会支持秦某的主张后，用人单位不服，提起诉讼。

用人单位举示了一份劳动合同，主张双方已经签订劳动合同。秦某申请了笔迹鉴定，鉴定意见显示，劳动合同上的签名非秦某签字。

用人单位主张，单位每月都按照劳动合同约定的工资金额缴纳的"五险一金"，秦某对劳动合同的工资约定是清楚的，从未提出过异议，也没有实质损失；单位没有伪造签名的动机，是劳动者刻意改变书写习惯或者故意找人代签。

法院判决用人单位支付秦某二倍工资差额。

案例 4–3　未给员工所持劳动合同盖章，用人单位要支付二倍工资

2018 年 7 月 19 日，许某某入职某公司。2018 年 9 月 29 日，该公司向许某某提供了两份劳动合同，合同约定"本合同一式两份，双方各持一份，自双方签署并加盖公章之日起生效"。许某某在两份合同中均已签名，但公司没有盖章便返还了许某某一份合同。

许某某辞职后，以没有公司盖章的那份劳动合同为证，向劳动仲裁委员会申请仲裁，主张公司未签订书面劳动合同，要求公司支付二倍工资 3 万余元。劳动仲裁委员会支持许某某的请求后，公司不服，提起诉讼。

法院判决该公司支付二倍工资差额。

案例评析

案例 4–1 中，甲公司缺乏证据意识，且习惯于口头通知员工各项事务，导致发生争议时"口说无凭"；案例 4–2 中，用人单位忽视了员工签字环节的重要性，导致无法证明员工曾签订劳动合同；案例 4–3 中，该公司人力资源管理

流程混乱，未在合理期限内加盖公章，导致未依法签订劳动合同。

上述案例都体现了劳动合同签订环节的合规风险，而这些风险在现实中往往会被用人单位忽视。从举证责任的角度来说，劳动合同的签订属于用人单位的法定义务，用人单位理应知晓未签订劳动合同的法律后果，所以应当承担更重的举证责任。故对于用人单位的 HR 来说，应建立起证据意识，谨慎应对人力资源管理中每个环节的合规风险。

合规建议

1. 背景调查。在办理劳动者入职手续前，用人单位应做好充分的背景调查，尤其需要注意对劳动者诚信方面的调查核实。具体指引可见第二章"员工个人信息的合规管理"中"完善背景调查流程"相关内容。

2. 入职手续。劳动者入职当天即签订劳动合同、员工个人信息使用同意书、录用条件确认书、入职登记表、员工手册签收表、送达地址确认表、竞业限制协议、保密协议等文书，并将上述事项规定为入职手续，避免此后疏漏。

3. 劳动者须当面签订劳动合同等文书，避免无权代签、签假名等情形；如确有特殊情况需要代签，应由劳动者出具委托书或事后追认的书面凭证。此外，实践中还存在合同换页作伪证的情形，一旦查实，将涉及承担相应的刑事责任，建议用人单位除了在签名页签字盖章，还应在劳动合同上加盖骑缝章，劳动者也可在合同每一页的下方签字，以表明双方认可其中每一页的内容。

4. 盖章、签收。劳动者签字后，用人单位应及时在劳动合同上盖章，并将签字、盖章后的劳动合同交付给劳动者，并让其在劳动合同签收表上签字确认。

5. 如果劳动者首次入职时拒签劳动合同，用人单位应积极收集并保存好劳动者拒签的相关证据，比如通过有效的送达途径进行催告，要求劳动者限时签订劳动合同，劳动者仍拒签的，建议用人单位及时终止劳动关系，以避免产生二倍工资赔偿或"视为订立无固定期限劳动合同"的额外成本。

6. 首次劳动合同到期，劳动者拒绝续签劳动合同的，用人单位需根据具体情形进行处理。用人单位明确将按不低于原合同的条件续签而劳动者拒签的，用人单位可终止到期的劳动合同，无须支付经济补偿。但用人单位需要在劳动合同到期前向劳动者送达劳动合同到期续签征询函，在征询函中明确"将按原劳动合同条件与您续签劳动合同"，并征询劳动者的意见，具体可参见第十五章"劳动合同终止的合规管理"。

7.保管劳动合同及与劳动者相关的一切档案文件，并按财务凭证的保管要求，扫描、落锁、登记，避免因合同丢失而被视为未签订劳动合同赔偿二倍工资。

8.完善劳动合同管理制度及合同信息管理体系，准确地记录劳动合同期限与续签次数，避免因忘记续签而导致合规风险。

（二）二倍工资的计算基数

很多劳动者在请求用人单位支付二倍工资时存在一个误区，即将《劳动合同法》第八十二条规定的"应当向劳动者每月支付二倍的工资"理解为"再支付二倍的工资"，这是一种文义的理解错误，正确的请求应表述为"请求单位支付某年某月某日至某年某月某日的二倍工资差额"，即再支付一倍此期间的工资。

此外，在计算二倍工资时，对于计算基数是应发工资还是实发工资，是否包括加班费、奖金、福利、提成等，这些问题在实务中仍存在争议。

比如在（2020）湘01民终1495号案件中，人民法院认为：

> 未签订书面劳动合同二倍工资的计算基数应以用人单位与劳动者劳动合同约定的月工资为准，没有约定的按劳动者在正常工作时间实际获得的月工资确定，不应包括加班工资。

又比如在（2019）湘01民终308号案件中，人民法院认为：

> 如双方劳动合同对月工资有约定的按照约定的工资额计算，没有约定的应按《劳动合同法》第十八条规定来确定正常工作时间的月工资，并以确定的工资数额作为二倍工资的计算基数；仍无法确定的，可按劳动者实际获得的月收入扣除加班工资、非常规性奖金和福利性、风险性报酬等项目后的正常工作时间月工资确定。

二倍工资争议的案件可以按如下顺序对赔偿金额进行确认。

1.劳动合同约定了月工资的项目及金额的，一般以约定为准；

2.没有约定、约定不明或实际未按劳动合同的约定履行的，按劳动者在正常工作时间实际获得的月工资确定，但不包括加班费、奖金、福利、提成等其他收入；

3.根据双方提交的证据无法查清工资组成的，用人单位承担不利后果，按劳动者的实发工资计算。

用人单位应与劳动者详细约定工资项目及金额，避免承担举证不力的法律后果，具体可参见第九章"薪酬的合规管理"及第十章"奖金与提成的合规管理"。

（三）二倍工资的计算期限

1. 入职时未签劳动合同的

《劳动合同法》第八十二条规定，用人单位自用工之日起超过一个月不满一年未与劳动者订立书面劳动合同的，应当向劳动者每月支付二倍的工资。用人单位违反本法规定不与劳动者订立无固定期限劳动合同的，自应当订立无固定期限劳动合同之日起向劳动者每月支付二倍的工资。

该法条并未规定二倍工资的计算期限。

《关于劳动人事争议仲裁与诉讼衔接有关问题的意见（一）》第二十条规定，用人单位自用工之日起满一年未与劳动者订立书面劳动合同，视为自用工之日起满一年的当日已经与劳动者订立无固定期限劳动合同。存在前款情形，劳动者以用人单位未订立书面劳动合同为由要求用人单位支付自用工之日起满一年之后的第二倍工资的，劳动人事争议仲裁委员会、人民法院不予支持。

从上述规定可以总结出，二倍工资的支付期间为应签而未签劳动合同的第2个月至第12个月，如中途离职，则计算至离职之日（见表4-2）。

表4-2　二倍工资的计算期限

用工时长	二倍工资赔偿
用工一个月内	无须支付二倍工资
用工超过一个月不足一年	需支付二倍工资，最多11个月，如中途离职，则计算至离职之日
用工满一年之后	视为订立无固定期限劳动合同，此后无须继续计算二倍工资

2. 合同到期后未续约但继续用工的

《最高人民法院关于审理劳动争议案件适用法律问题的解释（一）》[以下简称《劳

动争议司法解释（一）》] 第三十四条第 1 款规定，劳动合同期满后，劳动者仍在原用人单位工作，原用人单位未表示异议的，视为双方同意以原条件继续履行劳动合同，一方提出终止劳动关系的，人民法院应予支持。

《人民司法》于 2021 年 3 月 5 日发表的《关于审理劳动争议案件适用法律问题的解释（一）几个重点问题的理解与适用》一文中认为，视为双方同意以原条件继续履行劳动合同的，不能免除用人单位应当与劳动者签订书面劳动合同的法定责任。一般情况下，为使劳动者对原劳动合同到期后是否续订有合理预期，以便提前准备再就业等，用人单位应当基于诚实信用原则在原合同到期前的合理期间内通知劳动者，协商办理终止或者续订劳动合同事宜。如果用人单位按时履行相关附随义务，就不会出现视为双方同意以原条件继续履行劳动合同的情况。如果用人单位未履行上述附随义务，用工关系继续的，用人单位对原劳动合同期满和继续用工的法律后果均有预期，原劳动合同期满之日，即是用人单位应当续订劳动合同之日和承担未续订法律后果之日。

根据上述规定及观点，可以明确用人单位在合同到期后未续约但继续用工的二倍工资赔偿责任。实务中争议较大的是，此种情形下是否还能适用首次签订劳动合同的一个月宽限期。

目前的主流观点认为，法律并未禁止给予续约的宽限期，而且双方对于是否续约也需要一个协商、合意的过程，故再次适用一个月的宽限期具有一定的合理性。在此种观点下，即使用人单位未续约，仍计算最多 11 个月的二倍工资差额。

这里需要注意，有部分地区规定了用人单位在劳动合同到期前的通知义务，故不再给予合同到期后的宽限期，如果用人单位决定终止劳动合同但未履行通知义务，还存在违法终止合同的合规风险，所以，用人单位人力资源部门务必关注各地不同的规定及司法观点。

（四）二倍工资的仲裁时效

对于二倍工资的仲裁时效，实践中有三种观点。

第一种观点认为，二倍工资的仲裁时效适用特殊时效，即不受一年仲裁时效期的限制，劳动者最迟可在解除或终止劳动关系后 1 年内提出支付二倍工资的请求。

第二种观点认为，二倍工资的仲裁时效为 1 年，但应按单个月份计算。

第三种观点认为，二倍工资的仲裁时效为 1 年，且应整体计算，如果最后一个月未超出的二倍工资时效，那么整体的时效均未超出。

"二倍工资"的本质并不是真正意义上的"工资"，而是对用人单位怠于签订书面劳动合同的一种惩罚，其目的是敦促用人单位履行法定义务。所以，"二倍工资"并非劳动对价所得的报酬，故关于二倍工资的劳动争议仍适用一年的普通仲裁时效，即从入职或合同到期后第 12 个月结束的次日起算（中途离职的，从离职的次日起算），整体计算一年。

［关联案例］

案例 4-4　劳动者申请劳动仲裁超过仲裁时效，不支持二倍工资差额的请求

2015 年 6 月 15 日，蔡某入职 H 公司担任置业顾问岗位一职，次日签订了劳动合同。合同期限自 2015 年 6 月 15 日起至 2016 年 6 月 14 日止，期限为 1 年。

2016 年 6 月 14 日劳动合同期限届满后，蔡某继续在 H 公司从事原岗位工作，但未与 H 公司续签劳动合同。

2020 年 6 月 3 日，蔡某因 H 公司未向其支付提成等事宜与 H 公司发生争议，向劳动仲裁委员会申请仲裁，请求判令公司向其支付未续签劳动合同的二倍工资差额 97 154.67 元。

该案经一裁二审，法院最终驳回了蔡某二倍工资差额的请求。

案例评析

本案中，蔡某与 H 公司的劳动合同至 2016 年 6 月 14 日期限届满，此后蔡某继续在 H 公司工作。其可要求的二倍工资差额期间为 2016 年 7 月 15 日至 2017 年 6 月 14 日止，故仲裁时效可计算至 2018 年 6 月 14 日，但蔡某直至 2020 年 6 月 3 日才申请上述仲裁，明显超过了一年的仲裁时效，且蔡某亦未提交其他证据证明其在此之前向有关部门主张过自己的权利，故不应支持其二倍工资差额的诉讼请求。

二、强制续签

劳动合同分为固定期限劳动合同、无固定期限劳动合同和以完成一定工作

任务为期限的劳动合同。强制续签是指在满足《劳动合同法》第十四条规定的情形时，用人单位只能被动地接受两种结果，要么继续用工并签订无固定期限劳动合同，要么支付违法终止劳动合同的赔偿金。

　　建议用人单位尽量采取协商的方式进行劳动合同的续签工作。

［关联案例］

案例 4–5　两次劳动合同到期后，用人单位以合同到期为由终止合同属违法终止

　　2013 年 5 月 1 日，谢某某与公司签订了劳动合同，约定合同期限从 2013 年 5 月 1 日至 2016 年 9 月 30 日。

　　2016 年 10 月 1 日，谢某某与公司续签劳动合同，约定合同期限从 2016 年 10 月 1 日至 2020 年 3 月 31 日。

　　2020 年 3 月 2 日，公司向谢某某邮寄终止劳动合同通知书，告知谢某某的劳动合同于 2020 年 3 月 31 日届满后公司决定不再与其续签。2020 年 3 月 5 日，谢某某向公司邮寄续签无固定期限劳动合同申请书，申请公司与其续签无固定期限劳动合同。2020 年 3 月 12 日，公司再次向谢某某邮寄终止劳动合同通知书，告知谢某某：公司决定不再与其签订劳动合同，相关事项通知参照 2020 年 3 月 2 日邮寄的终止劳动合同通知书。

　　后谢某某向劳动仲裁委员会提起申请，要求公司支付违法终止劳动合同的赔偿金 15 万元。

　　该案经一裁二审，最终法院支持了谢某某的请求。

案例评析

　　《劳动合同法》第十四条第 2 款规定，在满足以下情形时，劳动者向用人单位提出签订无固定期限劳动合同的，用人单位应当签订。

　　1. 劳动者在该用人单位连续工作满十年的；

　　2. 用人单位初次实行劳动合同制度或者国有企业改制重新订立劳动合同时，劳动者在该用人单位连续工作满十年且距法定退休年龄不足十年的；

　　3. 连续订立二次固定期限劳动合同，且劳动者没有《劳动合同法》第三十九条和第四十条第（1）项、第（2）项规定的情形，续订劳动合同的；

《劳动合同法》第十四条第 3 款规定，用人单位自用工之日起满一年不与劳动者订立书面劳动合同的，视为用人单位与劳动者已订立无固定期限劳动合同。

本案中，谢某某与公司先后签订两次固定期限劳动合同，而且在第二份劳动合同到期前，谢某某向公司提交了续订无固定期限劳动合同申请书，公司也未提交证据证明谢某某存在《劳动合同法》第三十九条和第四十条第（1）项、第（2）项规定的情形，故其应与谢某某订立无固定期限劳动合同。现公司以劳动合同期满为由不再与谢某某续订劳动合同，属于违法终止劳动合同，公司应支付赔偿金。

合规建议

1. 符合签订无固定期限劳动合同的情形时，应依法与劳动者签订相应的劳动合同。

2. 经用人单位书面征询意见（可参见第十五章推荐范本 15-1：劳动合同到期续签征询函），劳动者主动选择继续签订固定期限劳动合同的，双方协商一致仍可签订。

3. 用人单位需终止劳动合同的，除上海等少部分地区认为可以在支付经济补偿后终止劳动合同，其他大多数地区认为用人单位并无终止劳动合同的权利。故从风险最小的角度考虑，仍建议用人单位采取协商解除的方式较为妥当。

三、关于二倍工资争议的常见抗辩事由

用人单位面对二倍工资差额的争议，应积极采取补救措施，主动收集相关证据、准确把握时效及赔偿金额，以应对诉讼。

（一）补签、倒签劳动合同

现实中，用人单位因故意或者过失未及时签订、续签劳动合同，可以采取"补签"劳动合同的做法进行弥补。

根据合同约定的期限及签订时间的不同，"补签"劳动合同会产生"补签"

和"倒签"两种效果。

补签。例如，2019年8月1日，某公司与黄某补签了劳动合同，劳动合同期限为2019年1月1日至2019年12月31日，劳动合同签订日期是2019年8月1日。

倒签。例如，2019年8月1日，某公司与张某补签了劳动合同，劳动合同期限为2019年1月1日至2019年12月31日，劳动合同签订日期是2019年1月1日。

实践中，对于"倒签"劳动合同是否有效的争议一直存在，我检索了大量相关案例进行了总结，读者可参考如下裁判观点进行判断（见表4-3）。

表4-3　补签、倒签劳动合同的法律效果

情形	劳动合同期限	签订日期	观点
补签	自补签之日起算	补签当日	一般认为用人单位需承担裁判当签未签劳动合同之日至签订书面劳动合同之日期间的二倍工资
补签	自实际用工之日起算	补签当日	一般认为劳动合同体现了劳动者的实际入职时间，未对其权益造成损害，用人单位的主观恶性较小，无须承担二倍工资
倒签	自实际用工之日起算	往前移至用工之日	最高人民法院观点："倒签劳动合同"与《劳动合同法》的立法本意相悖，不利于保护劳动者权益，用人单位应付二倍工资 其他观点：只要不存在合同无效的情形，倒签的劳动合同有效，用人单位无须承担二倍工资

（二）职工处于医疗期、"三期"等特殊情况

医疗期、"三期"（女职工的孕期、产期、哺乳期）等特殊情况下，劳动合同属于法定顺延的状态，此时的法定顺延期间仍应视为在原劳动合同期限内，无须再签订书面劳动合同，劳动者自然也不能主张二倍工资（见表4-4）。

表4-4　劳动合同到期法定顺延的情形

法定顺延的情形	法律依据
从事接触职业病危害作业的劳动者未进行离岗前职业健康检查，或者疑似职业病病人在诊断或者医学观察期间的	《劳动合同法》第四十二条

（续表）

法定顺延的情形	法律依据
在本单位患职业病或者因工负伤并被确认丧失或者部分丧失劳动能力的	《劳动合同法》第四十二条
患病或者非因工负伤，在规定的医疗期内的	
女职工在孕期、产期、哺乳期的	
在本单位连续工作满十五年，且距法定退休年龄不足五年的	
用人单位与劳动者依法约定的服务期尚未到期的	《劳动合同法实施条例》①第十七条
基层工会专职主席、副主席或者委员自任职之日起，其劳动合同期限自动延长，延长期限相当于其任职期间；非专职主席、副主席或者委员自任职之日起，其尚未履行的劳动合同期限短于任期的，劳动合同期限自动延长至任期期满，但是，任职期间个人严重过失或者达到法定退休年龄的除外	《中华人民共和国工会法》第十九条

现实中，有的用人单位与劳动者在劳动合同中约定"本合同期满，双方均未书面提出异议，即甲方未提出解除或终止合同且乙方继续提供劳动的，本合同按原约定条件续延一年期限"。这种"约定顺延"的情形，在司法实践中对于此类约定的效力存在不同观点。

观点一：约定无效。根据《劳动合同法》第八十二条的规定，签订书面劳动合同是用人单位的法定义务，如果可以通过约定的形式免除该义务，则将侵犯劳动者订立两次固定劳动合同后签订无固定期限劳动合同的权利。

观点二：约定有效。根据《劳动合同法》的立法目的，签订劳动合同主要是为了明确双方的权利义务，而这类条款可以起到相同的作用，而且也没有合同无效的情形，应属有效。

笔者认为，"自动续期"的条款应理解为新签了劳动合同，这样既确保了劳动关系的稳定，也不阻碍劳动者后续签订无固定期限劳动合同的权利。

---

① 即《中华人民共和国劳动合同法实施条例》，本书中简称为《劳动合同法实施条例》。

（三）劳动者是高级管理人员、人力资源管理人员

从举证责任分配的角度来说，只要劳动者提出用人单位未与其签订书面劳动合同的，审裁机构将直接推定用人单位存在故意或者过失，除非用人单位能够举证证明自己已履行了法定义务或劳动者故意不签。但对于高级管理人员、人力资源管理人员未签劳动合同应否支持二倍工资的问题，实践中争论较大。

在司法实践中，审理此类案件时会查清以下事实。

（1）双方是否存在事实劳动关系；
（2）高级管理人员、人力资源管理人员的岗位职责中是否存在对劳动合同签订工作的经办或管理的内容；
（3）高级管理人员、人力资源管理人员是否提出过签订书面劳动合同的建议与要求。

首先，存在劳动关系是二倍工资争议的前提。如果劳动者与用人单位之间的关系并非劳动关系而是劳务、代理等法律关系，那么基于劳动关系的所有权利义务均不存在。此处的难点在于高级管理人员与单位的劳动关系如何认定，如果该高级管理人员是出资方代表或受出资方指派，那么此时该高级管理人员代表的是"资方"，如其未实际提供劳动的，将难以认定为劳动关系。

其次，即使能够查明这类人员与用人单位之间确为劳动关系，也要将其与普通员工区分开来。如果这类人员在实际工作中还担负着人力资源管理、劳动合同签订的经办职责，那么未签订书面劳动合同的情形本身就是其工作上的失职，这种情况下还要求用人单位支付二倍工资将有违公平原则。故实践中，高级管理人员、人力资源管理人员在主张二倍工资差额时，应举证证明自身已经尽到了职责，否则审裁机构一般不会支持其二倍工资的请求。

（四）劳动者属于非全日制职工

根据《劳动合同法》第六十九条的规定，在非全日制用工情况下，用人单位可以不与劳动者订立书面劳动合同，自然就无须支付未签订书面劳动合同的二倍工资。

现实中，不少用人单位不管其实际如何用工，一股脑的和员工签订劳务、承揽、委托、非全日制等合同协议规避用工责任。需要说明的是，法律关系的

查明绝不仅仅根据合同的名称判断。在司法实践中，判断劳动者与用人单位是否成立非全日制劳动关系，主要有三个限制。

（1）时间限制，即劳动者每天工作时间不超过 4 小时、每周工作时间累计不超过 24 小时；

（2）试用期限制，即适用非全日制的劳动者不得设置试用期；

（3）工资支付限制，即时薪不低于当地最低工资标准、支付周期不超过 15 天。

实践中，审裁机构多以超过工作时间及工资支付周期的限制为由，认定双方成立全日制劳动关系。所以，用人单位应严格按照非全日制用工的合规要求进行管理，并尽量与劳动者签订书面劳动合同，避免在被确认全日制劳动关系的同时再承担二倍工资差额的赔偿。

此外，非全日制用工是劳动用工的一种形式，双方之间仍为劳动关系，即劳动者仍可享受工伤保险待遇，所以，建议用人单位根据当地政策为非全日制的员工缴纳工伤保险费，如果政策不允许单独缴纳，也可在考虑风险成本后购买商业保险以分散风险，具体可参见第十四章"工伤员工的合规管理"中"工伤待遇与商业保险的竞合问题"内容。

（五）不存在劳动关系

在笔者撰写本书时，曾有朋友提出为什么不写劳动合同与劳务合同、承揽合同、新业态用工、共享用工等用工形式区分的问题。笔者答道，你知道怎么认定劳动关系就行了，至于各自的特点、法律责任等区别，是你在确定不属于劳动关系后需要考虑的事情。

对于劳动关系的认定，可参见第五章"试用期的合规管理"、第十九章"过错解除的合规管理"、第十五章"劳动合同终止的合规管理"等。

第五章

试用期的合规管理

试用期可能是被用人单位误解最多的一个用工环节了。打开招聘网站，随手一翻就可以发现包含"转正后缴纳五险一金""转正后签订正式劳动合同"等内容的招聘广告。在用人单位的员工手册、劳动合同中，也经常有"劳动合同一年一签，试用期 3 个月""试用期内达不到公司要求的，公司可随时解雇"等内容。用人单位如果有类似规定，将可能会因此面临表 5-1 所列的合规风险。

【合规风险】

表 5-1　试用期的合规风险

违法情形	用人单位责任
试用期不签劳动合同	支付二倍工资差额
试用期随意解除劳动合同	违法解除劳动合同的赔偿金
超期约定试用期	试用期约定违法的赔偿金

（续表）

违法情形	用人单位责任
试用期未缴纳社保费	补缴，社保及公积金管理部门也可以对用人单位进行罚款并加收滞纳金，并可能将用人单位加入失信企业名单
	如试用期员工发生疾病、生育、工伤等情形，则相关社保待遇将全部由用人单位承担
	员工可以未缴纳社保费为由解除劳动合同，并要求用人单位支付经济补偿

【合规实务指引】

一、试用期约定的注意要点

（一）试用期期限的约定

有的用人单位无论劳动合同期限的长短，都给新入职的员工规定了一个固定期限的试用期，最常见的是 3 个月，这将有可能违反法律对于试用期期限的规定（见表 5-2），从而导致"既补又赔"的合规风险。

表 5-2　试用期的期限及限制

劳动合同期限	试用期限	注意要点
不满 3 个月或完成一定任务为期限	不得约定	1. 试用期包含在劳动合同期限内； 2. 仅约定试用期的，试用期不成立，但劳动合同成立； 3. 同一用人单位与同一劳动者只能约定一次试用期； 4. 劳动合同期限的"不满"不包括本数，"以上"包括本数； 5. 试用期限的"不超过"包括本数； 6. 试用期工资不低于本单位同岗位最低档工资或劳动合同约定工资的 80%，且不低于当地最低工资
3 个月以上不满 1 年	不超过 1 个月	
1 年以上不满 3 年	不超过 2 个月	
3 年以上固定期限和无固定期限	不超过 6 个月	

[关联案例]

案例 5-1　违法约定试用期，用人单位需补足工资差额并支付赔偿金

2018 年 3 月 26 日，小云到公司出任总经理助理一职，双方约定劳动合同期限为 2018 年 6 月 26 日起至 2019 年 5 月 30 日止，试用期三个月，即从 2018 年 3 月 26 日起至 2018 年 6 月 26 日止。试用期（三个月）薪酬为 8000 元 / 月，转正后薪酬为 9000 元 / 月。

此后双方发生离职纠纷，小云申请劳动仲裁要求单位支付其试用期工资差额 1000 元及超出一个月试用期赔偿金 9000 元。

该案经一裁二审，最终法院判决支持小云的诉求。

案例评析

案例 5-1 中，公司与小云的劳动合同期限不足 1 年，但试用期约定了 3 个月，违反了《劳动合同法》第十九条中"劳动合同期限三个月以上不满一年的，试用期不得超过一个月"的规定，故公司应承担"既补又赔"的责任：（1）支付试用期 1 个月的工资差额 1000 元；（2）以小云转正后的月工资 9000 元为标准，向小云支付违法约定试用期的赔偿金 9000 元。

（二）试用期协议的签订

实践中，有的用人单位为规避风险选择签订单独的试用期协议，对此，用人单位将面临如下风险。

1. 如果试用期协议到期，用人单位不续签协议而继续用工，则可能产生二倍工资差额的赔偿；

2. 如果试用期协议到期，用人单位不续签也不再用工，将可能产生经济补偿的成本，如果用人单位以"不符合录用条件"为由解除试用期协议，将可能承担违法解除试用期协议的赔偿责任；

3. 试用期协议到期后，用人单位再次与劳动者签订劳动合同，就属于连续签订两次固定期限劳动合同的情形，合同到期后如果劳动者提出续签无固定期限劳动合同，用人单位只有续签或支付违法终止合同的赔偿金两个选择。

[关联案例]

案例 5-2　仅签订试用期协议，试用期不成立

2019 年 12 月 6 日，小清入职甲公司，双方签订试用期员工入职协议，约定小清的试用期三个月，自 2019 年 12 月 6 日起至 2020 年 3 月 6 日止，试用期工资为每月 3600 元。试用期届满后，小清继续在甲公司工作，双方未签订书面劳动合同。2020 年 9 月 22 日，甲公司以小清不具备营销岗位能力为由，向小清发放不予录用的通知。

小清离职后提起劳动仲裁申请，请求甲公司支付未签订书面劳动合同二倍工资差额及经济赔偿金。

该案经一裁二审，最终法院判决支持小清的诉求。

案例评析

案例 5-2 中，甲公司仅与小清签订了试用期员工入职协议，约定试用期三个月。《劳动合同法》第十九条第 4 款规定："……劳动合同仅约定试用期的，试用期不成立，该期限为劳动合同期限。"故甲公司与小清约定的试用期不成立，该期限为劳动合同期限。

而在上述期限届满后，双方既没有续签也没有解除劳动合同，小清继续为甲公司提供劳动。根据《劳动合同法》第十条以及第八十二条的规定，用人单位自用工之日起超过一个月不满一年未与劳动者订立书面劳动合同的，应当向劳动者每月支付二倍工资，故甲公司应向小清支付 2020 年 4 月 6 日起至 2020 年 9 月 24 日止的二倍工资差额。

本案中双方的试用期不成立，所以甲公司以小清不具备岗位能力为由不予录用就没有了法律依据，故应向小清支付违法解除劳动合同的赔偿金。

二、试用期解除劳动合同

（一）试用期解除劳动合同的合规风险

有些用人单位认为试用期是用人单位可以随意解除劳动合同的"保护期"，

但现实的情况并非如此。

《劳动合同法》第三十九条规定，在试用期内被证明不符合录用条件的，用人单位可以解除劳动合同。

《劳动争议司法解释（一）》第四十四条规定，因用人单位作出解除劳动合同的决定而发生的劳动争议，用人单位负举证责任。所以，用人单位要达到合法解除试用期员工的目的，至少需要举证证明其满足以下几个条件：

（1）有清晰的录用条件，能够界定何为"不符合录用条件"；

（2）录用条件是合法且合理的；

（3）录用条件告知过劳动者；

（4）劳动者不符合录用条件；

（5）解除通知送达的时间在试用期内；

（6）解除的程序合法。

［关联案例］

案例 5-3　没有约定录用条件，用人单位以不符合录用条件为由解除劳动合同违法

2020 年 11 月 2 日，李某入职公司，双方签订了劳动合同，期限为 2020 年 11 月 2 日至 2023 年 11 月 1 日，试用期为三个月，试用期工资为 36 000 元 / 月。

2021 年 1 月 12 日，公司以李某与其岗位不匹配、试用期不合格为由，告知李某公司单方解除劳动合同的决定，并向李某出示了解除劳动合同通知书。李某不认可公司的解除理由，向劳动仲裁委员会申请劳动仲裁，要求公司支付违法解除劳动合同赔偿金 36 000 元。

该案经一裁二审，最终法院判决支持李某的诉求。

案例评析

首先，本案属于用人单位单方解除劳动合同的情形，根据《劳动争议司法解释（一）》第四十四条规定，因用人单位作出的开除、除名、辞退、解除劳动合同、减少劳动报酬、计算劳动者工作年限等决定而发生的劳动争议，用人单位负举证责任。换言之，用人单位须"自证清白"。本案中，公司解除劳动合同的事由为"李某与其岗位不匹配、试用期不合格"，但公司并未举证证明双方明确约定过李某试用期具体的考核标准或录用条件，此为法律依据的不足。

其次，公司虽提供了一些新员工评价表、试用期工作量及工作质量评估等材料，但均无李某本人确认，单位也不能说明评定表、评估打分结果的具体依据，基本属于主观评定，此为事实依据的不足。

综上，公司以李某试用期不符合录用条件为由单方解除劳动合同，无事实及法律依据，系违法解除劳动合同。

（二）试用期解除劳动合同的合规指引

1. 有明确的录用条件

根据前述分析，员工"在试用期间被证明不符合录用条件"是用人单位合法解除劳动合同的必要要件，但相关法规并未明确规定"录用条件"是什么。

实践中，有用人单位认为录用条件就是招聘广告中所规定的任职条件，比如"本科学历以上""某某专业""2年以上同岗位工作经验"等。这些条件固然可以当作录用条件，但这是劳动者在入职前就具备的客观形式条件，除非简历造假，否则很难以试用期的工作表现来否认劳动者入职之前获得的学历、工作经验，从而也就无法以"不符合录用条件"为由对其进行否定评价或者解除劳动合同。所以，招聘条件与录用条件是一种包含与被包含的关系，录用条件的范围显然更广（见表5-3）。

表5-3　招聘条件与录用条件的区别

	招聘条件	录用条件
作用	岗位门槛	考核依据
性质	要约邀请	要约，需应聘者作出承诺
考察	形式要件，如专业、学历、工作经历等	形式要件及实质条件，如是否胜任、工作成绩、工作态度等。
对象	不特定的潜在应聘者	已经实际用工的劳动者
要求	不得提供虚假信息或隐瞒重要事实	努力工作以达到录用条件
效果	对于不符合形式要件的应聘者，单位可以不录用	劳动者不符合录用条件的，用人单位可在试用期内依法解除劳动合同
风险	缔约过失责任，风险较低	违法解除，风险高

2．录用条件应合法且合理

录用条件的设置应符合岗位的职责要求，且需明确哪些情形属于不符合录用条件，也可以将业绩考核指标作为录用条件。考核指标尽量采用合理的、客观的、数据化的条件，而不是完全凭领导的主观评价进行判断，以免不被法院采纳。具体来说，可从如下方面设置录用条件（见表5-4）。

表5-4　设置录用条件的要素

录用条件	考察内容
诚信	提交的材料或信息内容是否存在虚假或有故意隐瞒
健康	是否提交入职体检报告，体检报告是否显示有不适宜从事所招聘岗位的疾病
工作能力	能否完成公司安排的工作内容、履行岗位职责，培训考试成绩、试用期考核成绩是否合格
劳动纪律与遵纪守法	试用期间是否违反公司规章制度、是否存在刑事犯罪记录或被监管部门处罚的记录
入职手续	是否存在入职一个月内拒绝缴纳社会保险、公积金，或拒绝签订劳动合同的行为

3．录用条件告知过劳动者

用人单位可在劳动者签订劳动合同时，一并要求其签订录用条件确认函，设置了试用期业绩考核的，应同时要求劳动者对考核制度、业绩指标等文件一并签字确认。

4．有劳动者不符合录用条件的证据

无论是劳动者未达成试用期的业绩考核目标，还是其他方面不符合，用人单位都应如实告知劳动者，并由其签字确认。同时，用人单位也需要收集能够证明考核结果合法有效的相关证据，这也是为什么笔者建议采用合理的、客观的、数据化的条件进行考评的原因。

5．解除决定送达的时间在试用期内

这是很多用人单位容易忽略的环节。根据《劳动合同法》第十九条的规定，试用期是一种法定期限，一旦到期，无论此时用人单位是否批准劳动者的转正请求，都无法再适用"不符合录用条件"的理由解除劳动合同。所以，用人单位应积极行使法律赋予的权利，在试用期内完成对新员工的考校工作，及时作出准予转正或解除劳动合同的决定，并将决定送达劳动者。

6. 解除的程序合法

《劳动合同法》第四十三条规定，用人单位单方解除劳动合同，应当事先将理由通知工会。

根据《劳动争议司法解释（一）》第四十七条的规定，建立了工会组织的用人单位，未提前通知工会即解除与员工的劳动关系，将构成违法解除，员工有权要求用人单位支付赔偿金。

因此，对于建立了工会组织的用人单位，在解除与员工劳动关系前应注意提前通知工会，同时，应注意保留解除劳动合同工会告知函以及工会的复函，没有建立工会组织的用人单位，为避免风险，也建议通知当地的区总工会，千万不要因未通知工会而犯程序性低级错误导致承担相应的法律责任（具体可参见第十九章"过错解除的合规管理"）。

三、"五险一金"的合规管理

现实中，有些用人单位规定员工转正后再缴纳"五险一金"，也有些用人单位缺乏合规意识，为了降低用工成本而要求劳动者"自愿放弃社会保险、公积金"，这样做会有什么样的风险呢？

（一）试用期不缴"五险一金"的风险

现实中，有部分用人单位误以为劳动者"转正"后才算正式员工，才需要缴纳"五险一金"。事实上，《中华人民共和国社会保险法》（以下简称《社会保险法》）第五十八条规定了用人单位应当自用工之日起 30 日内为其职工向社会保险经办机构申请办理社会保险登记；《住房公积金管理条例》第十五条规定，单位录用职工的，应当自录用之日起 30 日内向住房公积金管理中心办理缴存登记。故劳动者是否"转正"，不影响用人单位办理"五险一金"登记。

如用人单位未依法为劳动者缴纳"五险一金"，除了需要补缴、支付滞纳金及罚款等行政处罚，劳动者针对用人单位未缴社会保险费的情形还可依据《劳动合同法》第三十八条的规定解除劳动合同，并要求用人单位支付经济补偿（实践中一般认为，用人单位未依法缴纳住房公积金不属于支付经济补偿的情形）。

对于用人单位来说，为试用期的劳动者缴纳社会保险费最重要的作用是分散用工风险，以规避不必要的担责，比如在下面这起劳动争议案件中，用人单位就因未依法为试用期员工缴纳社会保险费而承担了 10 余万元的医疗保险待遇损失。

［关联案例］

案例 5–4　某公司因未为试用期员工缴纳社会保险，承担员工医疗保险待遇损失及经济补偿

2020 年 10 月，某公司录用陈某至公司任职，双方签订为期 3 年的劳动合同，约定试用期 6 个月。公司员工手册规定，公司不为试用期间的员工缴纳社会保险费，待员工转正后开始正式缴纳，并补缴试用期的社会保险费。

2020 年 12 月，陈某因脑出血住院需要进行手术，医疗费用总计约 20 万余元，公司为其垫付了 4 万余元，陈某的新农合医疗保险报销了 10 万余元。因双方就剩余医疗费的问题引发争议，陈某因此提出解除劳动合同，申请仲裁要求公司支付医疗保险损失、经济补偿等 10 万余元。

仲裁裁决：公司向陈某支付医疗保险损失、经济补偿。此后公司履行了仲裁裁决，双方均未起诉。

案例评析

关于医疗保险损失。《长沙市职工基本医疗保险管理办法》规定：用人单位和职工未按时足额缴纳基本医疗保险费的，无法享受基本医疗保险待遇；因用人单位原因中断缴费的，参保人员在中断缴费期间发生的医疗费除应由个人承担的部分外，其余医疗费用由用人单位承担。本案中，公司在试用期未为陈某缴纳医疗保险费，导致陈某患病后无法享受基本医疗保险待遇，公司应承担陈某相应的医疗保险待遇损失。

关于经济补偿金。《社会保险法》第五十八条规定，用人单位应当自用工之日起 30 日内为其职工向社会保险经办机构申请办理社会保险登记。所以，公司员工手册的规定明显违法，陈某有权以公司未为其缴纳社会保险费为由提出解除劳动合同，并要求公司支付经济补偿。

（二）自愿放弃"五险一金"承诺书的风险

1. 自愿放弃"五险一金"承诺书或相关协议是否有效

> 《劳动法》第七十二条规定，社会保险基金按照保险类型确定资金来源，逐步实行社会统筹。用人单位和劳动者必须依法参加社会保险，缴纳社会保险费。
>
> 《社会保险法》规定，用人单位应当依法为职工缴纳基本养老保险、基本医疗保险、工伤保险、失业保险、生育保险等社会保险费，其中基本养老保险、基本医疗保险、失业保险的保险费由用人单位和职工共同缴纳。
>
> 湖南省人力资源和社会保障厅、湖南省财政厅、国家税务总局湖南省税务局、湖南省医疗保障局《关于企业社会保险费和机关事业单位职业年金交由税务部门征收的公告》（湘人社规〔2020〕21号）规定，自2020年11月1日起，湖南省范围内企业职工各项社会保险费由税务部门统一征收。

根据上述规定可知，用人单位及员工均应将各自需负担的保险费交由税务部门，其他单位或个人无权收取社会保险费，自愿放弃社会保险承诺书、发放社会保险补贴等做法都是违反法律强制性规定的，故应属无效。

此外，对于住房公积金的放弃承诺也是无效的，如最高人民法院公报案例2020年第11期，（2017）苏11行终136号行政判决书认为："用人单位为职工缴存公积金是法律强制性规定，不管原审第三人出具'经济上与公司两清'的承诺是否包含对公积金的约定，该承诺都不能免除公司及时为职工缴存住房公积金的法定义务。"

2. 员工自愿放弃社会保险后，是否影响工伤认定、工伤待遇

不影响。工伤的认定是以劳动关系、工伤事实为基础进行判断的，而是否放弃社会保险只与工伤待遇由谁赔付有关。

《工伤保险条例》第六十二条规定，应当参加工伤保险而未参加工伤保险的用人单位职工发生工伤的，由该用人单位按照本条例的规定的工伤保险待遇项目和标准支付费用。

3. 员工自行补缴社会保险，是否可以要求用人单位赔偿损失

根据《劳动法》第七十二条规定，社会保险基金按照保险类型确定资金来源，逐步实行社会统筹。用人单位和劳动者必须依法参加社会保险，缴纳社会保险费。

因此，缴纳社会保险费是双方的法定义务，劳动者承担个人缴纳部分，

用人单位承担用人单位缴纳部分。如果劳动者因为用人单位没有依法缴纳社会保险而自行缴费，自然也就承担了用人单位那部分费用，当然有权要求用人单位支付。而且补缴社会保险费将可能产生滞纳金，但在此类案件中用人单位本就存在过错，故实践中一般会要求用人单位承担这部分费用。

此外，对于住房公积金的补缴问题，因为个人无法补缴，故劳动者可根据《住房公积金管理条例》第三十七条、第三十八条的规定，投诉至住房公积金管理中心进行催缴。

4. 用人单位为员工补缴了"五险一金"后，是否可以要求员工返还"五险一金补贴"

实践中，用人单位诉请劳动者返还"五险一金补贴"的情况比较少见，一般来说，在劳动者自行补缴社会保险后诉请单位赔偿损失时就会予以抵扣，但用人单位仍需举证证明其确实向员工发放过"五险一金补贴"及具体金额。此外，用人单位因稽查、投诉等原因为员工补缴"五险一金"的，也可诉请劳动者返还"五险一金补贴"。

5. 员工放弃社会保险后，又以用人单位未依法缴纳社会保险费为由离职，是否可以要求用人单位支付经济补偿金

司法实践中，关于这个问题存在两种相反的观点。

一种观点认为：根据《社会保险法》规定，参加社会保险是国家强制性赋予用人单位和劳动者的法定义务，不属于当事人双方可以约定的事项。员工签署放弃缴纳社会保险费的承诺书违反了法律的强制性规定，应属无效。员工以用人单位未为其缴纳社会保险费为由解除劳动关系，符合法律规定，用人单位应向员工支付经济补偿金。

另一种观点认为：员工因自身原因不愿意缴纳社会保险费，应承担相应的后果，如果再因此主张经济补偿金，有违信用原则，不应支持。

以上两种观点均有法律依据，看似意见相反但实际并无冲突，审判实务中应审查全案证据、结合具体案情进行适用。比如查明员工在职期间对社会保险问题有没有提出过异议；员工能否证明放弃社会保险的承诺或协议存在欺诈、胁迫、乘人之危等情形；签订放弃社会保险的承诺或协议时，用人单位有无明示告知员工必须参加社会保险的相关法律义务和不参加社会保险的风险；员工有无明确表示自愿放弃因为没有办理社会保险要求经济补偿的劳动仲裁权等。

综上，建议用人单位考虑风险成本，履行法定义务。如果员工主动申请不缴纳社会保险费，用人单位应谨慎录用该员工。另外，为避免员工不缴社会保险费、公积金的风险，用人单位可在员工入职时就书面通知其提交办理社会保险、公积金的文件，将此设置为录用条件，并约定如果员工未按时提交相关文件、入职一个月内拒绝参保、其他单位的保险未办停等个人原因造成用人单位无法为其正常办理社会保险费缴纳手续的，视为不符合录用条件，可解除劳动合同。

■ ■ ■ 拓展问题：社会保险挂靠、异地缴纳社会保险费

现实中，有的用人单位为节省用工成本，会借助第三方或关联公司为员工在有社会保险优惠政策的异地缴纳社会保险费，也有些单位为一些与公司不存在劳动关系的关联人员、挂证人员缴纳社会保险费，这样的做法风险极大。

一、社会保险代缴的相关规定

（一）属地管理原则

根据《社会保险法》第五十七条、第五十八条、第六十条规定，社会保险的管理原则为"属地管理"，即用人单位应向其登记注册地的社会保险经办机构办理登记并依法缴纳保险费。

（二）劳动关系原则

根据《社会保险基金行政监督办法》（人力资源和社会保障部令第48号）第三十二条规定，虚构个人信息、劳动关系，使用伪造、变造或者盗用他人可用于证明身份的证件，提供虚假证明材料等手段虚构社会保险参保条件、违规补缴，骗取社会保险待遇的，属于骗保行为。换言之，用人单位只能为与其建立劳动关系的劳动者缴纳社会保险费。

二、社会保险费代缴的合规风险

（一）补缴、异地退费

根据目前的实践，异地代缴社会保险费可能导致用人单位产生补缴成本，包括在单位所在地补缴社会保险费、支付滞纳金以及罚款。而对于异地缴纳的社会保险费将需要到异地办理减员、退费、社会保险转移手续。

（二）经济补偿

曾有劳动者因为社会保险费代缴而主张"用人单位"没有依法缴纳社会保险费，并因此解除"劳动合同"要求单位支付经济补偿。对此，司法实践中的观点并不一致，有的法院支持劳动者经济补偿的请求，有的则认为如果劳动者曾同意社会保险费代缴或实际享受了社会保险待遇的，基于诚信原则应驳回劳动者的诉请。为了规避不必要的风险，不建议用人单位采取社会保险费代缴的形式。

（三）工伤保险待遇

用人单位如找第三方人力资源公司为劳动者代缴社会保险，一旦劳动者发生工伤，第三方往往需要申报工伤认定，此时必然需要向人力资源社会保障行政部门提交虚假的劳动合同、劳务派遣合同等，此种行为已在《社会保险基金行政监督办法》中被定性为骗取社会保险待遇，所以有极大概率被拒赔。此时，劳动者申请劳动仲裁要求工伤保险待遇，用人单位往往会抗辩劳动者是第三方的员工，其不承担责任，而第三方也会抗辩其与劳动者没有事实劳动关系，其只是办理了劳动者工伤保险待遇的申报工作，不应承担因劳动关系产生的相关责任。

下面以一起劳动仲裁案件为例。

［关联案例］

案例 5-5　代缴社会保险费惹的祸，员工工伤谁担责

一员工在甲酒店任客服经理一职，未签订劳动合同，实际月工资标准为8000元。

甲酒店与乙人力资源公司在此前签订了《人力资源委托合同》，约定由乙人力资源公司代缴甲酒店员工的社会保险费。该员工入职后便由乙人力资源公司按最低档（60%）缴纳社会保险费。

2019年某日，该员工在下班途中遭遇交通事故，后乙人力资源公司以其为主体，虚构了劳务派遣合同、劳动合同并申请了工伤认定，市人力资源和社会保障局也做出了工伤认定决定书，并由劳动能力鉴定委员会鉴定为伤残九级。

该员工认为其应获得经济补偿金、二倍工资差额，且工伤保险待遇中的"三金"计算基数与他的实际工资水平不一致，经与甲酒店及乙人力资源公司协商无果，该员工遂依据《劳动合同法》第三十八条与甲、乙两公司解除了劳动合同，并申请了劳动仲裁，要求甲、乙两公司连带承担工伤保险待遇、经济补偿、二倍工资差额。

仲裁判决：甲酒店与该员工存在事实劳动关系，甲酒店承担该员工的工伤保险待遇（按本人工资标准计算）、经济补偿、二倍工资差额，乙人力资源公司对此不承担责任。

此后，甲酒店履行了仲裁裁决，双方均未起诉。

案例评析

本案争议焦点在于，工伤认定中已经确定了劳动关系，在劳动仲裁中是否能做相反的认定。

最高人民法院行政审判庭《关于劳动行政部门在工伤认定程序中是否具有劳动关系确认权请示的答复》明确："根据《劳动法》第九条和《工伤保险条例》第五条、第十八条的规定，劳动行政部门在工伤认定程序中，具有认定受到伤害的职工与企业之间是否存在劳动关系的职权。"

据此，有一种观点认为，工伤认定作为一种行政确认行为，具有公定力和拘束力，即一经成立，就具有被推定为合法而要求所有机关、组织或个人予以尊重及遵守、服从的法律效力，除非经法定程序予以撤销。如（2019）湘05民终2685号案件中法院就持这种观点。

根据该观点，本案中乙人力资源公司以用人单位的身份向市人力资源和社会保障局申请工伤认定，且并没有对该工伤认定决定书提起行政复议或行政诉讼撤销该工伤认定决定书，所以本案该工伤认定书具有公定力和拘束力。

另一种观点认为，根据原劳动和社会保障部《关于确立劳动关系有关事项的通知》（劳社部发〔2005〕12号）第一条的规定，判断原、被告之间是否存在劳动关系，应从劳动关系所具备的实质要件进行分析，即用人单位和劳动者是否符合法律、法规规定的主体资格；用人单位依法制定的各项劳动规章是否适用于劳动者，劳动者是否实际接受用人单位的劳动管理，从事用人单位安排的有报酬的劳动；劳动者提供的劳动是否用人单位业务的组成部分等因素综合认定。

根据该观点，本案中该员工提交了工牌、考勤记录、工资条、银行流水、规章制度、绩效考核记录等证据，完全可以证实该员工与甲酒店存在事实劳动关系。而根据甲酒店与乙人力资源公司签订的《人力资源委托合同》，乙人力资源公司与该员工并非劳动合同关系，其仅受甲酒店委托，为甲酒店的员工代缴社会保险费。

笔者持第二种观点，即在工伤保险待遇、劳动争议案件中认定双方是否存在劳动关系，应当依据《关于确立劳动关系有关事项的通知》的规定。即使市人力资源和社会保障局已经做出了工伤认定书，如果有其他证据可以推翻该证据，便不能仅依据工伤认定书认定劳动关系。如果认定乙人力资源公司与该员工存在事实劳动关系，那么乙人力资源公司就可能需要承担工伤责任、未订立书面劳动合同引起的二倍工资差额、经济补偿等，这对乙人力资源公司也是不公平的。认定甲酒店与该员工存在事实劳动关系，也有利于规范人力资源市场"假外包、假派遣、虚构劳动关系"等乱象。

笔者认为，"代缴社会保险费"是不具有合法性的。根据上述分析，缴纳社会保险费及享受社会保险待遇的前提是，劳动者在具有劳动关系的用人单位就职，而没有劳动关系的、非全日制用工的，法律也规定了可以参加灵活就业、城乡居民养老保险等，另外，目前"社会保险入税"已经实施，劳动关系与社会保险分离、代缴社会保险费等情况很有可能也会受到税务部门及社会保险基金管理部门的关注。建议用人单位在社会保险费缴纳一事上应坚持依法、合规的原则，避免不必要的合规风险。

■■■ 拓展问题：试工期、试岗期、培训期

现实中，用人单位为了使新员工能够尽快适应工作，往往会安排员工进行岗前培训，这本是无可厚非的。但有的用人单位却为了规避用工责任，设置所谓的"培训期""试工期""试岗期"等。那么这些所谓的"培训期"是否属于"用工"行为呢？

[关联案例]

案例 5-6 员工岗前培训期间与用人单位成立劳动关系

小卢是某大学的应届毕业生，因特殊原因，他已经在家待业了大半年。

这一天，小卢在某招聘网站上看到某广告公司招聘平面设计师，月薪4000元，小卢便投递了简历。

不久后，该公司HR给小卢发送了信息，通知他符合初级平面设计师的招聘条件，并让他于次日来公司报到。

入职当天，该公司与小卢签订了岗前培训协议书，约定：员工参加培训期间不属于公司的正式员工，不构成劳动关系，公司无须为员工支付工资、缴纳社会保险费；员工在培训期间发生意外伤害等造成的损失由员工承担相应责任；待培训结束合格后，正式上岗并签订劳动合同方可成为正式员工，正式计算工龄。另约定，小卢参加岗前基本知识培训和技能操作期间，补助生活费每月1900元，如有缺勤，扣除当天生活费。

小卢因求职心切，没有仔细阅读协议便签了字。此后，小卢便按公司的要求，每天按时签到、参加培训，公司的培训内容主要是公司的规章制度、企业文化、OA操作等。

参加培训一周后的某天，小卢在前往公司培训的途中遭遇交通事故意外受伤，当日，小卢向公司HR发送短信说需要请病假，HR回复让他先好好养伤。此后，小卢未再上班。

小卢认为其受伤属于工伤，但公司认为与小卢不存在劳动关系，未为小卢申请工伤认定。

小卢经3个月住院治疗后，自行向人力资源和社会保障局申请了工伤认定，因公司回函双方不存在劳动关系，人力资源和社会保障局便做出了工伤认定程序中止通知，要求小卢补充证明存在劳动关系的材料。

小卢收到中止通知后，便以该公司拖欠工资、未依法缴纳社会保险费为由，向公司送达了解除劳动合同通知，并申请劳动争议仲裁，要求确认与公司的劳动关系，并要求公司支付拖欠的工资及经济补偿金。

仲裁裁决：确认小卢自入职培训之日起即与公司成立劳动关系，公司应向其支付拖欠的工资并支付经济补偿金。

案例评析

对于岗前培训期间是否成立劳动关系的问题，在司法实践中，裁判机构通常是根据原劳动和社会保障部《关于确立劳动关系有关事项的通知》来认定劳动关系。

本案中，公司主张双方不存在劳动关系，而是一种培训服务关系。笔者认为：（1）公司与小卢均为建立劳动关系的适格主体。（2）小卢通过公司发布的招聘信息应聘，双方存在建立劳动关系的合意。（3）公司的经营范围包括平面设计，而小卢应聘之岗位为平面设计师，其工作为公司业务组成部分。（4）岗前培训的内容与小卢的工作内容相关，是为了其本职工作做的准备。（5）小卢在培训期间，需要学习并遵守公司的考勤制度，具有人身从属性；公司发放的每月 1900 元的生活费，是根据出勤天数计算，实际为工资，具有经济从属性。

综上，小卢与公司之间符合劳动关系的判定条件，依据《劳动法》第三条、第六十八条的规定，劳动者有接受职业技能培训的权利。公司以签订岗前培训协议书的形式把小卢依法接受职业技能培训的权利排除在双方劳动关系之外，违反法律规定，故应当认定小卢自参加培训之日起就与公司建立了劳动合同关系。

"培训期"是否建立劳动关系，如果理性地回答这个问题，笔者只能说，上述期间不能排除劳动关系，具体还是得看案情。

如果用人单位只是为了规避劳动关系而设立"培训期"，一旦被认定为劳动关系，则用人单位就可能面临支付劳动报酬及未签劳动合同引起的二倍工资差额、承担工伤保险责任等风险。

■■■ 拓展问题：在校生实习期

根据《职业学校学生实习管理规定》的规定，教学实习有认识实习和岗位实习两种实习形式。认识实习是指学生由职业学校组织到实习单位参观、观摩和体验，形成对实习单位和相关岗位的初步认识的活动。一般认为该类实习属于教学内容，不属于劳动关系。

岗位实习是指具备一定实践岗位工作能力的学生，在专业人员指导下，辅助或相对独立参与实际工作的活动。一般是即将毕业的应届生到用人单位从事全日制工作，有明确的岗位职责，接受用人单位的劳动管理，直接从事用人单位安排的有报酬的劳动。根据笔者对于湖南地区法院近 3 年判例的检索，在实务中有相当一部分法院认为岗位实习成立劳动关系，特别是在实习生发生工伤事故的情况下，法院更倾向于保护劳动者的权利，所以产生争议的风险较高。

用人单位聘用在校实习生时，应注意如下合规要点。

1.签订协议。签订三方协议，明确双方之间的法律关系是实习关系，以及工作时间、实习津贴、日常纪律、解除终止等条款，以避免事后发生不必要的争议。

2.注意实习生与普通员工的区别。注意工作内容的安排与普通员工的区别，尽量不安排实习生从事高空、井下、放射性、有毒、易燃易爆，以及其他具有较高安全风险的工作；注意工作时间的安排与普通员工的区别，尽量不安排实习生在法定节假日工作，不安排实习生加班和夜班，且普通员工享有的休息休假也应当对实习生适用；注意工作报酬的发放与普通员工的区别，尽量将报酬表述为实习津贴或补贴，按日结算，并在银行转账中明确备注实习津贴或补贴。

3.购买商业保险。根据上述的分析，无论双方最后是劳动关系还是劳务关系，均建议用人单位购买实习责任保险，以便有效分担或减轻用人单位的经济赔偿责任。

4.注意毕业时间。根据前述分析，在实习生取得毕业证之后继续用工的，湖南地区法院普遍认为实习生在毕业后已属于适格的劳动者，所以用人单位一定要注意实习生的毕业时间，并提前决定是否录用，如决定录用的，应及时办理入职手续，签订书面劳动合同，为其缴纳社会保险费。

第三部分

员工管理篇

第六章

计薪工作时间的合规管理

在笔者为用人单位提供法律服务的过程中，常有 HR 咨询关于员工休假的问题，比如用人单位可否不批准某个休假的申请、某个休假最多休多少天、休完假怎么处理、假期待遇如何计发等。特别是《民法典》及《个人信息保护法》实施之后，员工个人隐私与用人单位自主管理权的冲突引起理论及实务界的大争论。如何审批休假问题成为管理的疑难问题，甚至用人单位会在不知不觉中侵犯劳动者的休假权或隐私权（见表 6–1），这不得不引起用人单位重视。

本章内容主要涉及员工休假的合规管理，但因为实践中休假管理还涉及工时、薪酬、工作日、假期等多个合规节点，故笔者试从员工计薪工作时间的角度对休假合规进行综合性的论述。

【合规风险】

表 6–1　侵犯劳动者休假权的合规风险

具体行为	合规风险
安排员工超时加班	用人单位除应支付加班费外，还可能面临警告、责令限期改正、罚款等行政处罚

（续表）

具体行为	合规风险
不安排员工休年休假，又不支付年休假工资报酬	用人单位除应支付年休假工资外，还可能面临被责令限期改正、加付赔偿金等民事、行政责任
无正当理由不批休假，以旷工为由解除劳动合同	可能涉及用人单位违法解除劳动合同

假期报酬的合规风险，可参见第九章"薪酬的合规管理"。

【合规实务指引】

有部分用人单位认为，员工计薪的工作时间仅指正常工作及加班的时间。其实不然。《劳动法》规定了劳动者依法享有春节、国庆节等带薪法定假日，还可享有病假、年休假、产假、婚丧假、公假等带薪法定假期。所以，员工正常的计薪工作时间包括正常工作日、加班、带薪法定假日及带薪法定假期四个部分（关于加班管理的问题，参见第七章"工时与加班的合规管理"），而且法律对假期的期限、待遇等都有一定的限制性规定，用人单位不可以自行设置，否则将面临一定的合规风险。

一、正常工作日

正常工作日，即一年中需要出勤工作的天数。实践中，常有 HR 将工作日与计薪日混淆，从而导致用人单位发生克扣工资的合规风险。

［关联案例］

案例 6-1　20.83 天与 21.75 天之争，多扣事假工资违法

薛某于 2011 年 11 月 21 日入职 A 公司，担任电子工程师，工资构成为底薪 3000 元＋职务加级＋加班费＋全勤奖＋餐费＋租房补助。薛某每月工作 26 天，每天工作 10 小时。

　　薛某于 2017 年 10 月请事假 3 天、2018 年 2 月请事假 8 天、4 月请事假 6 天、5 月请事假 11.5 天、6 月请事假 15.5 天、7 月请事假 8 天。A 公司员工手册规定的月工作天数 20.83 天，按月薪 ÷20.83 天计算薛某事假期间扣薪。

　　2018 年 8 月 12 日，薛某以 A 公司无故克扣工资等理由与 A 公司解除劳动关系，并请求 A 公司支付解除劳动关系的经济补偿金 40 000 元、未结算的工资 7000 元。

　　该案经一裁二审，最终法院判决 A 公司向薛某支付解除劳动关系的经济补偿金4753 元 ×7=33 271 元。

案例评析

　　本案是典型的用人单位因混淆了工作日和计薪日的概念而导致不必要合规成本的情形，这里主要是涉及对 20.83 天与 21.75 天计薪的争论。下面根据《关于职工全年月平均工作时间和工资折算问题的通知》（劳社部发〔2008〕3 号）规定，通过数学公式将两者展示出来，以便大家理解。

　　月工作日：（365 天 –104 天双休日 –11 天带薪法定假日 ）÷12 月 =20.83 天 / 月。

　　但这个数字只是计算了应出勤天数，而非计薪天数，对于实行标准工时月薪制的用人单位计算薪酬没有意义，其主要用途在于核算综合计算工时小时数。

　　月计薪日：（365 天 –104 天双休日 ）÷12 月 =21.75 天 / 月

　　月计薪日实际就是将正常工作日再加上带薪法定假日，得出真正的计薪天数，如此平均到月就是 21.75 天。这个数字主要用于核算事假扣款及加班、年休假、病假工资等法定待遇。

　　本案中，对于薛某事假工资的扣除，应先根据月计薪日 21.75 天来计算日薪，即日薪 = 月工资 ÷21.75 天，而 A 公司按月工资收入 ÷20.83 天计算，很明显是多算了日薪，如此计算事假扣款，自然构成无故克扣工资的情况。

二、带薪法定假日

　　带薪法定假日，是指按《劳动法》第四十四条、第五十一条规定，劳动者在法定节假日休息的，工资正常计发，如被安排加班的，用人单位将支付不低于 300% 的工资报酬（见表 6–2）。

表 6-2　带薪法定假日

类型	假期	放假天数
全体公民放假的节日	元旦	1 天（1 月 1 日）
	春节	3 天（农历正月初一、初二、初三）
	清明节	1 天（农历清明当日）
	劳动节	1 天（5 月 1 日）
	端午节	1 天（农历端午当日）
	中秋节	1 天（农历中秋当日）
	国庆节	3 天（10 月 1 日、2 日、3 日）
部分公民放假的节日及纪念日	妇女节	妇女放假半天（3 月 8 日）
	青年节	14 周岁以上的青年放假半天（5 月 4 日）
	儿童节	不满 14 周岁的少年儿童放假 1 天（6 月 1 日）
	中国人民解放军建军纪念日	现役军人放假半天（8 月 1 日）

由表 6-2 可知，《全国年节及纪念日放假办法》规定了两种法定节假日，一种是全体公民放假的节日，一种是部分公民放假的节日及纪念日。虽然这两种节日均规定在同一部行政法规中，但由于《关于部分公民放假有关工资问题的函》（劳社厅函〔2000〕18 号）的规定，导致二者的法律效果并不相同（见表 6-3）。

表 6-3　全民放假与部分公民放假节日的区别

	休息	加班	节日在周末
全体公民放假的节日	正常计薪	支付不低于 3 倍工资的加班工资	补假
部分公民放假的节日及纪念日	正常计薪	无须支付加班工资	不需要补假

［关联案例］

案例 6-2　女员工在妇女节擅自休假，是否算旷工

龙某是 A 公司的员工，从事销售工作。A 公司员工手册规定，一个日历年度内累计旷工三天或以上的，视为严重违纪，A 公司可立即与员工解除劳动合同。

2016 年 2 月 25 日，A 公司通知龙某参加 2016 年 3 月 8 日至 2016 年 3 月 10 日在外地召开的会议，龙某未参会亦未履行请假手续，A 公司便依据员工手册于 2016 年 4 月 5 日解除了与龙某的劳动关系。

龙某认为 3 月 8 日属于女员工法定假日，其即便存在旷工，亦不满 3 天。故龙某申请劳动仲裁，要求 A 公司继续履行劳动合同，并补发自违法解除劳动关系之日起至安排工作之日的工资，每月约为 20 086.33 元。

该案经一裁二审，最终法院判决 A 公司解除龙某劳动合同行为合法，A 公司无须与龙某恢复劳动关系。

案例评析

本案涉及部分公民放假的节日的两个典型问题：一是该类节日是否必须放假，二是该类节日如何计发工资。

对于第一个问题，法律并无明确规定，但司法实践中普遍认为，在部分公民放假的节日期间，用人单位已为劳动者安排了相应工作任务的，劳动者仍应予以遵守，否则可能将被认定为旷工。

对于第二个问题，部分地区对此进行了规定，如《湖南省工资支付监督管理办法》第十九条规定，部分公民放假的节日及纪念日期间，用人单位安排劳动者休假的，应正常向劳动者支付工资，且根据《关于部分公民放假有关工资问题的函》的规定，单位无须支付该日上班的加班费。如 2022 年 3 月 8 日为星期二，用人单位在当天安排女职工工作的，依法支付正常工资即可，不需要支付加班费，如果用人单位当天安排女职工休假半天，仍需支付正常工资。

合规建议

从上述分析可知，在部分公民放假的节日期间，用人单位可以安排劳动者进行工作，劳动者并无未经许可不工作的权利。但因为部分地区对该类节日的工资制度较为纠结，即上不上班工资都是照常发放，这可能会造成员工失去工作的积极性，所以笔者建议用人单位可以采用发放节日福利或调休半天的方式激励员工。

三、带薪法定假期

我国关于带薪法定假期的规定相当繁杂，分散在各个层级、各个地区的法律法规中，有些假期甚至只有部委的通知作为依据，如产假、陪产假规定在《女职工劳动保护特别规定》各省市《人口与计划生育条例》中，带薪年休假规定在《职工带薪年休假条例》中，婚丧假规定在《关于国营企业职工请婚丧假和路程假问题的通知》中等。HR 面对这些繁杂的规定，往往无从查询、摸不着头脑，甚至有些 HR 直接应用外地的规定。这也是休假合规风险频发的一大重要原因。

以湖南省为例，目前有效的常见带薪法定假期的规定见表 6–4。

表 6–4　常见带薪休假

休假类别	假期时长	法律依据	具体规定
产假	158 天	《湖南省人口与计划生育条例》《湖南省女职工劳动保护特别规定》《女职工劳动保护特别规定》	符合法定生育条件的夫妻，女方除享受国家规定的产假 98 天外，还可以再享受增加产假 60 天，共计 158 天，其中产前可以休假 15 天
陪产假	20 天		男方可享受护理假 20 天
育儿假	每人 10 天		在子女三周岁以内，夫妻双方每年均可享受 10 天育儿假
独生子女护理假	15 天		独生子女父母年满六十周岁，因病住院治疗期间，其子女每年可累计享受十五天的独生子女父母护理假
带薪年休假	5 天、10 天、15 天	《职工带薪年休假条例》	已满 1 年不满 10 年的，为 5 天；已满 10 年不满 20 年的，为 10 天；已满 20 年的，为 15 天
婚丧假	1~3 天	《关于国营企业职工请婚丧假和路程假问题的通知》	职工本人结婚或职工的直系亲属（父母、配偶和子女）死亡时，可以根据具体情况，酌情给予 1~3 天的婚丧假
探亲假（适用于国有企业）	20 天、30 天	《国务院关于职工探亲待遇的规定》	探望配偶，每年 30 天；未婚员工探望父母，每年 20 天或两年 45 天；已婚员工探望父母，每 4 年 20 天

（续表）

休假类别	假期时长	法律依据	具体规定
医疗期（工资不低于当地最低工资标准的80%）	3~24个月	《企业职工患病或非因工负伤医疗期规定》	指企业职工因患病或非因工负伤停止工作治病休息不得解除劳动合同（劳动关系）的时限。具体可见第十二章"医疗期员工的合规管理"
停工留薪期	一般不超过12个月	《工伤保险条例》	指工伤职工因事故伤害或职业病需要暂停工作接受工伤医疗的期限。湖南地区并未规定具体标准及算法，一般依据伤情、伤残等级、医嘱等因素进行酌定

■ ■ ■ 拓展问题：单位的休假批准权

一般来说，劳动者在法定节假日、医疗期等国家规定的假期外需要休假的，应向用人单位提出申请，比如事假、年休假、加班调休等，用人单位可以根据经营生产的需要，自主安排员工的休假，包括准否休假、休假时间，如果劳动者未经批准而休假，用人单位可能将其视为旷工行为。值得探讨的是，当用人单位的这种自主管理权与劳动者的休息权甚至伦理道德之间存在冲突时，应该如何做好价值衡量。

[关联案例]

案例 6-3　用人单位不准员工休丧假，按旷工解除劳动合同违法

陆某系某公司员工。2020 年 1 月 6 日，陆某因父亲生病向其主管提交请假单后回老家，请假时间为 2020 年 1 月 6 日至 1 月 13 日（共 8 天）。次日，陆某因公司未准假而返回，途中得知其父亲去世便再次回家处理丧事。2020 年 1 月 14 日，陆某返回上海，并于次日起开始上班。

2020 年 1 月 31 日，公司向陆某出具解除劳动合同通知书。通知书称，根据公司考勤管理细则的规定，请事假连续 3 天以上的，需报集团公司领导审批。但陆某在未经审批同意的情况下，自 1 月 6 日起即擅自离职，直至 1 月 15 日才返岗，按照公司考勤管理规定应视为旷工。即使扣除 3 天丧假，旷工天数也已达到累计 3 天以上（含 3 天）的标准，严重违反公司规章制度和劳动纪律，公司有权辞退，提前解除劳动合同并依法不予支付经济补偿。双方劳动关系自 1 月 31 日起解除。

对此，陆某提起诉讼，请求判令公司支付违法解除劳动合同赔偿。

该案经一裁二审，最终法院判决公司系违法辞退，向陆某支付违法解除劳动合同赔偿金 75 269.04 元。

案例评析

本案中陆某一共缺勤 6 天，按公司规定旷工累计 3 天的即属于严重违纪，所以本案的争议焦点即陆某缺勤的行为是否属于旷工。

首先，从请假手续上看，陆某于 2020 年 1 月 6 日向公司提交了事假申请，公司直至第二天才告知陆某不批准事假，故陆某 1 月 6 日的缺勤行为是公司未及时行使审批权导致的，不应认定为无故旷工。

其次，从请假原因上看，陆某请事假是因为其父病危，2020 年 1 月 7 日其父亲去世，此时事假的性质已经变更为丧假，故丧假 3 天不应认定为无故旷工。

综上，陆某缺勤的 6 天中有 4 天不属于无故旷工，并未达到严重违纪的程度，故公司行为属于违法解除劳动合同。

合规建议

笔者认为，本案的意义并不在于上述的法律分析，而在于它对于用人单位"善良管理"的讨论。

正如刘慈欣的小说《三体》中对于"道德主义"与"功利主义"的讨论，在不同的境遇下，人们的选择不一样。但法律上的普通善良人对于人力资源管理的期待，肯定不是"功利主义"的。所以，人力资源管理首先应该是关注人，而后才是管理，这也是笔者在本书中想要着重强调的"善良管理"。

用人单位进行人力资源管理既要有基本的同理心，也要尊重公序良俗，特别是案例 6–3 中丧假的情形，如果用人单位只是冰冷地实施其规章制度，那么这种做法是不被普通善良人所接受的。法院在审理该类案件时，通常会要求用人单位说明理由，裁判者将审查单位拒绝批假理由的合理性，但该"合理性"的审查属于自由裁量权的范围，结果不能预判，但根据目前的司法环境，一定是以更高一级的"道德主义"——"社会主义核心价值观"为思想主导的，正如二审法官在该案的终审判决书中写的，陆某请假，事出有因，其回老家为父亲操办丧事，符合中华民族传统人伦道德和善良风俗，公司亦应以普通善良人的宽容心、同理心加以对待，体恤员工的具体困难与不幸亦是用人单位应有之义。

此外，这类事件带给用人单位的远远不止违法解除劳动合同的经济成本，随着事件的发酵，舆论导致用人单位社会评价降低才是最大的损失。所以，在劳动者的请假没有影响到单位正常经营的情况下，建议单位应站在"道德主义"一方，通过协商解决员工休假的问题，避免产生不必要的争议。

第七章

工时与加班的合规管理

　　1995 年 1 月 1 日，世界贸易组织成立，我国也开始了长达 15 年的入世谈判。为与国际通行方式接轨，1995 年 3 月 25 日，国务院发布了《国务院关于职工工作时间的规定》，这就意味着我国从 1995 年 5 月 1 日开始正式实行每日工作 8 小时、每周工作 40 小时的标准工时制。但现实生活中，超时加班、没有补休、放弃加班费等明显违背我国现行工时制度的做法却普遍存在。2021 年 8 月 25 日，人力资源和社会保障部及最高人民法院联合发布的第二批劳动人事争议典型案例，主要就是关于加班的争议，其中如大小周工时制、包薪制、加班审批制、放弃加班费协议等案例都引发了全民探讨。加班也涉及考勤、薪酬、休息休假、离职、工时制度等多个人力资源管理环节，这项工作的合规管理是 HR 必备的知识储备。

【合规实务指引】

一、不同工时制下的加班费支付条件

（一）标准工时制

标准工时制是指在一般情况下，劳动者从事劳动的正常工作时间的工时制度。我国《劳动法》及《国务院关于职工工作时间的规定》规定了实行劳动者每日工作 8 小时，每周工作 40 小时这一标准工时制。

实行标准工时制的用人单位，如果安排劳动者超时劳动，即应向劳动者支付加班工资。

（二）综合计算工时制

根据《劳动部关于企业实行不定时工作制和综合计算工时工作制的审批办法》《〈国务院关于职工工作时间的规定〉问题解答》等规定，综合计算工时工作制是针对因工作性质特殊、需连续作业或受季节及自然条件限制的企业的部分职工，采用的以周、月、季、年等为周期综合计算工作时间的一种工时制度。

对于实行综合计算工时制的员工，只有在一定周期的工作时间超过标准总额时才存在加班费。例如按月为周期，每月工作时间超过 166.64 小时的；按季度为周期，每季度工作时间超过 500 小时的；按年度为周期，1 年工作时间超过 2000 小时的。

（三）不定时工作制

根据前述规定，不定时工作制是针对因生产特点、工作特殊需要或职责范围的关系，无法按标准工作时间衡量或需要机动作业的职工所采用的一种工时制度。该种工时制下劳动者可以自主安排工作、休息时间。

由于不定时工作制下用人单位对员工的上班时间不做具体安排，所以也无法依据其工作时间计薪，所以，对实行不定时工作制的员工通常不适用关于加班费的规定，即没有加班费。

对于不定时工作制下，劳动者在法定节假日工作的是否支付加班工资的问题，实践中各地的规定不同。比如，《湖南省工资支付监督管理办法》第十八条规定，经劳动保障行政部门批准实行不定时工时制的用人单位，可不执行本办法关于延时加班、休息日加班工资的支付规定，但在法定休假日安排劳动者工作的，需要支付法定节假日加班工资。再如，《北京市工资支付规定》规定，用人单位经批准实行不定时工作制度的，不适用本规定加班工资的规定。所以，HR需要核实当地关于加班工资的相关规定，避免产生不必要的合规风险。

二、不同工时制下加班费的具体计算

一般来说，加班费＝加班费计算基数 × 费率标准 × 加班小时（日）数。但因为工时制度的不同，对加班费的计算办法也有着明显的区别，以下详细分析不同工时制度下的加班费计算办法。

（一）加班费计算基数

如何确定加班费计算基数是加班费争议案件中最常见的争议焦点，司法实践中对于基数的计算，三种工时制度下并无区别，需要先算出员工的日薪与时薪，以月薪制为例，比如月工资为 x 元，则日薪 $z = x \div 21.75$，时薪 $n = z \div 8$。

以上是一种理想的情形，现实中的情况往往更加复杂，如果双方未约定月工资标准，或者约定的月工资包括加班费，或者直接约定加班费计算基数等，我们暂且分为两种情况进行分析。

1. 对加班费计算基数没有约定的情形

实践中，一般按劳动者正常工作时间的月工资计算确认，月正常出勤工资中包含有风险性、福利性报酬的，可以相应扣除，如果用人单位无法举证工资组成的，一般按实发工资加个人承担的社会保险部分计算应发工资。

2. 双方对加班费计算基数有约定的情形

实践中，有的用人单位直接约定月工资包括加班费，或直接约定每月、每日加班费的金额，这也就是所谓的"包薪制"。一般情况下，我们认为用人单位有依法制定劳动报酬分配制度的自主权，约定有效。但这里需要注意的是，劳动报酬分配制度本身要符合相关法律的规定。

［关联案例］

案例 7-1　用人单位与劳动者约定实行包薪制，是否需要依法支付加班费

　　周某于 2020 年 7 月入职某汽车服务公司，双方订立的劳动合同约定周某的月工资为 4000 元（含加班费）。2021 年 2 月，周某因个人原因提出解除劳动合同，并认为即使按照当地最低工资标准认定其法定标准工作时间工资，某汽车服务公司亦未足额支付加班费，要求支付差额。某汽车服务公司认可周某加班事实，但以劳动合同中约定的月工资中已含加班费为由拒绝支付。周某向劳动仲裁委员会申请仲裁，请求裁决某汽车服务公司支付加班费差额 17 000 元。

处理结果

　　劳动仲裁委员会裁决某汽车服务公司支付周某加班费差额 17 000 元（裁决为终局裁决），并就有关问题向某汽车服务公司发出仲裁建议书。［本案例选自人力资源和社会保障部、最高人民法院《劳动人事争议典型案例（第二批）》。］

案例评析

　　"包薪制"在一些劳动密集型用人单位中较为常见，即劳动者加班较多且时间相对固定，常见如每天固定加班 2 小时、每周"做六休一"等工作模式。本案中，审裁机构认可了双方"包薪制"的工资分配方式，但通过具体计算后发现，即使按当地最低工资标准核算，周某的应发月工资都不止 4000 元 / 月，所以用人单位仍属于未依法足额支付工资报酬，存在补发工资差额、支付经济补偿、加付赔偿金等用工风险。

合规建议

　　1. 如因行业特征员工普遍需要加班，用人单位采取包薪制计发工资的，在制定工资制度时应注意最低工资标准及加班时长的限制。

　　2. 用人单位可以通过依法制定的规章制度建立加班审批制度，控制加班时数，提升生产工作效率。确因工作需要进行加班的，应按照规章制度审批流程经批准后再行加班。

　　3. 劳动者在休息日加班的，用人单位可以优先安排劳动者补休代替支付加班工资。工作日加班、法定节假日加班的，应及时结算加班工资，避免造成拖

欠工资。

4.完善薪酬制度，合理约定加班工资的计算基数。如将工资分为正常工作时间工资加绩效工资，一般可约定以正常工作时间工资作为加班费计算基数。这里需要注意，有的用人单位将工资拆分成基本工资、岗位工资、职务工资、岗位津贴等，但这些工资项目实际每月都是固定发放的，如果用人单位仅将其中一项作为计算基数，这在司法实务中可能不被认可，最后还是以固定发放的薪酬作为加班费计算基数。

5.薪酬制度、加班制度等规章制度均需公示，要求员工签收，考勤表（含加班时间、调休、休假）、工资表（含加班费）均要求员工签字确认，或者通过电子邮件等其他方式确认某段时间内的加班费已经结清。

（二）加班费的费率标准

不同时间段的加班费计费标准是不同的，具体要看加班的具体时间处在哪个时间段（见表7–1）。比如，标准工时下，延时加班的计费标准只针对工作日超过8小时的部分；再比如，休息日当天加班超过8小时的，在没有安排调休的情况下均按200%计费；又如，法定节假日当天加班超过8小时的，按300%计费。

表 7–1　不同工时制下的加班费率标准

加班类型	标准工时制	综合计算工时制	不定时工作制
工作日延时加班	150%	150%	0
休息日加班	200%	0	0
法定节假日加班	300%	300%	300%

■ ■ ■ 拓展问题：法定休假日加班费的计算是 3 倍还是另发 3 倍

《劳动法》第四十四条规定，法定休假日安排劳动者工作的，支付不低于工资的百分之三百的工资报酬。这里的"不低于工资的百分之三百"指的是另发300%还是总计发300%？

以国庆节假期为例。例如某年国庆节期间，10月1日至7日放假调休，共

7 天。而该假期期间，只有 10 月 1 日、2 日、3 日属于法定休假日，4 日到 7 日的假期实际是从双休日调整而来，并非法定休假日。

先说非法定休假日的部分，如果单位安排员工在 2022 年 10 月 4 日到 7 日加班且不调休的，因为本身就是双休日，所以加班当天按 200% 计发加班费，而不是 300%。

再说法定休假日的部分，在本书第六章"计薪工作时间的合规管理"中提到，一年中正常出勤的工作日为 251 天，而一年中的计薪日为 261 天，平均每月计薪日为 21.75 天，这正是用人单位在核算工资、事假扣款，以及加班、年休假、病假工资等法定待遇时使用的数据。也就是说，用人单位给员工正常计薪时，实际已经包含了 11 天的带薪法定假日薪酬。分歧也就在这里。很多人认为既然用人单位已经发放了 11 天的带薪法定假日薪酬，那么加班费中就只需要再发放 2 倍即可。

这种理解乍一看确实合理，但如果我们把《劳动法》第四十四条前半部分放在一起看，就显得不太合理。《劳动法》第四十四条规定："……（一）安排劳动者延长工作时间的，支付不低于工资的百分之一百五十的工资报酬；（二）休息日安排劳动者工作又不能安排补休的，支付不低于工资的百分之二百的工资报酬……"此时需注意到，延长工作时间、休息日加班的时间段，本身是没有工资的，那么 150%、200% 就是另付的，这里没有争议。但如果按上述理解，法定休假日加班的，用人单位则只需再发放 2 倍的工资，这就与休息日加班的规定并无实质区别。此外，延长工作时间、休息日加班的都是另行支付，如果对法定休假日加班只是支付，也不符合逻辑。

此外，《对〈工资支付暂行规定〉有关问题的补充规定》中也规定了"安排在法定休假节日工作的，应另外支付给劳动者不低于劳动合同规定的劳动者本人小时或日工资标准 300% 的工资"，所以，加班费就是劳动者在正常工作之外提供了额外的劳动而另行支付的报酬，理应是另行支付 300% 的工资。

例如，小明是某公司程序员，其日薪为 n。国庆节期间，公司一个项目赶进度需要人手，小明向公司申请国庆节期间加班，公司欣然同意。

那么小明的加班费应计算为：

1~3 日加班：另付 3 倍工资

4~7 日加班：不调休则另付 2 倍工资

加班费总计为：$3n \times 3 + 2n \times 4 = 17n$

综上，公司安排员工在国庆节加班的，实际需发放 17 天的加班工资。

（三）加班费的计算

不同工时制下的加班费计算如表 7–2 所示。

表 7–2　不同工时制下的加班费的计算

工时制类别	加班费计算方法
标准工时制	按每日 8 小时，每周 40 小时为准，超出部分按加班的时间段，分别计算延长工作时间加班、休息日加班、法定节假日的加班时间对应的加班费 如某员工执行标准工时制，月薪为 x，时薪为 n，其当月累计延长工作时间加班 20 小时，周末加班 16 小时，共计加班 36 小时，那么该员工当月加班费为 延时加班费：$n×20×1.5=30n$ 休息日加班费：$n×16×2=32n$ 加班费合计：$30n+32n=62n$ 月发工资合计：$x+62n$
综合计算工时制	综合计算工时制没有休息日加班费，该种工时制下主要计算延长工作时间加班费及法定节假日加班费。综合计算工时制的加班时长计算，需要根据审批的周期（周、月、季、年）再参考标准工时制来计算 如某员工按月为周期执行综合计算工时制，月薪为 x，时薪为 n，其正常一个周期内的工时总数为 166.64 小时（8×20.83 天），该员工在此周期内实际工作 203 小时，超出的 36.36 小时计算加班时间，所以加班费的计算如下 加班费：$n×36×1.5$ 倍 $=54n$ 周期工资合计：$x+54n$
不定时工时制	不定时工时制并无不存在休息日和延长工作时间的加班费，各地对法定休假日的加班费的规定不同

■■■ 拓展问题：午休、就餐时间是工作时间吗

对于工作日午休、就餐时间，一般认为不属于工作或加班时间，但事实上，如果双方并未对此进行约定或规定，仍可能引发加班费或工伤认定的争议。

［关联案例］

案例 7-2 用人单位未规定午休、用餐时间性质的，承担不计工时的举证责任

2019 年 6 月 10 日，刘某进入 A 公司工作，双方未签订书面劳动合同。

A 公司规定的工作时间为 8：00 至 20：00，工作期间有午餐及晚餐，每餐均有用餐时间，但未明确具体时间。

2020 年 1 月 18 日，刘某从 A 公司离职，并申请劳动仲裁，要求 A 公司支付其加班费 25 560 元。

庭审中，双方对于延长工作时间加班费计算的分歧在于，刘某认为每餐有半小时用餐时间，而公司认为每餐有 2 小时用餐时间。

人民法院认为，在双方对用餐时间各执一词的情况下，公司作为管理者，对其主张的用餐时间负有举证责任。双方对不定时工时制度没有约定，公司也没有进行过备案，故双方争议的工时制度应当按照法定的标准工时制确定。企业安排劳动者平时延长工作时间又不能安排补休的，应当支付劳动者加班费。A 公司应根据刘某的加班小时数和工资标准计算延长工作时间加班费。现双方对工资标准无异议，仅对刘某的加班时长存有争执，公司认为每餐有 2 小时合计每日有 4 小时用餐时间，刘某认为每餐有半小时合计每日 1 小时用餐时间。法院酌情认定每餐有 1 小时用餐时间合计每日有 2 小时用餐时间。

法院判决：A 公司向刘某支付延长工作时间加班费 6584.83 元。

案例评析

目前，我国对于员工用餐时间是否属于工作时间的问题没有明确规定，即使《工伤保险条例》将工作时间的概念延伸到了工作时间前后在工作场所内从事与工作有关的预备性或者收尾性工作的时间，但员工用餐过程中受到事故伤害或突发疾病猝死的情况是否属于工伤也仍存在争议。

实践中，如果用人单位与劳动者提前进行了约定，或用人单位通过规章制度对此进行了规定的，即可按约定或规定执行。

如果没有约定或规定，而且双方对用餐时间各执一词的情况下，用人单位作为管理者，对其主张的用餐时间负有举证责任，如果双方均无法举证证明，

则由审裁机关自由裁量。

合规建议

1. 明确约定或规定用餐、休息的时间，比如约定"工作时间为周一至周五9：00—18：00，其中12：00—13：00为用餐及午休时间，每日有效工时8小时"。

2. 如约定用餐、休息时间不计入工作时间，公司在实际管理中应务必体现员工可自由支配休息时间且可以自由活动，如果公司安排员工必须在岗位上吃饭、休息，或岗不离人、轮流吃饭休息，将仍可能被认定为工作时间。

（四）调休及加班费的支付

在涉及拖欠加班费的劳动争议案件中，常有用人单位以调休为由抗辩未拖欠加班费；也有用人单位为规避支付加班费，在其规章制度中规定："凡员工加班的，一律作调休处理，调休在当年申请，未申请的视为放弃。"

这里实际上涉及四个问题，法律对于调休有何限制？调休能否强制清零？加班费如何支付？加班费的仲裁时效何时起算？

1. 法律对于调休的限制

根据《劳动法》第四十四条的规定，用人单位只有在劳动者休息日加班的，才可以安排调休代替加班费。同时也可以认为，劳动者要求用人单位支付休息日的加班费时，应先满足用人单位不能安排补休的必要条件。

2. 调休是否能强制清零？

"限期调休，未申请的视为放弃。"对于部分用人单位的这种规定，实践中有两种截然相反的观点：一种观点认为，"强制清零"与立法目的不符，是无效的规定；另一种观点认为，权利在一定期间内不行使可以视为放弃。笔者认可第一种观点。

3. 加班费如何支付

（1）工作日及法定休假日加班费的支付

根据前述分析，员工在工作日延长工作时间及法定休假日加班的，可直接享有劳动报酬的请求权，即加班费也适用工资支付的规则，如"至少每月向劳动者支付一次工资"的要求，若用人单位以安排调休为由拖欠劳动者工作日延长工作时间及法定休假日加班费的，亦可能被认定为拖欠工资（详见第九章

"薪酬合规的管理")。

（2）休息日加班费的支付

如员工在休息日加班的，其首先享有的是加班后调休的休息权，故员工不能直接据此主张用人单位支付加班工资。

调休是用人单位"安排"的一种管理行为，那么用人单位就应承担更为严格的举证责任。所以，倘若用人单位在劳动关系存续期间没有安排补休，也没有证据证明劳动者明示放弃休息权，那么劳动者的休息权不会因为"未申请"而"视为放弃"。实践中，法院通常也会以制度"免除自身法定责任，排除劳动者权利，显失公平"为由认定用人单位制定的相关制度无效。既然"视为放弃"无效，那么在员工离职时，其休息权就会转化为劳动报酬权。

三、超时加班

（一）超时加班的认定

从法律的规定来说，在标准工时制下，每日加班不得超过 1 小时，因特殊原因需要延长工作时间的，在保障劳动者身体健康的条件下延长工作时间每日不得超过 3 小时，但是每月不得超过 36 小时。如果超出上述加班的限制，无论用人单位是否征得了劳动者的同意，都属于违法加班。

实行不定时工作制和综合计算工时制的，法律也要求用人单位采用集中工作、集中休息、轮休调休、弹性工作时间等适当方式，确保劳动者的休息、休假权利得到执行和生产、工作任务的完成，实践中也有很多地区直接适用标准工时制对于超时加班的规定。

（二）超时加班的法律责任

根据《劳动法》《劳动保障监察条例》的规定，用人单位违反劳动保障法律、法规或者规章延长劳动者工作时间的，由劳动保障行政部门给予警告、责令改正，并可以按照受侵害的劳动者每人 100 元以上 500 元以下的标准计算，处以罚款。

这样的规定对于用人单位来说看似违法成本不高，但实际上，员工的法定休息权本就是为了提高劳动效率，如果用人单位一味地宣传加班文化，甚至强行要求员工滞留公司以达到加班的目的，不仅不能提高用人单位的经营效益，还会降低员工的工作效率及积极性，甚至危害员工的生命健康权，这将给用人单位用工增加经济成本并带来巨大的法律风险。

[关联案例]

案例 7-3　劳动者拒绝违法超时加班安排，用人单位能否解除劳动合同

张某于 2020 年 6 月入职 A 公司，双方订立的劳动合同约定试用期为 3 个月，试用期月工资为 8000 元，工作时间执行 A 公司的规章制度相关规定。A 公司的规章制度规定，工作时间为早 9 时至晚 9 时，每周工作 6 天。2 个月后，张某以工作时间严重超出法律规定上限为由拒绝 A 公司的超时加班安排，A 公司即以张某在试用期间被证明不符合录用条件为由与其解除劳动合同。张某向劳动仲裁委员会申请仲裁，请求裁决 A 公司支付违法解除劳动合同赔偿金 8000 元。

处理结果

劳动仲裁委员会裁决 A 公司向张某支付违法解除劳动合同赔偿金 8000 元（裁决为终局裁决）。劳动仲裁委员会将案件情况通报劳动保障监察机构，劳动保障监察机构对 A 公司规章制度违反法律、法规规定的情形给予警告，责令其改正。[选自人力资源和社会保障部、最高人民法院《劳动人事争议典型案例（第二批）》]

案例 7-4　员工超时加班回家后因疾病死亡，用人单位承担何种责任

胡某某于 2015 年入职某包装公司，在生产部门从事操作工岗位，实行综合计算工时工作制。2020 年 10 月 16 日 8 时左右，胡某某上完夜班回家后感到身体不适，后因脑干出血、心脏停搏，经医治无效死亡，年仅 41 岁。胡某某的法定继承人梁某等三人提起诉讼，认为某包装公司安排胡某某长时间超时加班，胡某某生前 12 个月中有绝大多数月份加班工时超过 100 小时，每天加班时间最长 8.32 小时、最短 2.25 小时，发病死亡当月仅半个月已工作 188.7 小时。该包装公司忽视保障胡某某身体健康的基本责任，侵害了胡某某的生命权、健康权，最终导致胡某某病亡，要求该包装公司承担 30% 的赔偿责任。

法院判决：该包装公司承担 20% 的赔偿责任。（选自合肥市中级人民法院发布的 "2021 年度合肥法院典型案例"）

四、申请特殊工时工作制的程序

（一）特殊工时工作制的岗位条件

应当注意的是，如果用工单位与劳动者仅通过劳动合同约定执行综合计算工时工作制或不定时工作制，很可能存在不被认可的风险，因此，用工单位应申请各类特殊工时制的行政审批。以长沙市为例，申请特殊工时工作制的岗位要求见表7–3。

表7–3　申请特殊工时工作制的岗位要求

综合计算工时工作制	不定时工作制
交通、铁路、邮电、水运、航空、渔业等行业中因工作性质特殊，需连续作业的职工	企业中的高级管理人员、外勤人员、推销人员、部分值班人员和其他因工作无法按标准工作时间衡量的职工
地质及资源勘探、建筑、制盐、制糖、旅游等受季节和自然条件限制的行业的部分职工	企业中的长途运输人员、出租汽车司机和铁路、港口、仓库的部分装卸人员以及因工作性质特殊，需机动作业的职工
其他适合实行综合计算工时工作制的职工	其他因生产特点、工作特殊需要或职责范围的关系，适合实行不定时工作制的职工

（二）特殊工时工作制的申请材料指引

以长沙市为例，用工单位申请特殊工时工作制需要提交如下申请材料。

1.企业实行特殊工时工作制行政许可申请报告、申请表。

2.企业营业执照、税务登记证、机构代码证。

3.拟申报特殊工时工作制的岗位说明书及组织架构图。

4.企业工会对实行特殊工时工作制意见（没有成立工会的以职工代表大会会议纪要形式提交相关意见）；申请不定时工作制的，需提交申请岗位的职工签名意见。

5.企业《集体合同审查意见书》《劳动用工备案手册》复印件。

6.单位休息休假作息制度、工资制度（关于特殊工时制度需在其中体现）。

7.采取其他方式保证职工休息休假权利的证明材料。

8.申报特殊工时工作制职工考勤及对应工资发放表，监察举报争议仲裁情况。

　　9. 申请人填写《长沙市人力资源和社会保障局行政许可申请书》《法定代表人证明书》《长沙市人力资源和社会保障局行政许可（审批）项目材料交接单》《授权委托书》，并提交授权人及被授权人身份有效证件复印件。

第八章

带薪年休假的合规管理

笔者在制作长沙市劳动争议案件大数据时发现，年休假争议已经成为一类高发的劳动争议类型。该类争议主要发生在没有实行年休假制度的用人单位，这些用人单位往往将年休假理解为"员工不干活拿工资"的"吃亏"条款，而因为劳动关系的人身从属性，劳动者在职期间一般不会向用人单位提出休年休假，而是在离职时提出将未休的年休假折现的要求。

此外，目前因为各地审裁机构对年休假的天数计算、折现的金额计算、仲裁申请时效、举证责任等问题认识不一，所以，涉及年休假的争议多会经历多个诉讼程序，属于低标的额、高风险的诉讼案件。

【合规风险】

如果用人单位不安排年休假或安排职工休假天数少于应休年休假天数，同时又不按规定支付应休未休年休假工资报酬，则可能面临以下合规风险（见表8-1）。

表 8-1　年休假的合规风险

责任类型	用人单位责任	法律依据
民事责任	支付未休或少休年休假工资报酬	用人单位经职工同意不安排年休假或者安排职工休假天数少于应休年休假天数的，应当在本年度内对职工应休未休年休假天数，按照其日工资收入的300%支付未休年休假工资报酬，其中包含用人单位支付职工正常工作期间的工资收入 ——《企业职工带薪年休假实施办法》第十条第1款
	加付赔偿金	单位不安排职工休年休假又不依照本条例规定给予年休假工资报酬的，由县级以上地方人民政府人事部门或者劳动保障部门依据职权责令限期改正；对逾期不改正的，除责令该单位支付年休假工资报酬外，单位还应当按照年休假工资报酬的数额向职工加付赔偿金…… ——《职工带薪年休假条例》第七条
行政责任	罚款	……经劳动保障行政部门责令改正拒不改正，或者拒不履行劳动保障行政部门的行政处理决定的，……处2000元以上2万元以下的罚款 ——参见《劳动保障监察条例》第三十条
	行政处分	……对拒不支付年休假工资报酬、赔偿金的，属于公务员和参照公务员法管理的人员所在单位的，对直接负责的主管人员以及其他直接责任人员依法给予处分…… ——《职工带薪年休假条例》第七条

【合规实务指引】

一、享受带薪年休假的主体要求

很多 HR 误以为，只要员工在单位工作一年以上就可以享受年休假待遇，但实际上这里的"员工"并非指所有员工。

《企业职工带薪年休假实施办法》第二条规定："中华人民共和国境内的企业、民办非企业单位、有雇工的个体工商户等单位（以下称用人单位）和与其建立劳动关系的职工，适用本办法。"

这就是说，员工享受年休假的前提条件是存在劳动关系，如果是退休返聘、实习生等非劳动关系的员工是不能享受年休假的。

> 人力资源和社会保障部办公厅《关于〈企业职工带薪年休假实施办法〉有关问题的复函》第二条规定，《企业职工带薪年休假实施办法》第四条中的"累计工作时间"指从事全日制工作的期间。

这就是说，非全日制用工的员工也是不能享受年休假的。

综上，能够享受年休假的员工，仅指与用人单位存在全日制劳动关系的员工。

二、员工不享受年休假待遇的法定情形

带薪年休假是一种法定假期，即劳动者在符合法定要求的情况下，有享受年休假的权利。同时，法律也规定了一些劳动者不能享受年休假的情形。实践中，有的用人单位在法律规定的基础上自行规定了一些不能享受年休假的情形，比如请病假1个月的不享受年休假、未申请年休假的视为放弃、自行辞职或被单位辞退的不享受年休假，等等。这些自行规定的情形，属于"减少劳动者权利、减轻用人单位责任"的条款，应视为无效。

[关联案例]

案例 8-1　员工未申请年休假，并不视为放弃休假

2013年2月19日，肖某入职甲公司生产操作工岗。

甲公司员工手册规定，职工必须在当年度休完年休假，逾期视为作废或视为自愿放弃年休假，并且不予支付未休年休假工资报酬。

2020年4月8日，因甲公司未依法足额缴纳社会保险费、欠付工资，肖某向公司提交了解除劳动合同申请书，后肖某申请劳动仲裁，要求甲公司支付经济补偿金、未休年休假的工资等。

甲公司认为，肖某未休年休假系肖某自己未申请，应视为其自愿放弃，不应支持该费用。

该案经一裁二审，最终法院判决甲公司应向肖某支付未休年休假的工资差额。

案例评析

只有当劳动者符合以下法定情形时才无法享受当年度年休假（见表8–2），除此之外，用人单位自行规定的其他情形是无效的。

表8–2　劳动者不享受年休假的法定情形

休假类型	具体情形	法律依据
寒暑假	依法享受寒暑假，其休假天数多于年休假天数的	《职工带薪年休假条例》第四条
事假	请事假累计20天以上且单位按照规定不扣工资的	
病假	累计工作满1年不满10年的职工，请病假累计2个月以上的	
	累计工作满10年不满20年的职工，请病假累计3个月以上的	
	累计工作满20年以上的职工，请病假累计4个月以上的	
主动放弃	用人单位安排职工休年休假，但是职工因本人原因且书面提出不休年休假的	《企业职工带薪年休假实施办法》第十条第2款

对于公司规定年休假"逾期作废"是否有效的问题，根据《职工带薪年休假条例》的规定，年休假的统筹安排权属于用人单位，用人单位有权根据生产、工作的具体情况决定是否批准员工提出的年休假申请，也有权在考虑职工本人意愿的情况下，自行安排员工在哪个时间段休年休假。但是，不能因为员工未申请休年休假，就认为其放弃了自身的权利。

此外，《企业职工带薪年休假实施办法》第十条第2款规定："用人单位安排职工休年休假，但是职工因本人原因且书面提出不休年休假的，用人单位可以只支付其正常工作期间的工资收入。"而本案中，甲公司未能举证证明肖某因本人原因且书面提出不休假，因此应当依法支付未休年休假的工资报酬。

合规建议

不可否认，现实中确有劳动者为了拿到未休年休假的额外报酬而放弃休假，但有些用人单位因为缺乏合规意识，没有建立完善的休假管理制度，也没有留存相关证据材料，从而承担了本不必承担的支付责任。

《企业职工带薪年休假实施办法》第十条第2款对员工放弃年休假实际设置了三个必要条件，笔者就此对企业的年休假合规管理提出如下几项指引。

1.完善企业的休假制度，制定年休假的审批程序、申请时限，未在年度内申请休年休假的处理方式。

2."安排职工休年休假"，即要求企业主动安排职工休假，且应具体到休假日期，并保留安排年休假的相关邮件、聊天记录、书面通知等凭证，并保留相应的考勤记录、年休假记录等。

3."书面提出不休年休假"，即要求企业应收集员工本人不愿意休假的书面材料。

4."因本人原因"，即要求员工提出不愿意休假的申请时，必须是"因本人原因"，而不能是工作原因、公司安排、公司要求等其他原因。

推荐范本 8-1

法定年休假安排通知书

××：

公司根据国家政策及本公司员工手册的规定，您在××××年度尚有法定年休假 × 天未休，现安排您于××××年×月×日至××××年×月×日休××××年的法定年休假。

推荐范本 8-2

放弃本人××××年剩余法定年休假的声明

本人知晓公司员工手册中规定"当年度的法定年休假需在当年12月31日之前休完"，本人也收到了公司安排本人于××××年×月×日至××××年×月×日期间休××××年度法定年休假的通知，但因本人个人原因，现声明：自愿放弃××××年的剩余法定年休假。

■ ■ ■ 拓展问题：用人单位可否单方安排员工休年休假

笔者在第九章"薪酬合规管理"中提到，在疫情期间，如因停工停业规定导致员工无法提供劳动的，在一个工资支付周期内的，按照劳动合同规定的标准支付工资；超过一个工资支付周期的，由用人单位发放生活费。例如以月为支付周期的，在停工第一个月内，劳动者无论是否上班，工资都应正常发放。那么，用人单位是否可以在此期间内安排员工休年休假呢？

［关联案例］

案例 8-2　受疫情影响延迟复工复产期间，用人单位是否有权单方安排劳动者休带薪年休假

李某为 C 公司员工。2020 年 2 月 3 日，当地市政府要求全市所有非涉及疫情防控企业延迟复工复产至 2 月 17 日，C 公司遂通知李某延迟复工，同时还安排李某 2 月 3 日至 14 日期间休完 2019 年度、2020 年度的带薪年休假，但李某明确表示不同意。

此后，因李某多次旷工，公司解除了与李某的劳动合同，李某提出公司安排年休假未征得其同意，且该期间本就应享受停工停产期待遇，故向劳动仲裁委员会申请仲裁，要求 C 公司支付其 2019 年度、2020 年度未休带薪年休假工资。

处理结果：劳动仲裁委员会裁决驳回李某的仲裁请求。［本案例选编自人力资源社会保障部、最高人民法院联合发布的《劳动人事争议典型案例（第一批）》］

案例评析

本案的争议焦点是 C 公司是否有权单方安排李某的年休假。

首先，从法律规定来看。

《职工带薪年休假条例》第五条第 1 款规定，单位根据生产、工作的具体情况，并考虑职工本人意愿，统筹安排职工年休假。

《企业职工带薪年休假实施办法》第九条规定，用人单位根据生产、工作的具体情况，并考虑职工本人意愿，统筹安排年休假。

人力资源和社会保障部等《关于做好新型冠状病毒感染肺炎疫情防控期间稳定劳动关系支持企业复工复产的意见》（人社部发〔2020〕8号）规定，对不具备远程办公条件的企业，与职工协商优先使用带薪年休假、企业自设福利假等各类假。

从上述规定可知，用人单位有权统筹安排职工年休假，这里只规定需要"考虑"本人意愿，并未规定需要与职工协商一致，故用人单位安排年休假无须职工同意。本案中，C公司在延迟复工复产期间安排李某休年休假符合政策规定，且依法发放了带薪年休假的工资待遇，故李某的诉请无法律依据。

合规建议

用人单位这样的安排虽符合法律规定，但客观上劳动者未能享受本可享受的待遇，会造成劳动者心态的不平衡，故笔者建议用人单位在安排年休假前还是应做好解释工作，做好协商、收集意见等管理工作，保留协商过程的相关材料，并依法支付带薪年休假工资。

三、对于"连续工作满12个月以上"的理解

《企业职工带薪年休假实施办法》第三条规定，"职工连续工作满12个月以上的，享受带薪年休假。"

在实践中，有很多HR误解了"连续工作""满12个月"这两个带薪年休假的关键条件。

（一）对于"满12个月"的理解

有人认为"满12个月"仅指在本单位的工作时间，实际上，《企业职工带薪年休假实施办法》第四条明确规定了"职工在同一或者不同单位工作期间……应当计为累计工作时间"，也就是说，这个条件也包括职工在不同用人单位连续工作满12个月以上的情形（见表8-3）。比如某员工在A单位连续工作了11个月后跳槽到B公司，那么他在B公司再工作1个月即满足"满12个月"的条件，可以享受年休假。

表 8–3 "连续工作满 12 个月以上"的情形

情形	是否满足"连续工作满 12 个月以上"
本单位工作年限≥ 12 个月	满足
前单位工作年限≥ 12 个月	满足
本单位工作年限 + 前单位工作年限≥ 12 个月（除去法定休息日，不间断）	满足

（二）对于"连续工作"的理解

一般来说，如果员工在同一单位持续工作且未离职中断，那么认定"连续工作"不会产生争议。但实践中，有的员工在前后两家用人单位的工作有中断，有的中断了几天，有的中断了几个月，那么这种情形是否还能满足法律意义上"连续工作"的要求呢？

对于这个问题，实务中也有不同的观点。有的观点认为应以 1 个月为限，间断不超过 1 个月即视为连续，有的观点认为应以 1 周为限，还有的观点认为应完全不间断，必须无缝连接（可除去法定休息日）。

笔者认为，三种观点都有一定的合理性，但鉴于我国年休假天数的核定已经超越了"本单位"的限制，故在"连续"的认定上执行严格的"无缝连接"的解释较为合理，建议参考当地的规定及裁判观点确定。

［关联案例］

案例 8–3 劳动者在前用人单位连续工作满 12 个月以上的，入职新用人单位可立即享受年休假待遇

严某于 2016 年 9 月 18 日入职 A 公司，2018 年 2 月 8 日从 A 公司离职。

2018 年 1 月 1 日，严某入职 B 公司，双方劳动合同约定严某从事人事行政岗位，月基本工资为 20 000 元。

2018 年 12 月 3 日，严某以 B 公司未及时足额支付工资、未依法缴纳社会保险费为由向 B 公司提交解除劳动合同通知书，同时要求 B 公司支付经济补偿、未休年休假工资等。

B 公司认为严某在本公司工作未满 12 个月，不符合《企业职工带薪年休假实

施办法》第三条及第五条的规定，不能享受带薪年休假，拒绝支付相应补偿。

随后，严某向劳动仲裁委员会申请仲裁，该案经一裁二审，最终法院支持了严某关于未休年休假工资的请求。

案例评析

人力资源和社会保障部办公厅《关于〈企业职工带薪年休假实施办法〉有关问题的复函》规定："职工连续工作满 12 个月以上"，既包括职工在同一用人单位连续工作满 12 个月以上的情形，也包括职工在不同用人单位连续工作满 12 个月以上的情形。

本案中，严某已在不同用人单位连续工作满 12 个月以上，所以其在 B 公司可以享受带薪年休假待遇。

合规建议

员工主张有累计工龄的，应要求员工限期提交入职前累计工龄的材料，如社会保险缴费记录、工资发放记录、劳动合同等，并明确未提交以上资料的后果。

四、年休假天数的计算

（一）年休假的法定天数

《职工带薪年休假条例》第三条第 1 款规定："职工累计工作已满 1 年不满 10 年的，年休假 5 天；已满 10 年不满 20 年的，年休假 10 天；已满 20 年的，年休假 15 天。"（见表 8-4）

表 8-4　法定年休假天数

工作累计年限（N）	年休假天数
$1 \leqslant N < 10$	5
$10 \leqslant N < 20$	10
$20 \leqslant N$	15

（二）年休假的起算点

假如某员工首次工作，2021 年 1 月 1 日入职，2021 年 12 月 31 日离职，该员工离职时向公司主张 5 天的未休年休假待遇，公司应否支付？

这就是我们讨论年休假起算点的实务意义。根据《企业职工带薪年休假实施办法》的规定，员工工作累计年限的起算点是入职当天，而享受年休假的条件是"连续工作满 12 个月以上"。故根据法律规定，该员工从 2022 年 1 月 1 日起才能享受到年休假待遇，而该员工在此之前已经离职，故其在该公司并不存在应休未休年休假，公司无须向其支付未休年休假的工资差额。

（三）各种情形下的年休假天数计算

《企业职工带薪年休假实施办法》对于年休假天数的计算规定，"当年度年休假天数，按照在本单位剩余日历天数折算确定，折算后不足 1 整天的部分不享受年休假。"折算方法为：（当年度在本单位剩余日历天数 ÷365 天）× 职工本人全年应当享受的年休假天数。

为方便读者理解，下面举例说明不同情况的计算方法。

【情形一】员工首次工作，中途离职

例：某员工大学毕业后，在 2020 年 3 月 1 日入职公司，2021 年 11 月 1 日离职，其间尚未休过年休假，该员工离职时公司如何结算未休年休假工资？

根据《企业职工带薪年休假实施办法》的折算方法，计算过程如下。

（1）累计工作满 1 年的时间。该员工 2020 年 3 月 1 日入职，到 2021 年 2 月 28 日满 1 年，在此期间不享受年休假。

（2）当年度在本单位剩余日历天数。从 2021 年 3 月 1 日至 2021 年 11 月 1 日为 246 天，这期间，该员工可以享受年休假。

（3）折算出应休年休假天数。（246 天 ÷365 天）× 5 天 =3.35 天，减去折算后不足 1 整天的部分，得出该员工在离职时可核算 3 天的未休年休假工资。

【情形二】员工在入职前已在其他公司工作，但尚未满 1 年

例：某员工在 2021 年 3 月 1 日入职 B 公司，但此前她已经在 A 公司连续工作了 11 个月，那么该员工 2021 年在 B 公司可享受几天年休假？

计算过程如下。

（1）累计工作满 1 年的时间。该员工在 2021 年 3 月 1 日前已在 A 公司连

续工作 11 个月，那么其再在 B 公司工作 1 个月，即至 2021 年 3 月 31 日便满足了累计工作满 1 年的条件。

（2）当年度在本单位剩余日历天数。从 2021 年 4 月 1 日至 2021 年 12 月 31 日为 275 天，这期间，该员工可以享受年休假。

（3）折算出应休年休假天数。（275 天 ÷365 天）×5 天 =3.75 天，减去折算后不足 1 整天的部分，得出该员工 2021 年在 B 公司可享受 3 天的年休假。

【情形三】员工在入职前已在其他公司连续工作满 1 年不满 10 年

例：某员工在 2022 年 3 月 1 日入职乙公司，此前，该员工已经在甲公司连续工作了 9 年 8 个月，那么该员工 2022 年在乙公司可享受几天年休假？

计算过程如下。

（1）该员工在甲公司已连续工作 9 年 8 个月，那么其再在乙公司工作 4 个月，即至 2022 年 6 月 30 日便满足了累计工作满 10 年的条件，而 9 年与 10 年的年休假规定不同，所以这里需要分段计算。

（2）当年度在本单位剩余日历天数。

A 段：从 2022 年 3 月 1 日至 6 月 30 日为 122 天，按 5 天年休假的标准折算；

B 段：从 2022 年 7 月 1 日至 12 月 31 日为 184 天，按 10 天年休假的标准折算。

（3）分段折算出应休年休假的天数。

A 段：（122 天 ÷365 天）×5 天 =1.67 天

B 段：（184 天 ÷365 天）×10 天 =5.04 天

减去折算后不足 1 整天的部分，得出该员工 2022 年在乙公司共可享受 6 天的年休假。

五、未休年休假的工资差额计算

（一）未休年休假工资是另付两倍还是三倍

《企业职工带薪年休假实施办法》第十条第 1 款规定，用人单位经职工同意不安排年休假或者安排职工休假天数少于应休年休假天数的，应当在本年度内对职工应休未休年休假天数，按照其日工资收入的 300% 支付未休年休假工资报酬，其中包含用人单位支付职工正常工作期间的工资收入。

上述规定已经明确，"日工资收入的 300%"中已经包含了职工正常工作期间的工资收入，即另付 200% 的工资差额即可。

（二）职工日工资收入是否包含加班费、提成、奖金等非常规收入

《企业职工带薪年休假实施办法》第十一条规定，计算未休年休假工资报酬的日工资收入按照职工本人的月工资除以月计薪天数（21.75 天）进行折算。前款所称月工资是指职工在用人单位支付其未休年休假工资报酬前 12 个月剔除加班工资后的月平均工资。在本用人单位工作时间不满 12 个月的，按实际月份计算月平均工资。

根据此规定，未休年休假补偿金额的计算基数仅需剔除加班费，不应剔除提成、奖金等其他收入。

（三）用人单位额外设置的福利年度带薪假期，员工未休的，单位是否需要折算成薪资？

《企业职工带薪年休假实施办法》第十三条规定，劳动合同、集体合同约定的或者用人单位规章制度规定的年休假天数、未休年休假工资报酬高于法定标准的，用人单位应当按照有关约定或者规定执行。

据此，如果单位福利假期高于法定年休假标准，而高出部分未规定或约定折算薪资的，则无须为劳动者未休的部分折算薪资。

六、年休假争议的仲裁时效

《中华人民共和国劳动争议调解仲裁法》第二十七条第 1 款规定，劳动争议申请仲裁的时效期间为一年。仲裁时效期间从当事人知道或者应当知道其权利被侵害之日起计算。该条第 4 款规定，劳动关系存续期间因拖欠劳动报酬发生争议的，劳动者申请仲裁不受本条第一款规定的仲裁时效期间的限制；但是，劳动关系终止的，应当自劳动关系终止之日起一年内提出。

对于未休年休假工资争议的仲裁时效，实践中主要有三种观点。

第一种观点认为，未休年休假工资属于"劳动报酬"，故其仲裁时效可从

劳动关系终止之日起算。《人力资源社会保障部对十三届全国人大一次会议第3825号建议的答复》中提到：未休年休假工资报酬属于劳动报酬，适用特殊申请仲裁时效规定，即自劳动关系终止之日起算，更好保障劳动者维护带薪休假权利。

第二种观点认为，未休年休假工资属于"福利待遇"，适用普通时效，从第2年的1月1日起算一年。江苏省高级人民法院持此种观点。

第三种观点认为，未休年休假工资属于"福利待遇"，其仲裁时效应适用一年的普通时效。但考虑到年休假经劳动者同意后可以跨年度安排，所以此时劳动者只有在第2个年度结束时才知道或应当知道其权利是否受到侵害，故仲裁时效可以从第3年的1月1日起算一年，但劳动关系提前解除或者终止的，仲裁时效从劳动关系解除或者终止之日起算。长三角区域"三省一市"、湖南、深圳等大部分地区法院持此种观点。

上述三种观点均有一定的合理性，其区别在于时效起算点。建议读者结合具体情况，参考本地法院的裁判口径进行预判。

除此之外，实务中还需考虑《工资支付暂行规定》第六条规定的用人单位对工资支付记录需保存2年的问题。所以，劳动者在第3年才主张未休年休假工资的，用人单位往往会以不负有举证义务、没有安排跨年休假、已超出仲裁时效等理由进行抗辩。

第九章

薪酬的合规管理

薪酬，是绝大多数劳动争议案件的起因，而薪酬争议远不止判断单位是否拖欠、克扣工资这么简单，比如哪些钱属于工资，哪些情况属于未依法发放工资，哪些情况下可以扣发工资，哪种情况下可以降薪，以及提成、绩效、奖金、福利的性质等问题，都是薪酬争议绕不开的疑难问题。

【合规风险】

用人单位如果无正当理由未按时支付劳动者薪酬或扣减劳动者薪酬，可能会引发以下合规风险（见表 9-1）。

表 9-1　薪酬管理的合规风险

责任类型	单位责任	法律依据
民事责任	补发工资	用人单位拖欠或未足额支付劳动报酬的，劳动者可以依法向当地人民法院申请支付令，人民法院应当依法发出支付令 ——《劳动合同法》第三十条第 2 款

（续表）

责任类型	单位责任	法律依据
民事责任	加付赔偿金	……逾期不支付的，责令用人单位按照应付金额 50% 以上 1 倍以下的标准计算，向劳动者加付赔偿金 ——《劳动保障监察条例》第二十六条
	支付经济补偿	用人单位未及时足额支付劳动报酬的，劳动者可以解除劳动合同，且用人单位应当支付经济补偿 （参见《劳动合同法》第三十八、第四十六条）
	培训服务期协议失效	用人单位与劳动者约定了服务期，劳动者依照劳动合同法第三十八条的规定解除劳动合同的，不属于违反服务期的约定，用人单位不得要求劳动者支付违约金 ——《劳动合同法实施条例》第二十六条第 1 款
行政责任	罚款	有下列行为之一的处 2000 元以上 2 万元以下的罚款： …… （二）经劳动保障行政部门责令改正拒不改正，或者拒不履行劳动保障行政部门的行政处理决定的； …… ——《劳动保障监察条例》第三十条第 1 款
	治安管理处罚	违反前款规定，构成违反治安管理行为的，由公安机关依法给予治安管理处罚…… ——《劳动保障监察条例》第三十条第 2 款
	列入失信联合惩戒对象名单	用人单位拖欠农民工工资，情节严重或者造成严重不良社会影响的，该用人单位及其法定代表人或者主要负责人、直接负责的主管人员和其他直接责任人员将可能被人力资源社会保障行政部门列入拖欠农民工工资失信联合惩戒对象名单，在政府资金支持、政府采购、招投标、融资贷款、市场准入、税收优惠、评优评先、交通出行等方面依法依规予以限制 〔参见《拖欠农民工工资失信联合惩戒对象名单管理暂行办法》（人社部令第 45 号）第五条、第十条〕
刑事责任	拒不支付劳动报酬罪	以转移财产、逃匿等方法逃避支付劳动者的劳动报酬或者有能力支付而不支付劳动者的劳动报酬，数额较大，经政府有关部门责令支付仍不支付的处三年以下有期徒刑或者拘役，并处或者单处罚金；造成严重后果的，处三年以上七年以下有期徒刑，并处罚金。单位犯前款罪的，对单位判处罚金，并对其直接负责的主管人员和其他直接责任人员，依照前款的规定处罚 ——《刑法》第二百七十六条之一第 1 款、第 2 款

【合规实务指引】

一、工资的概念

《〈中华人民共和国劳动合同法实施条例〉释义》一书中对工资做了如下定义：通常所说的工资，也称为"薪水""薪金""薪酬""薪资"等，是指用人单位依据国家有关规定或劳动合同约定，根据劳动者劳动岗位、技能及工作数量、质量，以货币形式直接支付给劳动者的劳动报酬。在劳动者已履行劳动义务的情况下，用人单位应按劳动合同约定或国家法律、法规规定的数额、日期及时足额支付劳动报酬，禁止克扣和无故拖欠劳动者工资。

但是，在日常管理中，工资的名目众多，如应发工资、应得工资、应税工资，而且不同用人单位对工资的计算方法也不同。表9-2列出了常见工资类型及其对应的法律规定。

表 9-2　工资类型及其对应的法律规定

应发工资	劳动者提供正常劳动所应得的工资，也就是《国家统计局〈关于工资总额组成的规定〉及解释》中规定的计时工资、计件工资、奖金、津贴和补贴、加班加点工资、特殊情况下支付的工资相加得出，但可减去劳动者因个人原因缺勤或旷工造成的工资或者奖金减少的部分
应得工资	劳动者应当实际得到或者用人单位应当实际支付给劳动者的工资报酬，即应发工资减去"五险一金"个人缴纳部分，再减去应缴个人所得税
应税工资	根据《中华人民共和国个人所得税法》的规定，应税工资即个人因任职或者受雇而取得的应发工资总额，但可减去免税项目，比如非工资收入、"五险一金"等

二、工资组成

工资与每一位劳动者密切相关，但工资由哪些项目组成，是否用人单位发的每一笔钱都属于工资，扣发奖金及补贴是否属于克扣工资等问题困扰着很多用人单位和劳动者，造成了大量争议。实践中，工资项目的分类一般适用《国家统计局〈关于工资总额组成的规定〉及解释》和《财政部关于用人单位加强职工福利费财务管理的通知》的规定，将劳动者的收入分为工资、非工资两部分（见表9-3）。

为避免合规风险的发生，用人单位HR必须正确区分劳动者收入的性质，并提前就收入的组成、发放方式、发放周期、发放时间等相关内容与劳动者进行明确约定。对于工资性质的收入，无论其名称是提成、奖金、补贴还是津贴，都应作为用人单位代缴个人所得税及社会保险的基数，用人单位亦应按时足额发放工资，避免拖欠或克扣工资。

表9-3　劳动者的收入组成

收入组成	收入名目	解释
工资	计时工资	指按计时工资标准（包括地区生活费补贴）和工作时间支付给个人的劳动报酬。包括：（1）对已做工作按计时工资标准支付的工资；（2）实行结构工资制的单位支付给职工的基础工资和职务（岗位）工资；（3）新参加工作职工的见习工资（学徒的生活费）；（4）运动员体育津贴
	计件工资	指对已做工作按计件单价支付的劳动报酬。包括：（1）实行超额累进计件、直接无限计件、限额计件、超定额计件等工资制，按劳动部门或主管部门批准的定额和计件单价支付给个人的工资；（2）按工作任务包干方法支付给个人的工资；（3）按营业额提成或利润提成办法支付给个人的工资
	奖金	指支付给职工的超额劳动报酬和增收节支的劳动报酬。包括：（1）生产（业务）奖，包括超产奖、质量奖、安全（无事故）奖、考核各项经济指标的综合奖、提前竣工奖、外轮速遣奖、年终奖（劳动分红）等。（2）节约奖，包括各种动力、燃料、原材料等节约奖。（3）劳动竞赛奖，包括发给劳动模范、先进个人的各种奖金和实物奖励。（4）其他奖金，包括从兼课酬金和业余医疗卫生业务收入提成中支付的奖金等
	津贴	指为了补偿职工特殊或额外的劳动消耗和因其他特殊原因支付给职工的津贴
	补贴	指为保证职工工资水平不受物价上涨或变动影响而支付的各种补贴
	加班加点工资	指按规定支付的加班工资和加点工资

（续表）

收入组成	收入名目	解释
工资	特殊情况下支付的工资	包括：（1）根据国家有关法律、法规和政策规定，因病与工伤、产假、计划生育假、婚丧假、事假、探亲假、定期休假、停工学习、执行国家或社会义务等原因按计时工资标准或计时工资标准的一定比例支付的工资；（2）附加工资、保留工资
非工资	国家奖金	指根据国务院发布的有关规定颁发的创造发明奖、自然科学奖、科学技术进步奖和支付的合理化建议和技术改进奖及支付给运动员、教练员的奖金
	劳动保险及职工福利费	指职工死亡丧葬费及抚恤费、医疗卫生或公费医疗费用、职工生活困难补助费、集体福利事业补贴、工会文教费、集体福利费、探亲路费、冬季取暖补贴、上下班交通补贴及洗理费等
		有关离休、退休、退职人员待遇的各项支出
	劳动保护费用	指工作服、手套等劳保用品，解毒剂、清凉饮料，以及按照1963年7月19日劳动部等七单位规定的范围对接触有毒物质、砂尘作业、放射线作业和潜水、沉箱作业、高温作业等五类工种所享受的由劳动保护费开支的保健食品待遇
		稿费、讲课费及其他专门工作报酬
		出差伙食补助费、误餐补助、调动工作的旅费和安家费
		对自带工具、牲畜来企业工作的职工所支付的工具、牲畜等的补偿费用
	租赁补偿	指实行租赁经营单位的承租人的风险性补偿收入
	股权分红	指对购买本企业股票和债券的职工所支付的股息（包括股金分红）和利息
	离职补助	指劳动合同制职工解除劳动合同时由企业支付的医疗补助费、生活补助费等

■ ■ ■ 拓展问题：工伤员工因被拖欠停工留薪期工资而辞职，用人单位应否支付经济补偿

［关联案例］

案例 9-1 用人单位拖欠克扣停工留薪期工资，员工要求经济补偿未被支持

某电话呼叫中心与人力资源公司长期存在业务外包关系，该中心将相关电话呼叫业务外包给人力资源公司。胡某从 2009 年开始入职人力资源公司，连续与人力资源公司签订《劳务外包劳动合同书》，人力资源公司安排胡某到该中心工作。2018 年 10 月 1 日签订的《劳务外包劳动合同书》约定：合同期限至 2020 年 9 月 30 日止。人力资源公司为胡某发放工资并缴纳社会保险费。2018 年 2 月 5 日，胡某在下班途中遭受交通事故伤害，经市人社局认定为工伤，并经市劳动能力鉴定委员会鉴定为九级伤残。人力资源公司支付了胡某停工留薪期工资 12 320.6 元。胡某自 2019 年 7 月 19 日开始请病假后再未到该中心上班。

2019 年 8 月 28 日，胡某以人力资源公司、该中心一直按低于本人工资数额缴纳社会保险费及在其受伤后 3~7 月停工留薪期间克扣其工资为由，向人力资源公司、该中心邮寄解除劳动关系的书面通知书，人力资源公司、该中心均认可已与胡某解除劳动关系，但不认可胡某提出的解除劳动关系的理由。

胡某申请仲裁要求支付经济补偿，该案经一裁二审，最终法院对胡某的上述请求未予支持。

案例评析

根据《工伤保险条例》第三十三条规定，职工因工作遭受事故伤害需要暂停工作接受工伤医疗的，在停工留薪期间，原工资福利待遇不变，由所在单位按月支付。

实践中，对于"由所在单位按月支付的工资"的法律性质却有不同观点。

一种观点认为，根据法律规定，员工在工伤休息期间没有付出劳动，但用人单位依然要支付工资福利待遇，故这是一种法律拟制的"劳动"，该期间取得的待遇属于劳动报酬范畴，用人单位如未依法支付的，员工有权依据《劳

动合同法》第三十八条辞职并主张经济补偿金。江苏、上海等地的法院多持此观点。

另一种观点则认为，劳动报酬应该是劳动者付出劳动的对价，员工在工伤休息期间没有付出劳动，故其报酬也不属于劳动报酬，而是一种法律强制的社会保障，属于工伤保险待遇范畴，用人单位未及时向工伤员工支付停工留薪期工资，与未及时足额支付劳动报酬的情形不相符，不属于应支付经济补偿的法定情形。浙江、湖南等地的法院多持此观点。

合规建议

因各地区在停工留薪期工资的定性问题上存在争议，某些用人单位可能会参考本地区司法实践操作，建议用人单位合法、合规地应对工伤职工的管理，依法及时、足额支付停工留薪期工资，以避免不必要的纠纷及合规风险。

三、工资的支付

工资怎么发，何时发？是否涉及拖欠工资？劳动者是否有权要求用人单位给出工资明细？

《劳动法》《工资支付暂行规定》《对〈工资支付暂行规定〉有关问题的补充规定》对用人单位支付工资做出了规定，各地也制定了适合本地情况的细则，以湖南省为例，用人单位应了解以下工资支付注意事项（见表9-4）。

表9-4　工资支付注意事项

支付要求	解释
支付形式	应当以法定货币形式支付，不得以实物、有价证券或者其他非法定货币形式支付
支付途径	支付给劳动者本人。劳动者本人因故不能领取工资时，可以书面委托他人代领 委托银行代发工资的，应当将工资存入劳动者本人的账户
支付时间	用人单位应当自与劳动者建立劳动关系之日起计发劳动者工资 实行月工资制的，用人单位应按照本单位工资支付制度规定或者劳动合同约定的日期支付工资 如遇法定休假日或者公休日，应当提前支付

（续表）

支付要求	解释
支付时间	实行年薪制或者按考核周期支付工资的，用人单位应当按照约定或者每月按不低于当地最低工资标准预付工资，年终或者考核周期期满时结清
	实行周、日、小时工资制的，可按周、日、小时支付工资
	连续工作时间不超过1个月的一次性临时劳动，用人单位应当按照双方约定在劳动者完成劳动任务后即支付工资
	用人单位与劳动者依法终止或者解除劳动合同的，工资计发到劳动合同终止或者解除之日，并自终止或者解除劳动合同之日起3日内一次性付清劳动者的工资
	用人单位确因不可抗力、生产经营困难、资金周转受到影响，在征得本单位工会同意后，可暂时延期支付劳动者工资。其他情况下拖欠工资均属无故拖欠
	用人单位应至少每月向劳动者支付一次工资
工资清单	用人单位支付劳动者工资，应当编制工资支付表，并向劳动者本人提供工资支付清单。劳动者领取工资，应当办理签收手续。 用人单位编制的工资支付表必须载明支付单位、支付时间、支付对象的姓名、工作天数、加班时间、应发的项目和金额、扣除的项目和金额等事项，并按规定保存。 用人单位不得伪造、变造、隐匿、销毁工资支付记录

[关联案例]

案例 9-2 用人单位延后 1 个月发放工资，被判补偿员工 4 万余元

2009 年 7 月，员工朱某入职承德市某矿业公司。该公司发放工资采取延后 1 个月发放的方式，即 3 月工资在 5 月才发放。

后朱某以公司拖欠工资为由主动解除劳动关系，并要求该公司支付其经济补偿，该案经一裁二审，最终法院判决由该公司支付朱某经济补偿金 46 412.3 元。

案例评析

根据《劳动法》《劳动合同法》《工资支付暂行规定》等相关法律法规的规

定，用人单位在向员工支付工资时，除非出现法定减发、延发的情形，务必要满足"足额""按时"两个关键要素。本案中，涉案公司无正当理由超过规定时间于 2019 年 5 月 9 日发放朱某 2019 年 3 月的工资，属于用人单位无故拖欠劳动者工资行为，劳动者可以解除劳动合同，用人单位应向劳动者支付经济补偿金。

合规建议

用人单位 HR 应注意控制工资发放的时间，现行法律规定劳动者的工资至少每个月发一次，故上月工资下月发是可以的（间隔不超过 1 个月），但不能再超过这个期限，否则就可能构成拖欠工资，员工也有权提出解除劳动合同并要求经济补偿。

四、停工停产及新冠肺炎疫情下的工资支付

新冠肺炎疫情影响了很多用人单位正常的生产经营，那么如果劳动者因为疫情防控原因无法提供正常劳动，其工资应该怎么发呢？

笔者根据《中华人民共和国传染病防治法》（以下简称《传染病防治法》）、《人力资源社会保障部办公厅关于妥善处理新型冠状病毒感染的肺炎疫情防控期间劳动关系问题的通知》（人社厅明电〔2020〕5 号）、《人力资源社会保障部全国总工会中国企业联合会 / 中国企业家协会全国工商联关于做好新型冠状病毒感染肺炎疫情防控期间稳定劳动关系支持企业复工复产的意见》（人社部发〔2020〕8 号）、《关于妥善处置涉疫情劳动关系有关问题的意见》（人社部发〔2020〕17 号）及《人力资源社会保障部　最高人民法院关于联合发布第一批劳动人事争议典型案例的通知》（人社部函〔2020〕62 号）等的规定，总结了以下工资发放应注意事项（见表 9-5）。

表 9-5　新冠肺炎疫情下工资发放注意事项

人群	期间	工资支付要求
新冠肺炎患者、疑似病人、密切接触者	隔离治疗、医学观察等依法隔离期间	企业应正常支付工资，而非医疗期的病假工资。隔离期结束后，对仍需停止工作进行治疗的劳动者，用人单位可以按医疗期有关规定和当地规定的病假工资标准支付工资

（续表）

人群	期间	工资支付要求
受政府采取紧急措施影响的其他员工	政府依法采取停工停业、封锁疫区等期间	在一个工资支付周期内的，按照劳动合同规定的标准支付工资；超过一个工资支付周期的，由企业发放生活费
	因公出差滞留疫区期间	正常支付工资
	电话、网络等灵活办公期间	正常支付工资
	调休、休带薪年休假、企业自设福利假期间	按相关规定计发工资

注：这是截至本书成稿的总结，请读者关注新的政策规定，及时调整工资发放政策。

■ ■ ■ 拓展问题："正常支付工资"的范围是否包括绩效、奖金、提成等

对于疫情期间用人单位"正常支付工资"的范围，实践中存在不同理解。有观点认为只支付基本工资，即正常工作时间的工资；有观点认为支付固定部分的工资，如正常工作时间的工资及固定发放的岗位工资等；也有观点认为包括所有工资部分，并按停工前的工资进行平均计算。

2020年4月，北京市高级人民法院与市劳动人事争议仲裁委员会联合印发的《关于审理新型冠状病毒感染肺炎疫情防控期间劳动争议案件法律适用问题的解答》中明确，由用人单位按照劳动者正常工作期间工资待遇中基本工资、岗位工资等固定构成部分支付，可以不支付绩效、奖金、提成等劳动报酬中非固定构成部分以及与实际出勤相关的车补、饭补等款项，但不得低于本市最低工资标准。上述期间，用人单位安排上述人员灵活办公的，按照劳动者正常出勤支付劳动报酬。

笔者认为，从公平原则的角度来看，这是目前最合理的政策安排，且人社部调解仲裁管理司也曾在全国涉疫情劳动人事争议处理工作政策线上培训中认可这种观点，建议各地以此作为参考。

■■■ **拓展问题：员工自行要求居家隔离，用人单位如何发放工资**

如果员工仅为了自身健康考虑，主动要求或所在小区要求居家隔离而拒绝提供劳动，用人单位应如何应对呢？

根据表9-5所示，如员工因政府依法采取停工停业、封锁疫区等措施而无法提供劳动，在一个工资支付周期内的，用人单位按照劳动合同规定的标准支付工资；超过一个工资支付周期的，由用人单位发放生活费。

所以，员工享受停工停产待遇，实际有两个前提条件。

1. 员工不属于新冠肺炎患者、疑似病人、密切接触者等。这类人在隔离治疗或医学观察期间可享受前述"正常支付工资"的待遇。

2. 隔离是政府依法采取的措施。根据《传染病防治法》第四十一条的规定，对已经发生甲类传染病病例的场所或该场所内的特定区域的人员，有权采取疫区封锁、交通检疫、停工停业停课及密切接触者集中定点隔离等措施的机构只有所在地的县级以上地方人民政府。所以，小区或员工自己要求隔离是无法享受停工停产待遇的。

笔者建议，用人单位可采取居家办公、安排年休假、调休等方式灵活应对，如无法安排，也应与员工进行协商处理，如参照病假管理。

此外，现实中也有用人单位因此认定员工旷工而解除劳动合同被判败诉的实例，建议用人单位应充分考虑主客观因素来判断员工是否存在无故旷工或消极怠工的行为，并遵循"善良管理"原则，以保护员工的生命健康为目的进行合理化处理。

■■■ **拓展问题：如何理解"一个工资支付周期"**

《人力资源社会保障部办公厅关于妥善处理新型冠状病毒感染的肺炎疫情防控期间劳动关系问题的通知》《工资支付暂行规定》等规定中均涉及"一个工资支付周期"的概念，但因为实践中对此存在不同的理解，所以对工资的计算仍存在争议。

一般情况下，用人单位都是按自然月确定计薪周期，如2022年1月1日至1月31日为一个计薪周期。而工资发放周期，根据法律规定，工资至少每月发一次，比如有的用人单位每月 15 日发放上月工资。现假定某用人单位自 1 月 10 日起因疫情原因停工停产，对于"一个工资支付周期"的理解可能产生以下分歧。

观点一："一个工资支付周期"即用人单位规定的工资支付周期。在该种理解下，如果用人单位每月 15 日发放工资，那么第一个工资支付周期实际只计算了当月 1 日至 15 日，此期间正常计薪，而从当月 16 日起便进入了第二个工资支付周期，只需支付生活费。

观点二："一个工资支付周期"是一个自然时间长度。在该种理解下，第一个工资支付周期应从停工当天起算一个月，即 1 月 10 日起至 2 月 9 日，此期间正常计薪，此后才进入第二个工资支付周期，只需支付生活费。

观点三："一个工资支付周期"是指当月计薪周期。在该种理解下，第一个工资支付周期为 1 月 1 日至 1 月 31 日，自 2 月 1 日起进入第二个工资支付周期，只需支付生活费。

从《人力资源社会保障部 最高人民法院关于联合发布第一批劳动人事争议典型案例的通知》中涉疫情的案例来看，司法实践中普遍认可第二种观点，即认为"一个工资支付周期"的性质应属缓冲期，主要目的是体现风险共担和疫情期间对劳动者基本权益的保护，只有理解为一个自然时间长度，才符合相关规定的内涵。

此外，各地方制定的工资支付办法也对"一个工资支付周期"的性质进行了细化，如《湖南省工资支付监督管理办法》第二十三条规定，非因劳动者原因造成用人单位停工、停产、歇业，未超过一个月的，用人单位应当按照国家规定或者劳动合同约定的工资标准支付工资；超过一个月，未安排劳动者工作的，用人单位应按不低于当地失业保险标准支付停工津贴。

五、最低工资标准的适用

最低工资标准，是指劳动者在法定工作时间或依法签订的劳动合同约定的工作时间内提供了正常劳动的前提下，用人单位依法应支付的最低劳动报酬。换言之，如果劳动者存在请事假、旷工等没有正常提供劳动的情形，就不再适用最低工资标准，但这里还需注意劳动者是否处于"计薪工作时间"，如带薪法定假期期间劳动者仍视为正常出勤。

　　此外，最低工资标准还影响试用期工资、加班工资、医疗期待遇、经济补偿等费用的核算，特别是自 2020 年以来，因为疫情原因很多企业停工停产，导致大量因停工期工资待遇问题引发的争议。

　　所以，最低工资标准是薪酬管理的"合规红线"，HR 务必掌握薪酬管理中适用最低工资标准的相关情形（见表 9–6）。

表 9–6　最低工资标准的适用情形（以湖南省为例）

工资标准	工资类别	法律依据
不低于最低工资标准	正常工资	最低工资标准，是指劳动者在法定工作时间或依法签订的劳动合同约定的工作时间内提供了正常劳动的前提下，用人单位依法应支付的最低劳动报酬 ——《最低工资规定》第三条第 1 款
	试用期、熟练期、见习期工资	劳动者在试用期的工资不得低于本单位相同岗位最低档工资的 80% 或者不得低于劳动合同约定工资的 80%，并不得低于用人单位所在地的最低工资标准 ——《劳动合同法实施条例》第十五条 劳动者与用人单位形成或建立劳动关系后，试用、熟练、见习期间，在法定工作时间内提供了正常劳动，其所在的用人单位应当支付其不低于最低工资标准的工资 ——劳动部《关于贯彻执行〈中华人民共和国劳动法〉若干问题的意见》第 57 条
	新就业形态劳动者劳动报酬	健全最低工资和支付保障制度，推动将不完全符合确立劳动关系情形的新就业形态劳动者纳入制度保障范围。督促企业向提供正常劳动的劳动者支付不低于当地最低工资标准的劳动报酬 ——《关于维护新就业形态劳动者劳动保障权益的指导意见》（人社部发〔2021〕56 号）
	年薪或周期支付工资	实行年薪制或者按考核周期支付工资的，用人单位应当按照约定或者每月按不低于当地最低工资标准预付工资，年终或者考核周期期满时结清 ——《湖南省工资支付监督管理办法》第十三条第 3 款
	扣款后的工资	因劳动者本人原因给用人单位造成经济损失的，用人单位可以从劳动者的工资中扣除其赔偿金，但扣除后的工资剩余部分不得低于当地最低工资标准 ——《湖南省工资支付监督管理办法》第二十七条

工资标准	工资类别	法律依据
不低于最低工资标准	停工待岗期间工资	非因劳动者原因造成用人单位停工、停产、歇业，未超过一个月的，用人单位应当按照国家规定或者劳动合同约定的工资标准支付工资；超过一个月，未安排劳动者工作的，用人单位应按不低于当地失业保险标准支付停工津贴 ——《湖南省工资支付监督管理办法》第二十三条
	计件工资、提成工资	实行计件工资或提成工资等工资形式的用人单位，在科学合理的劳动定额基础上，其支付劳动者的工资不得低于相应的最低工资标准 ——《最低工资规定》第十二条第2款
	加班费计算基数	根据司法实践，如用人单位约定支付给劳动者的加班工资计算基数低于最低工资标准，约定无效
等于最低工资标准	经济补偿的下限	劳动者在劳动合同解除或者终止前12个月的平均工资低于当地最低工资标准的，按照当地最低工资标准计算…… ——《劳动合同法实施条例》第二十七条
	竞业限制补偿金	当事人在劳动合同或者保密协议中约定了竞业限制，但未约定解除或者终止劳动合同后给予劳动者经济补偿，劳动者履行了竞业限制义务，要求用人单位按照劳动者在劳动合同解除或者终止前十二个月平均工资的30%按月支付经济补偿的，人民法院应予支持 前款规定的月平均工资的30%低于劳动合同履行地最低工资标准的，按照劳动合同履行地最低工资标准支付 ——《劳动争议司法解释（一）》第三十六条
	工伤致残后的伤残津贴	一级至六级工伤职工按月领取的伤残津贴，实际金额低于当地最低工资标准的，一级至四级的由工伤保险基金补足差额，五级至六级的由用人单位补足差额 （参见《工伤保险条例》第35条、第36条第1款）
	失业保险金	从2020年3月1日起，长沙市失业保险金标准由当地最低工资标准的85%提高至90% ——《长沙市人力资源和社会保障局关于调整我市失业保险金标准的通知》（长人社发〔2020〕8号）

（续表）

工资标准	工资类别	法律依据
等于最低工资标准	劳务派遣员工无工作期间的工资	劳务派遣单位应当与被派遣劳动者订立二年以上的固定期限劳动合同，按月支付劳动报酬；被派遣劳动者在无工作期间，劳务派遣单位应当按照所在地人民政府规定的最低工资标准，向其按月支付报酬 ——《劳动合同法》第五十八条第 2 款
可低于最低工资标准	劳动者请事假、旷工时的工资	劳动者由于本人原因造成在法定工作时间内或依法签订的劳动合同约定的工作时间内未提供正常劳动的，不适用于本条规定 ——《最低工资规定》第十二条第 3 款
	病假工资	劳动者因病或者非因工负伤停止工作进行治疗，在规定的医疗期内，用人单位应当按照国家和本省有关规定支付其病伤假工资或者疾病救济费。病伤假工资或者疾病救济费不得低于当地最低工资标准的 80% ——《湖南省工资支付监督管理办法》第二十二条

此外，对于异地用工的情况，如劳动合同履行地与用人单位注册地两地的最低工资标准不一致的，根据《劳动合同法实施条例》第十四条的规定，按劳动合同履行地的有关规定执行，如用人单位注册地的有关标准高于劳动合同履行地的有关标准，且用人单位与劳动者约定按照用人单位注册地的有关规定执行的，从其约定。

■ ■ ■ ■ 拓展问题：如员工的应发工资扣除社会保险、加班费、津贴等费用后低于当地最低工资标准，用人单位是否违法

这个问题实际是对最低工资"包含、剔除"何种项目的争议。实践中，各地对于该问题的规定并不一致。《最低工资规定》第十二条规定，在劳动者提供正常劳动的情况下，用人单位应支付给劳动者的工资在剔除下列各项后，不得低于当地最低工资标准：（1）延长工作时间工资；（2）中班、夜班、高温、低温、井下、有毒有害等特殊工作环境、条件下的津贴；（3）法律、法规和国家规定的劳动者福利待遇等。

对于最低工资"包含"的项目，国家层面没有明确规定，有些地区规定包

含员工应缴纳的"五险一金"，有些地区则不包含，或只包括"五险"。以湖南省为例，湖南省人力资源和社会保障厅《关于湖南省 2022 年调整最低工资标准的通知》中规定了最低工资标准包括劳动者个人应缴纳的各种社会保险费。

那么这个"包含""剔除"在薪酬管理中的实际应用是什么呢，下面举例说明。

"剔除"的应用：如长沙市最低工资标准为 1930 元，某员工的月工资为 1500 元，加上加班费、特殊津贴后发足 1930 元，这就属于未依法足额发放工资。

"包括"的应用：如长沙市最低工资标准为 1930 元，某员工的工资减去个人应缴的社会保险后，到手工资少于 1930 元，如果减前足额，就并不违法。

所以说，最低工资标准的适用可能直接关系到用人单位的薪酬发放是否违法，建议 HR 在制定薪酬体系前，应与当地劳动行政部门进行核实，避免产生合规风险。

六、扣减工资的合规指引

工资的扣减，是劳动争议发生的主要起因之一。法律对于用人单位扣减工资有着严格的限制，除法定情形外，用人单位如以各种理由（违纪、调岗、离职等）扣减员工工资，将可能被认定为克扣工资。

［关联案例］

案例 9-3　旷工一天扣三天工资，劳动者有权要求支付工资差额

陈某于 2006 年 3 月 22 日入职某公司，该公司员工手册规定：迟到或早退超过 60 分钟，均视为旷工；旷工以半天为计算单位，不足半天按半天计，每旷工一天扣发当事人 3 倍日工资。

2019 年 8 月 16 日，陈某向公司发出被迫解除劳动关系通知书，以公司违法调岗降薪、克扣工资为由提出解除双方的劳动关系，并提起仲裁要求公司支付其工资差额、被迫解除劳动关系的经济补偿金。

该案经一裁二审，最终法院判决该公司向陈某支付工资差额。

案例评析

本案的争议焦点是用人单位考勤违规处罚的规定是否合法合理。法院判断用人单位制度是否有效，主要考查其合法性及合理性两个方面。

合法性的判断，主要是看其内容是否违反法律强制性规定，如本案中用人单位关于罚款的制度。司法实践中普遍认为，罚款是行政管理手段之一，常见如公安机关对违反治安管理的违法行为人进行的行政罚款，而在 2008 年《企业职工奖惩条例》废止后，用人单位对劳动者进行罚款不再具备法规依据。此外，判断用人单位制度是否合法还要看其制度的制定程序是否合法，如民主程序和公示等，可参见本书第十九章"过错解除的合规管理"中"规章制度合规"相关内容的指引。

对企业制度合理性的判断，主要是看其内容是否符合权利义务对等原则，具体到本案中，公司员工手册中"员工每次迟到或早退时间达到 120 分钟以上，按旷工一天计算，扣发三倍日工资"的规定，很明显放大了劳动者的违纪情节，加重了劳动者的违纪责任，违反公平原则，不具有合理性。

合规建议

劳动者存在迟到、早退、旷工等行为时，用人单位可以按照其实际缺勤的时间扣减相应工资，但不可采取罚款或类似罚款手段的扣减工资。这在实务中均可能被认定为克扣工资。

用人单位也可以根据实际情况制定符合自身经营情况和用工方式的薪酬制度，将工资分为固定工资和浮动工资两部分，如将基本工资、岗位工资设置为固定工资，其中岗位工资可根据岗位的不同设置不同的薪酬等级；将绩效工资、提成、其他奖金等风险性报酬纳入浮动工资，并辅以提成、绩效的考核制度对员工进行考核、奖惩。比如设置全勤奖，就可将员工出勤相关表现纳入考核，在员工出现迟到、早退等缺勤行为时，就可以采取"少发、不发"奖金的管理方式，达到奖惩的目的。

此外，因扣减工资报酬的举证责任在用人单位，故用人单位 HR 在日常用工管理过程中，应树立证据意识，如保留载明工资项目、发放、扣减记录的工资条；请假条、考勤记录；工作考核表及违纪单等。并注意要求员工在上述书面证据中签字确认，避免在争议中承担举证不利的合规风险。

对于劳动者就工资问题向劳动行政部门投诉的，用人单位应当引起足够重视，及时提供相关证据并说明相关情况。劳动行政部门责令限期支付工资的，用人单位有异议的应通过行政诉讼等合法方式进行处理，而不能置之不理或采取转移财产、逃匿等方法逃避支付；无异议的，应当在期限届满前支付工资，避免加付赔偿金甚至被追究刑事责任的风险。

除此之外，笔者还总结了一些用人单位可以依法扣减劳动者报酬的情况（见表9–7）。

表9–7　可依法扣减工资报酬的情形

扣减方式	情形	法律规定
代扣	依法代扣个人所得税、社会保险、住房公积金	用人单位可以代扣劳动者工资的情形包括：（1）用人单位代扣代缴的个人所得税；（2）用人单位代扣代缴的应由劳动者个人负担的各项社会保险费用；（3）法院判决、裁定中要求代扣的抚养费、赡养费；（4）法律、法规规定可以从劳动者工资中扣除的其他费用 ——《工资支付暂行规定》第十五条 职工个人缴存的住房公积金，由所在单位每月从其工资中代扣代缴 ——《住房公积金管理条例》第十九条第1款
	法院判决、裁定中要求代扣抚养费、赡养费；可以扣除的其他费用	
不发	事假、旷工	劳动者请事假或旷工，用人单位可不发工资，但用人单位需按照劳动者所适用的工时制度、实际缺勤时长，扣发相应的工资，但旷工一天扣三天工资等做法是不合法的
劳动者承担赔偿金	劳动者因本人原因给用人单位造成经济损失的	因劳动者本人原因给用人单位造成经济损失的，用人单位可按照劳动合同的约定要求其赔偿经济损失。经济损失的赔偿，可从劳动者本人的工资中扣除。但每月扣除的部分不得超过劳动者当月工资的20%。若扣除后的剩余工资部分低于当地月最低工资标准，则按最低工资标准支付 ——《工资支付暂行规定》第十六条
	劳动者违法解除劳动合同或违反约定、竞业限制等，给用人单位造成损失的	劳动者违反本法规定解除劳动合同，或者违反劳动合同中约定的保密义务或者竞业限制，给用人单位造成损失的，应当承担赔偿责任 ——《劳动合同法》第九十条

（续表）

扣减方式	情形	法律规定
劳动者承担赔偿金	因劳动者原因致使劳动合同被确认无效，给用人单位造成损害的	以欺诈、胁迫的手段或者乘人之危，使对方在违背真实意思的情况下订立或者变更劳动合同的，劳动合同无效或部分无效 ——《劳动合同法》第二十六条第1款第（1）项 劳动合同依照本法第二十六条规定被确认无效，给对方造成损害的，有过错的一方应当承担赔偿责任 ——《劳动合同法》第八十六条
劳动者承担违约金	劳动者违反服务期或者竞业禁止协议或约定的	用人单位为劳动者提供专项培训费用，对其进行专业技术培训的，可以与该劳动者订立协议，约定服务期。劳动者违反服务期约定或竞业限制的约定，应当按照约定向用人单位支付违约金，除此两种情形外，用人单位不得与劳动者约定由劳动者承担违约金 ——参见《劳动合同法》第二十二条、第二十三条、第二十五条
扣减工资	依据劳动合同约定	符合"用人单位与劳动者书面约定从工资中扣减的"情形的，可以扣减劳动者工资 ——参见《湖南省工资支付监督管理办法》第二十六条

第十章

奖金与提成的合规管理

劳动者的报酬，除了基本工资、加班费，很多用人单位为了激励员工，还设置了年终奖、"十三薪"、绩效工资、业务提成等额外的风险性报酬。有些用人单位将上述报酬约定在了劳动合同、录用通知书或薪酬协议中，有些用人单位则在薪酬制度中做了相关规定，而有些用人单位仅是口头承诺。一旦发生工资争议，这些用人单位将面临不同的结果。

【合规实务指引】

一、认识奖金与提成

（一）奖金与提成是否属于必须发放的劳动报酬

奖金与提成不同于"以实际工时对价（卖时间）"的固定工资，一般都带有激励的性质，属于"多劳多得"的额外劳动报酬。用人单位可根据自身经营情况自主安排支付给劳动者奖励的条件，比如设置绩效考核、业绩考核等。这属于用人单位自主经营、自主管理的范畴，因此，用人单位有权决定是否发放奖金与提成。

有些用人单位缺乏合规意识，仅是简单地将劳动者原本的固定工资进行拆分，如约定年薪 30 万元，其中 80% 平均到月后作为月工资，剩余 20% 作为年终绩效，但未约定任何关于年终绩效的考核内容或发放条件。此类"年终绩效"可能被认定为员工的应发工资，如果用人单位无故拖欠，会引发薪酬合规风险。

（二）奖金与提成的常见发放方式

一般来说，用人单位可以自行决定奖金与提成的发放时间（见表 10–1）。比如年终奖一般是在第二年年初发放，但是也有用人单位为了防止劳动者领取年终奖后离职而在第二年下半年才发放的。有的用人单位将提成工资的发放设置为以回款为条件的发放方式，这在实践中也较为常见。

表 10–1　奖金与提成的常见发放方式

激励	明细	发放方式
奖金	"十三薪"	如约定或规定"十三薪"及发放条件
	绩效奖金	如约定或规定奖金按每月/季发放，或与年底考核相结合的方式发放
	年底考核薪资	如年薪制分为基础年薪与年底考核薪资，后者在年度考核后发放
提成	固定金额提成	如按销售产品的数量获得固定金额的提成，常见于固定资产的租售行业
	合同金额提成	如按照公司与客户签订的销售合同、服务合同的合同总金额，设定固定比例的提成，各行业均较常见
	按毛利提成	如先与员工明确某业务的毛利率，再设定按毛利率的一定比例计算提成，常见于商务服务行业，以单个项目计算部门或个人的提成
	按纯利润提成	如先与员工明确某业务纯利率的计算方式，再设定提成比例，常见及计算方式如销售回款－成本（含采购成本、运费、人工费用、税费），实践中常因为企业未明确定义成本而产生争议
	按回款提成	如回款额达到一定比例时，员工才可按比例获得提成，实务中较为常见

（三）奖金与提成争议的举证规则

根据前述分析，用人单位发放奖金与提成是一种类似"附条件"的法律行为，这在一般民事行为中，双方可以进行充分的意思自治。但在劳动关系中，由于双方的地位并不平等，所以对于是否存在奖金及提成，发放条件是否成就，报酬是否发放等方面并不仅仅以用人单位一方的解释为准。

1. 对于约定或制度是否存在

其举证规则和劳动者主张固定工资时遵循的"举证责任倒置"不同，法院一般认为应由主张存在约定或制度的一方，即劳动者承担举证责任，在劳动者就此完成举证的情况下，如果用人单位对此持有异议，则应由用人单位就其不同主张提举反证。

录用通知书、劳动合同、薪酬协议、薪酬制度、提成制度、通知文件等就是该类案件中最为常见的证据，而像银行流水、工资条等能证明存在发放惯例（如发放时间、奖金金额或提成比例较为固定）的证据，在司法实践中也可能得到采信（见表 10-2）。

表 10-2　法院支持支付奖金、提成的前提

有约定	在录用通知书、劳动合同或薪酬协议中，用人单位与该员工明确约定了奖金金额、提成比例、支付时间等内容的
有规定	在规章制度中对奖金、提成进行了原则性规定的
有惯例	即使没有约定或规定，但如果发放奖金、提成已形成固定惯例，如公司每年都按照员工的月工资标准多支付一个月工资作为年终奖的

2. 对于劳动者是否满足发放条件

劳动者需要就其有权计取奖金或提成进行举证，如劳动者未能就此举证，则可能承担相应的诉讼风险。

常见证据如绩效考核表、开拓业务签订的合同或销售记录或客户证明等。实践中，用人单位实行按销售回款提成的，审裁机关也可能会考虑用人单位的举证优势，将回款情况的举证责任指派给用人单位。

3. 核算奖金、提成报酬

如果劳动者完成上述举证责任而用人单位仍不认可劳动者主张的发放条件、分配规则、金额的，则用人单位需要就其不同主张提举反证。常见情形如提成工资争议中，用人单位抗辩提成金额的计算应扣除设备成本、人工成本、

销售成本、税费成本等诸多项目，而这些成本项目明显属于单位经营管理中款项支付的范畴，相关证据也由用人单位掌握，故用人单位就需要对其支出款项是否属于提成成本，提成成本是否实际发生等事实承担举证责任。

二、奖金考核制度合规指引

用人单位发放奖金一般会考虑自身的经营情况，同时结合员工的工作考核。但如何设置考核标准，考核结论才能够得到劳动仲裁委员会或法院的认可呢？

［关联案例］

案例 10-1　提前解除劳动合同，应否支付年度绩效工资要看劳动者是否达到支付条件

鲁某于 2019 年 11 月 25 日入职某科研公司任高级管理人员，双方劳动合同约定：合同期限 3 年，鲁某的税前年薪为 60 万元，其中年薪的 10% 作为年度绩效工资发放，月基本发放工资为 45 000 元（税前），奖金、提成根据公司制定的各项相关政策及时发放。

2020 年 6 月 9 日，该公司以鲁某考勤打卡弄虚作假严重违反公司劳动管理制度为由解除了与鲁某的劳动合同。鲁某遂向劳动仲裁委员会申请劳动仲裁，要求公司支付其经济补偿金、年度绩效工资等。

该案经一裁二审，最终法院驳回了鲁某关于年度绩效工资的请求。

案例评析

本案的争议焦点是：提前解除劳动合同，年度绩效工资还要发放吗？

实践中对此存在多种观点。

观点一：年度绩效工资是工资，公司不得随意扣除。

该观点认为，绩效工资与日常出勤工资的内涵并无区别，如果用人单位不发，则需要举证证明劳动者在公司工作期间存在扣发绩效工资的约定情形。

观点二：年度绩效工资属于奖金，双方有约定或规章制度有规定的，双方均应遵守。

该观点将绩效工资与普通出勤工资做了区分，认为对于绩效工资，用人单位有权根据公司的经营情况、员工的表现和业绩等综合情况自主决定绩效工资的发放，用人单位可以根据上述情况针对绩效工资制定规章制度或与劳动者进行约定，在不违反法律法规禁止性规定的情况下，该事项属于用人单位自主经营的范围。用人单位依法制定规章制度或与劳动者形成约定后，双方都应遵守。

笔者认可第二种观点，根据该观点，本案中鲁某诉请的工资实际为"年度绩效奖金"，其入职到离职还不到 6 个月，客观上也不可能进行"年度绩效考核"，而公司在年度经营情况及鲁某年度表现和业绩等情况尚不确定的情况下拒绝支付"年度绩效奖金"，具有合理性。

另外需要注意的是，实务中还有一种观点认为，如果用人单位违法解除劳动合同，不符合"善良管理"的动机，可能会被视为用人单位恶意阻却年终绩效发放条件的成立，法院将结合员工的在职时间、离职时间，以及员工对用人单位的贡献程度等因素支持劳动者的部分诉求。例如，（2021）湘 01 民终10422 号案件中，人民法院认为：公司系违法解除与李某之间的劳动关系，故该公司主张依据员工手册相关规定无须支付李某 2020 年度年终奖依据不足。依据公平原则，公司可对年终奖进行折算后支付。

根据以上分析可知，用人单位应否支付离职员工的年终奖，可根据离职的情况不同而做出不同的判断（见表 10–3）。

表 10–3　离职原因对奖金、提成发放的影响

离职情况	离职原因	应否支付
员工提出解除劳动合同	"个人原因"主动离职	有约定不支付则无须支付
	单位违法，被迫离职	需折算支付
单位提出解除 / 终止劳动合同	合法解除 / 终止	有约定不支付则无须支付
	违法解除 / 终止	需折算支付

［关联案例］

案例 10–2　员工违纪的情况下还支持向其支付年终奖，不符合社会主义核心价值观

2018 年 6 月 13 日，谭某入职某公司。该公司员工手册规定：全年工作期间发

生重大安全事故或重大责任事故，违反公司相关管理制度比较严重，出现明显损害公司利益行为的人员，根据相关制度对其年终奖励额度予以扣减或者全部扣除。

2020年1月16日，因谭某存在严重工作失职、频繁违反公司多项规章制度、工作业绩排名末位等情况，某公司向谭某送达了解除劳动关系告知书。

谭某签收告知书后，向劳动仲裁委员会申请仲裁，要求该公司向其支付违法解除劳动合同的经济赔偿金、年终奖、提成、未休年休假的赔偿金等。

该案经一裁二审，最终法院驳回了谭某要求支付年终奖的请求。

案例评析

本案中，用人单位规定了一些扣减员工年终奖的情形，但对奖金与提成应否发放、如何发放、如何计算并无明确规定，这就涉及法官的自由裁量权的问题。

2021年1月19日，最高人民法院发布了《关于深入推进社会主义核心价值观融入裁判文书释法说理的指导意见》，要求法官在法律框架内运用社会主义核心价值观释法说理，规范行使自由裁量权。这个意见也是未来劳动争议的裁判趋势，对我们判断存在争议的管理行为是否合理合法限定了一个基本框架。在这个趋势下，用人单位必须以一个"善良人"的立场进行员工管理，而"善良管理"正是本书的核心观点，用人单位务必理解并运用。正如本案中法官在终审裁判文书中的说理："公司提供了谭某违反劳动纪律的几份证据，特别是晋级考试作弊、业绩排名末位，此种情况下如果还支持向其支付年终奖，不符合社会主义核心价值观，也不符合公序良俗的民法原则。因此对公司主张不发放年终奖励的上诉请求，本院予以支持。"

合规建议

1. 明确区分固定工资与浮动工资，制定浮动工资发放条件、发放流程的内部制度，并严格按照制度进行考核、发放工资报酬。

2. 无论是试用期考核、绩效考核还是年终考核，都关系到职工的切身利益，所以，用人单位制定相关规章制度应依法履行民主程序，经职工代表大会或全体职工讨论，提出方案和意见，与工会或职工代表平等协商确定，并公示或告知职工。

3.明确规定奖金的发放对象、发放时间、发放条件、发放标准及不享受奖金的情形等，避免因约定或规定不明承担不利后果。

4.明确规定考核结果的适用，如规定何种考核结果对应不能胜任工作、何种考核结果对应绩效、奖金的金额等。

5.明确考核时间、考核方法、考核标准，并保留考核的相关证据材料。

6.对于考核制度的内容，要具备合理性和可操作性，具体而言就是两个要点："量化""外化"。所谓量化，即考核的客观性，体现为将工作任务细分并具体化，形成可统计的定量化标准，比如将工作量、完成度以数字、比例来明确，尽量减少主观考核因素；所谓外化，指让非管理人员对职工的工作结果进行评价，譬如以客户意见、相对服务的部门意见作为判定某岗位的员工是否胜任的依据，避免仅以上级对下级的评价得出结论。

7.设置考核结果的申诉程序，充分体现用人单位的民主管理及善意，若职工对考核结果有异议的，可通过申诉程序向用人单位提出。

三、提成核算制度合规指引

根据前述总结的年终奖与提成争议的举证规则，建议用人单位规定或与劳动者约定提成工资时，必须明确计算基数、提成比例、支付方式、支付条件、支付时间等内容，否则一旦发生争议，用人单位就可能无法对工资的计算进行举证，而举证不利的后果，就是法院将可能采信劳动者主张的金额。

[关联案例]

案例 10-3　劳动者离职不享受未回款的提成

2015 年 4 月 1 日，唐某入职 A 公司，在 A 公司历任外勤助理、总经理助理、开发部总监等职务，唐某的工资由底薪加提成组成。

A 公司针对谭某制定了专门的提成政策：唐某负责部门年度销售任务为 500 万元，如未完成则公司无须支付其年终奖励；提成比例为 5%，提成分成 50% 的签订提成和 50% 收尾款和服务提成，即唐某离职后由接任者协调相关业务、提供相关服务等，同时由接任者得到相对应的提成。

2017 年 8 月 26 日，唐某以书面形式向 A 公司提出辞职，辞职原因为"个人原因"，最后工作日为 2017 年 10 月 20 日，并办理了工作交接手续。

唐某离职后，向劳动仲裁委员会提起仲裁申请，要求 A 公司向其支付拖欠的提成工资。

该案经省高级人民法院再审，最终驳回了唐某要求支付提成工资的请求。

案例评析

该案是提成工资争议中较为常见的一类情形，其争议点主要在于用人单位制定的提成支付条件是否合理合法。实际上，法律对提成支付条件并没有明确规定，实践中也存在多种观点。

本案中，A 公司制定的提成支付方式有 3 种：一是劳动者在一定期间内完成多少业绩才按照百分比提取相应的提成，如未完成指定业绩的，则不享有提成；二是项目回款后才按照一定比例支付提成，如未回款的，暂不享有提成；三是如果提前离职，则不享有未回款的提成，由实际催回款项的接任者享有。

实践中对上述第一种方式争议不大，这里不再赘述。

第二种方式，即回款后提成的方式，争议点主要是回款与否的举证责任归属问题。本案中法院认为，唐某未能提供充分有效证据证明其已完成收尾款及协调安装完毕等服务工作，故不支持这部分的提成。此外，也有观点认为，员工在离职后还要求其举证证明回款的事实过于严苛，可根据公平原则适当调整双方的举证责任。

争议最大的是第三种方式，即离职不享有提成。对此，法律并无明确规定，实践中主要有两种观点：一种观点认为，这种做法免除了用人单位义务、排除了劳动者权利，应属无效；另一种观点认为，双方已经提前对此进行了明确约定或规定，且提成制度属于用人单位经营自主权的范畴，故有效。笔者认为，这两种观点均有片面性，我们应将用人单位"善意管理"的因素考虑在内，并结合员工离职的具体原因做出判断。本案中，法院虽未支持劳动者的诉请，但这是综合了全案情况做出的判断，而非只考虑了提成制度的规定。

[关联案例]

案例 10-4 用人单位销售提成制度无须经民主程序修改

2014 年 10 月 15 日，高某入职 A 公司，双方在劳动合同中约定：高某任职 A 公司置业顾问岗位，从事销售工作，工资根据公司薪酬、绩效制度及薪酬审批流程制定。

2016 年，A 公司修改了《销售管理岗位薪酬管理办法》等相关附件，将置业顾问的佣金提成比例由固定比例 0.3% 修改为"按 0.15% 的原则在销售小组内自由分配，小组核心成员分配比例原则上不低于 0.1%，小组内配合成员总佣金控在 0.05%"。后 A 公司将修改后的管理办法在公司 OA 系统中进行了公示。

2016 年 6 月 15 日、8 月 2 日，A 公司分别与 B 公司、马某签订了购房合同，总价分别为 182 955 402 元、4 167 912 元，高某均参与了销售接待工作。后 A 公司按 0.1% 的比例向高某支付了销售提成款。高某认为 A 公司应当按 0.3% 的比例支付其提成款，多次与 A 公司商讨无果。

2016 年 10 月 18 日，高某向 A 公司邮寄了劳动关系解除函，以 A 公司未足额支付劳动报酬为由要求解除劳动关系，并要求 A 公司按 0.3% 的比例支付其销售提成比例差额。

该案经省高级人民法院再审，最终驳回了高某要求支付提成工资差额的请求。

案例评析

该案的争议焦点是，A 公司 2016 年修改的提成制度是否适用于高某。实践中有两种观点。

一种观点认为，公司修改提成制度未经民主程序，该修改行为无效，公司应当按照修改前的提成比例支付高某销售提成款。

另一种观点认为，提成制度并非适用于全体员工，而是仅适用于公司从事销售岗位的员工，公司制定、调整该制度内容无须经过民主程序，公司无须支付工资差额。

本案中，法院明显持第二种观点。笔者认为，提成工资属于特定岗位的风险性收入，其内涵与固定工资不同，用人单位针对特定岗位制定的提成制度也不同于适用全体员工的薪酬管理制度，属于用人单位自主经营权的范畴，用人单位可以根据行业状况、自身经营状况，自主制定提成制度，确定制度的适用范围及提成的计算方法。

合规建议

1. 虽有观点认为提成制度无须经民主程序制定，但这在司法实践中仍存在争议，用人单位应谨慎对待。此外，用人单位也可以单独与员工签订薪酬协议、提成协议进行约定，但需明确约定协议的期限，因为如果中途需要变更，则需要双方协商一致另行签订书面协议。

2. 如未签订相关协议，用人单位也应将提成制度告知适用该制度的员工，并注意溯及既往的问题，新的销售提成制度不能适用于制度发布之前的业绩核算。

3. 提成的支付金额需符合法律规定。如"底薪＋提成"或"纯提成"的薪酬模式下，每月各项工资加起来不能低于当地最低工资标准，具体可参见第九章"薪酬合规管理"中"最低工资标准的适用"相关内容的详述。

4. 细化提成的计算基数。前述已列出各种提成方式，有按合同金额的、有按毛利润的、有按纯利润的，这里需要明确约定需去除项目成本、税收、相关费用等，或约定固定的毛利率，如果对剔除费用约定不明，用人单位又无法证明相关费用的合理性，法院将可能支持员工主张的金额。

5. 明确提成的支付条件，并根据员工离职方式、离职原因细化规定员工离职后的提成计算方法和支付方式。

第十一章

"三期"女职工的合规管理

随着"三孩"政策的落地实施，《女职工劳动保护特别规定》《中华人民共和国人口与计划生育法》（以下简称《人口与计划生育法》）、《中华人民共和国妇女权益保障法》（以下简称《妇女权益保障法》）等配套法律的修订出台，《湖南省人口与计划生育条例》《湖南省女职工劳动保护特别规定》等地方规定的补充落地，女职工生育权益保障的问题已经成为国家重点督查项目。

国务院印发的《中国妇女发展纲要（2021—2030年）》中明确提出，禁止用人单位因女职工怀孕、生育、哺乳而降低工资、恶意调岗、予以辞退、解除劳动（聘用）合同，推动落实生育奖励假期间的工资待遇……对招聘、录用环节涉嫌性别歧视的用人单位进行联合约谈，依法惩处。

随着上述法律、法规的完善，用人单位应及时学习"三期"女职工管理的相关知识，构建人力资源合规管理体系，避免出现合规风险。

【合规实务指引】

"三期"女职工，指处于"孕期、产期、哺乳期"的女职工。

女职工除了劳动法律赋予劳动者的平等就业权、自由择业权、获取劳动报酬权、休息休假权等一般权利，还享有特定的法定假期、生育保险待遇。而且鉴于"三期"女职工特殊的身体条件，用人单位还需对"三期"女职工提供特殊的劳动保护，比如安排工间休息和哺乳时间，减轻工作量，不得安排其从事一些特殊岗位的工作（如高温、井下、有毒有害），不得延长劳动时间或者安排夜班劳动等。

一、避免对女职工的性别歧视

本书在第一章"人才招聘阶段的合规管理"中已阐述，用人单位应当避免发生法律明确禁止的"因人而异"，其中就包括对女职工的性别歧视。

2019 年 2 月，人力资源社会保障部、教育部等九部门印发了《关于进一步规范招聘行为促进妇女就业的通知》，其中规定：

> 各类用人单位、人力资源服务机构在拟定招聘计划、发布招聘信息、招用人员过程中，不得限定性别（国家规定的女职工禁忌劳动范围等情况除外）或性别优先，不得以性别为由限制妇女求职就业、拒绝录用妇女，不得询问妇女婚育情况，不得将妊娠测试作为入职体检项目，不得将限制生育作为录用条件，不得差别化地提高对妇女的录用标准。

此外，《劳动法》《就业促进法》《妇女权益保障法》《人力资源市场暂行条例》《女职工劳动保护特别规定》等法律法规中也明确规定了保障妇女平等就业权利、不得实施就业性别歧视，对用人单位的以下行为（见表 11-1），是明确禁止的。

表 11-1　性别歧视的情形

用人单位禁止行为	具体情形
将性别作为招录条件	比如明确设置"只限男性""男性优先"等（女职工禁忌从事的岗位或工种除外）
提高对女性应聘者的录用标准	比如对同一岗位，要求女性应聘者具有更高学历等
对女性应聘者设置婚育状况条件	比如拒绝招用已婚未孕者
限制女职工结婚生育	比如缩减女职工休产假天数，降低待遇，减少工作机会等

同时，上述法律亦对妇女平等就业权遭受侵害后的救济渠道及用人单位的法律责任进行了明确（见表 11–2）。

表 11–2　性别歧视的合规风险

时段	责任类型	合规风险
招聘入职阶段	民事责任	劳动者在应聘过程中受到就业性别歧视的，可以向人民法院提起平等就业权纠纷诉讼。用人单位因实施就业性别歧视，造成劳动者财产损失或其他损害的，需承担民事责任
	行政责任	劳动者可以对用人单位实施就业性别歧视的行为向劳动行政部门进行举报和处理。用人单位发布的招聘信息含有性别歧视内容，人力资源社会保障行政部门责令改正，拒不改正的，可以处 1 万元以上 5 万元以下的罚款
在职阶段	民事责任	用人单位在劳动用工管理过程中实施性别歧视，侵害女职工合法权益的，女职工可以依法申请调解仲裁，对仲裁裁决不服的，依法向人民法院提起诉讼。用人单位造成女职工损害的，依法给予赔偿
	刑事责任	用人单位及其直接负责的主管人员和其他直接责任人员构成犯罪的，依法追究刑事责任

实际上，在很多"平等就业权纠纷"案件中，用人单位除了需要承担上述法律责任，还要承担事件的传播带来的声誉损失。所以，用人单位对此应当引起足够重视，自行开展合规审查，防控就业性别歧视带来的法律风险。

［关联案例］

案例 11–1　用人单位拒绝招录女性，赔偿精神损害抚慰金

梁某已取得中式烹调师高级资格证书。她在网站上看到某餐饮公司发布招聘厨房学徒的广告，该广告中并无明确性别要求，于是她前往指定地点应聘，在填写入职申请表后，该餐饮公司并未安排她面试，并告知她已经招满了。

几天后，梁某在网站上再次看到该餐饮公司发布的招聘广告，仍在招聘厨房学徒，但性别要求为男。梁某立即对网页进行了公证，并前往该餐饮公司沟通，前台人员表示"厨房不招收女工"。

梁某以侵犯就业平等权将该餐饮公司告上法院。

人民法院认为，就业平等权不仅属于劳动者的劳动权利范畴，亦属劳动者作为自然人的人格权范畴。在招聘广告并未明确不招女性，对于并非不适宜女性从事的

工作岗位，用人单位无不当理由，仅因劳动者的性别而作出不合理的区别、限制以及排斥行为，构成了就业性别歧视，侵犯了劳动者的平等就业权。判决该餐饮公司赔偿梁某精神损失费 2000 元。（参见《最高人民法院公报》2021 年第 1 期）

二、女职工岗位特别保护

这里主要指女职工禁忌从事的劳动范围，表 11-3 对女职工的普遍禁忌、经期禁忌、孕期禁忌、哺乳期禁忌四种情况进行了总结。

表 11-3　女职工禁忌从事的劳动范围

禁忌时期	女职工禁忌从事的劳动范围
普遍	矿山井下作业； 第四级体力劳动强度的劳动； 每小时负重 6 次以上、每次负重超过 20 公斤，或者间断负重、每次负重超过 25 公斤的作业
经期	第二级、第三级、第四级冷水作业； 第二级、第三级、第四级低温作业； 第三级、第四级体力劳动强度的作业； 第三级、第四级高处作业
孕期	作业场所中有毒物质超标的作业； 从事抗癌药物、己烯雌酚生产，接触麻醉剂气体等的作业； 非密封源放射性物质的操作、核事故和放射事故的应急处置； 高处、低温、冷水作业； 第三级、第四级高温、噪声等作业； 第三级、第四级体力劳动强度的作业； 在密闭空间、高压室作业或者潜水作业，伴有强烈振动的作业，或者需要频繁弯腰、攀高、下蹲的作业； 在 35℃以上的高温天气期间从事室外露天作业及温度在 33℃以上的工作场所作业
哺乳期	放射性物质的操作、核事故和放射事故的处置； 第三级、第四级体力劳动强度的作业； 有毒物质超标作业

此外，对于女职工的岗位调整也是疑难问题。因为调岗和降薪实际是变

更劳动合同，原则上应当双方协商一致，但在某些特殊情况下，用人单位依然可以依法、依约、依规单方调整劳动者的岗位，并根据双方"薪随岗变"的约定进行薪资的调整（具体可参见第十六章"劳动者单方解除劳动合同的合规管理"）。

但对于"三期"女职工，法律给予了特殊保护，如《女职工劳动保护特别规定》第五条规定，用人单位不得因女职工怀孕、生育、哺乳降低其工资、予以辞退、与其解除劳动或者聘用合同。所以，用人单位如以女职工进入"三期"而认定其不能胜任工作进行单方调岗降薪，或以产假结束后岗位顶替而单方调岗降薪等行为，均有被法院认定为违法变更劳动合同、克扣工资的风险。

与此同时，《女职工劳动保护特别规定》第四条、第六条设定了女职工禁忌从事的劳动范围，且规定了女职工在孕期的劳动保护，这就意味着对于"三期"女职工的调岗问题，法律仅规定了两种情形。

1. 孕期女职工不能适应原劳动，向用人单位出示医疗机构证明的，单位应当根据证明调整其岗位。

2. 原岗位属于女职工禁忌从事的岗位的，在满足条件时，用人单位应当调整其岗位。

用人单位在上述情形下进行调岗，原则上不得降薪，但实务中也有观点认为，在双方有约定的前提下，用人单位对于工资性的收入不得降低，但对于风险性、偶然性的收入仍可以调整。例如，某女职工的工资组成为基本工资＋岗位工资＋绩效工资＋提成，调岗后，基本工资及岗位工资不能调整，但绩效工资、提成这部分按劳分配的收入，可根据岗位与薪酬的对应规定，薪随岗变。

三、女职工工时特别保护

本书在第六章"计薪工作时间的合规管理"中提到，员工的计薪工作时间包括正常工作时间、加班时间、带薪法定假期及假日的时间，而法律对于女职工的工作时间还规定了特殊保护，表11-4以湖南省为例列出了女职工工时保护的情形。

表 11-4　女职工工时保护的情形

保护措施	法律依据	具体规定
不得安排加班或者夜班	《女职工劳动保护特别规定》	第六条第 2 款　对怀孕 7 个月以上的女职工，用人单位不得延长劳动时间或者安排夜班劳动，并应当在劳动时间内安排一定的休息时间
		第九条第 1 款　对哺乳未满 1 周岁婴儿的女职工，用人单位不得延长劳动时间或者安排夜班劳动
	《湖南省女职工劳动保护特别规定》	第七条　……对怀孕 7 个月以上的，不得延长其劳动时间或者安排夜班劳动，并根据其工作性质和劳动强度在劳动时间内安排适当的休息时间……
		第十一条　……哺乳未满 1 周岁婴儿的女职工……不得延长劳动时间或者安排夜班劳动
工间休息	《湖南省女职工劳动保护特别规定》	第六条　经期女职工所从事劳动需 2 个小时以上连续站立的，用人单位应当为其安排适当的工间休息时间
产检时间	《湖南省女职工劳动保护特别规定》	第十一条　对在劳动时间内进行产前检查的，所需时间计入劳动时间
妇科常见病筛查时间	《湖南省女职工劳动保护特别规定》	第十五条　用人单位应当每年为女职工安排 1 次妇科常见病筛查，检查时间计入劳动时间，检查费用由用人单位承担
哺乳时间	《湖南省女职工劳动保护特别规定》	第十一条　……哺乳未满 1 周岁婴儿的女职工……在每天的劳动时间内安排 1 小时哺乳时间；生育多胞胎的，每多哺乳 1 个婴儿每天增加 1 小时哺乳时间。
		哺乳时间可一次使用，也可分开使用。对距离用人单位较远无法回家哺乳的，经本人申请，产假后的哺乳时间可以折算成一定天数，与产假合并使用或者单独使用

（注：限于篇幅，表中法条按原意改述）

■■■ 拓展问题：产检时间的管理

实践中，HR 对于产检的时间及次数的疑问较多。

对于这个问题，法律并未明确规定，而且每个产妇的个体情况也有差别，建议用人单位灵活处理，对女职工提交了产检相关证明的（虚假证明除外），不应扣发产检期间的工资，更不应将不批准产检的时间记作旷工而解除劳动合同，前文多次提到用人单位"善良管理"原则，如果用人单位违背这一原则，其管理行为将有极大概率不被审裁机构认可。

［关联案例］

案例 11-2 女职工产检未获批准，用人单位以旷工为由解除劳动合同被判恢复劳动关系

陈某在某公司从事财务经理工作，双方劳动合同约定期限为：自 2019 年 2 月 13 日起至 2022 年 2 月 12 日止，工资为每月 10 000 元。

2019 年 9 月，陈某怀孕，此后因孕期检查多次请假，公司认为陈某未按规定请假，又未提供特殊医嘱证明材料，且休假结束后未按规定履行请假手续及提交相关的证明材料，请假不符合公司管理流程，对陈某的请假申请未予批准，按旷工处理，计旷工 7 天。

2020 年 1 月 3 日，该公司以陈某无视公司制度，多次违反公司规章制度为由，向陈某发送了解除劳动合同的通知。

陈某向劳动仲裁委员会申请仲裁，要求公司继续履行劳动合同、支付工资等，后该案经历了一裁二审。人民法院认为，该公司经民主程序制定的员工手册的确对产假、病假、事假做出了相应的规定，但根据陈某提供的病假证明书、产前复查记录等证据可以证实，陈某确因怀孕原因至医院作相关检查，虽陈某未严格履行公司规章制度规定的请假程序，在请假手续上确实存在瑕疵。但考虑到陈某系高龄孕妇，在怀孕过程中可能存在诸多不可预见、不可控制的突发情况，用人单位应本着人道主义关怀，给予足够的善意、宽容和理解，灵活适用公司规定，并且，各家医疗机构在诊疗程序、提供医疗材料方面亦不完全相同，公司要求陈某严格按照规章制度的要求履行请假手续并提供完整请假材料，确有强人所难之嫌。另外，陈某事后亦向公司提供了相关诊疗材料及证明。公司仅以陈某未能按照公司规定请假及提供相应病历等理由，不接收陈某的请假材料，并认定陈某旷工 7 天，明显处理不当，法院不予支持，判决该公司继续履行与陈某之间的全日制劳动合同，并按每月 10 000 元的标准向陈某支付公司违法解除劳动合同期间的工资等。

案例评析

无论是国家层面的《女职工劳动保护特别规定》，还是地方层面的《湖南省女职工劳动保护特别规定》，均规定了怀孕女职工遵医嘱要求在劳动时间内进行产前检查的，所需时间计入劳动时间。

本案中，公司虽经民主程序制定了员工手册，并积极保留了员工违纪的证据，且严格按规章制度进行了处理，这种程序的合规值得肯定，但因为用人单位的处理属于实体违法，其后续的解除行为自然也缺乏法律依据。

四、女职工休假特别保护

各地对于"三期"女职工的休假规定不一。以湖南省为例，主要依据有《湖南省女职工劳动保护特别规定》《湖南省人口与计划生育条例》（见表11–5）。

表 11–5　女职工的休假特别保护

休假类别	天数	休假规定
产假	不少于 158 天	符合法定生育条件的夫妻，女方除享受国家规定的 98 天产假，还可以再享受增加产假 60 天，共计 158 天，其中产前可以休假 15 天，难产的，增加 15 天；生育多胞胎的，每多生一个婴儿，增加产假 15 天
保胎假	按病假处理	对经二级以上医疗机构诊断确需保胎休息的，保胎休息时间按照病假处理
陪产假	20 天	符合法定生育条件的夫妻，男方享受护理假 20 天
育儿假	10 天	符合法定生育条件的夫妻，在子女三周岁以内，夫妻双方每年均可享受 10 天育儿假
哺乳假	至婴儿 1 周岁	产假期满，经本人申请，用人单位批准，可以请假至婴儿 1 周岁
计划生育手术假	1 ~ 21 天	放置宫内节育器的，休假 2 天，术后一周内不安排从事重体力劳动；取出宫内节育器的，休假 1 天； 放置皮下埋植剂的，休假 2 天；取出皮下埋植剂的，休假 1 天； 施行输卵管结扎术或者复通术的，休假 21 天

这里还需要注意，上述假期的规定中仍存在细则缺失的问题，如陪产假、育儿假等何时开始休、需要提供何种请假手续、可否分开休假、可否折现等问题，法律均未进行规定。为避免实际管理中的争议，建议用人单位提前就相关假期的休假流程、条件、方式等以规章制度的形式进行规定，如此后政府部门出台相关细则再行调整。

■ ■ ■ ■ **拓展问题：哺乳假如何安排**

实践中经常有 HR 将哺乳假、哺乳时间的概念混淆，实际上二者在期限、待遇等方面都是完全不同的。

哺乳时间是法律对于女职工工时的特别保护，用人单位应当遵守执行。国家层面对哺乳假并无明确规定，但各地有不同的规定，用人单位仍需遵守。比如湖南省规定产假期满，经本人申请，用人单位批准，可以请假至婴儿 1 周岁。因此，用人单位对是否批准哺乳假有自主决定权，建议用人单位从"善良管理"的角度进行人性化管理。

此外，女职工哺乳假期间的工资待遇由用人单位承担，所以法律也仅规定哺乳假期间的工资由双方协商确定，建议用人单位按病假工资的标准进行协商处理。

五、女职工工资特别保护

女职工的工资保护主要体现在"三期"法定假期的待遇上，《女职工劳动保护特别规定》《人口与计划生育法》《妇女权益保障法》均对此进行了规定，各地在制定地方性法规时也遵循了这一立法精神。如《湖南省女职工劳动保护特别规定》第四条第 2 款规定，用人单位不得因女职工结婚、怀孕、休产假、哺乳等情形降低其工资、福利待遇，限制其晋级、晋职、评定专业职称，解除劳动合同或者聘用合同。

具体来说，女职工"三期"的假别较多，但各个假别的工资待遇并不相同，以湖南省的相关规定为例（见表 11-6）。

表 11-6　女职工"三期"休假的工资发放要求

假别	工资待遇标准	支付主体
产假	按产假前工资标准，含福利待遇	生育保险基金
计划生育手术假	按计划生育手术假前工资标准，含福利待遇	
保胎假	按病假工资标准	用人单位
陪产假	按正常出勤工资标准	
育儿假	按正常出勤工资标准	

（续表）

假别	工资待遇标准	支付主体
哺乳假	工资标准由双方协商确定	用人单位
产前检查、工间休息、哺乳时间	按正常出勤工资标准	
经期	用人单位为在职女职工按照每人每月不低于30元的标准发放卫生费	

■■■■ 拓展问题：产假的安排及待遇

《女职工劳动保护特别规定》《人口与计划生育法》《妇女权益保障法》等法律法规均规定女职工可享受产假、流产假，但各地的具体规定存在差异。实践中，员工享受产假的条件、产假的具体期间、产假工资的计发等问题时常困扰 HR，一旦处理不好，容易引发合规风险。这里以湖南省为例。

> 《湖南省女职工劳动保护特别规定》第八条第 1 款规定，女职工生育享受 98 天产假，其中产前可以休假 15 天；难产的，增加产假 15 天；生育多胞胎的，每多生育一个婴儿，增加产假 15 天。符合法定生育条件的，依法享受奖励产假 60 天。
>
> 《湖南省人口与计划生育条例》第十六条第 1 款规定，符合法定生育条件的夫妻，女方除享受国家规定的产假外增加产假 60 天，男方享受护理假 20 天。

（一）何为"符合法定生育条件"

《湖南省人口与计划生育条例》第十二条规定：适龄婚育、优生优育，且一对夫妻可以生育三个子女。依法收养的子女和再婚夫妻再婚前生育的子女不合并计算。

《湖南省人口与计划生育条例》第十三条规定：已生育三个子女的夫妻，有子女经鉴定为残疾且没有医学上认为不宜再生育情形的，可以再生育子女。

（二）违法生育的女职工可否享受产假

因为各地规定不一，所以需将国家规定的产假、流产假与地方规定的增加产假、男方护理假、夫妻双方育儿假分别进行说明。

1.违法生育的女职工可享受国家规定的产假、流产假。

《女职工劳动保护特别规定》第七条规定，女职工生育享受产假、流产假，但这里并未要求女职工享受假期待遇必须符合生育政策的限制。

2. 违法生育的女职工不享受地方规定的增加产假、男方护理假、夫妻双方的育儿假。

例如《湖南省女职工劳动保护特别规定》第八条、《湖南省人口与计划生育条例》第十六条规定，女职工享受增加产假、男方享受护理假、夫妻双方享受育儿假的前提条件是"符合法定生育条件"，故违法生育并不享受这三个假期。

（三）女职工存在难产（剖腹产）、多胞胎、终止妊娠等特殊情况的，产假如何安排

1. 在湖南地区，符合法定生育条件的女职工除享受正常的 158 天产假外，难产的，增加产假 15 天；生育多胞胎的，每多生育一个婴儿，增加产假 15 天。

2. 女职工怀孕未满 2 个月终止妊娠的，享受 15 天产假；怀孕满 2 个月未满 4 个月终止妊娠的，享受 30 天产假；怀孕满 4 个月未满 7 个月终止妊娠的，享受 42 天产假；怀孕满 7 个月终止妊娠的，享受 75 天产假。

（四）女职工提前或推迟生产，产假期间如何安排

在湖南省，合法生育顺产的女职工会有 158 天假期，其中产前休息 15 天，产后休息 83 天、增加产假 60 天。

一般来说，用人单位大多根据女职工的预产期来安排产假，但在预产期前后生产的也很正常，这就给用人单位安排产假出了一个难题。比如一名女职工推迟生产，那么其产前休息时间增加，产后休息时间就会相应减少，这时如果该名女职工要求享受产后 83 天的休假时间，用人单位该如何应对？

我们分几种情况举例说明，例如员工小丽的预产期在 2022 年 6 月 16 日，其从 2022 年 6 月 1 日起休产假（见表 11-7）。

表 11-7　女职工产假期限的计算

生产时间	产前休息	产后休息	增加产假	病假
6 月 16 日如期生产	6 月 1 日至 6 月 15 日（15 天）	6 月 16 日至 9 月 6 日（83 天）	9 月 7 日至 11 月 5 日（60 天）	0
6 月 10 日提前生产	6 月 1 日至 6 月 9 日（9 天）	6 月 10 日至 9 月 6 日（89 天）	9 月 7 日至 11 月 5 日（60 天）	0
6 月 20 日推迟生产	6 月 1 日至 6 月 19 日（19 天）	6 月 20 日至 9 月 6 日（79 天）	9 月 7 日至 11 月 5 日（60 天）	11 月 6 日至 11 月 9 日（4 天）

可见，无论是否在预产期如期生产，产前休息、产后休息、增加产假三个期间的假期的总天数都是 158 天，只不过推迟生产的情况中，增加了 4 天的病假，即小丽的休假实际是从 6 月 1 日休假至 11 月 9 日，11 月 6 日至 11 月 9 日这 4 天按病假待遇处理，此前的休假按产假待遇处理。

（五）产假工资的支付

1. 生育津贴与产假工资是否可以兼得。生育津贴与产假工资均属于女职工在生育的情形下享受的待遇，根据《女职工劳动保护特别规定》第八条、《湖南省女职工劳动保护特别规定》第十条、湖南省医疗保障局等《关于生育保险和职工基本医疗保险合并实施有关问题的处理意见》的规定，只要女职工符合规定生育（含生育三孩）、终止妊娠或者实施计划生育手术的，均可以享受生育保险待遇。

但上述法律同时也规定了，如女职工参保，则产假期间不再发放工资，改由生育保险基金按规定支付，如女职工未参保，则生育保险待遇由用人单位支付。

所以，生育津贴与产假工资属于替代关系，并不能兼得。

2. 享受生育津贴的条件。各地对领取生育津贴的生育保险费缴纳期限均有一定要求，以湖南地区为例，根据湖南省医疗保障局等《关于生育保险和职工基本医疗保险合并实施有关问题的处理意见》，符合以下条件的女职工享受生育保险待遇。

（1）用人单位新增参保人员，连续缴纳生育保险费 10 个月后（含补缴 3 个月以内且能提供有效劳动关系证明的）生育的；

（2）补缴超过 3 个月，从正常缴费之日起 10 个月后生育的；

（3）参保未满 10 个月早产，但参保人妊娠日期晚于参保日期的。

其他地区的规定可能有所不同，用人单位 HR 应事先进行核实。例如，北京地区规定，参保职工分娩前连续缴费 9 个月或分娩之月后连续缴费满 12 个月的，由生育保险基金支付或补支生育津贴；上海地区规定，生育当月用人单位为女职工累计缴纳生育保险费满 12 个月或者连续缴纳生育保险费满 9 个月，其生育生活津贴由生育保险基金全额支付，不满足前述条件的，其生育生活津贴由生育保险基金按已缴费月数 ÷12 后所得的比例支付，剩余部分由女职工生育当月所在用人单位先行支付，用人单位为该职工累计缴费满 12 个月或者连续缴费满 9 个月后，可向社会保险经办机构申请拨付用人单位已先行支付的费用。

3. 增加产假的假期能否享受生育津贴？各地对此规定不一，如湖南地区规定女职工增加产假的假期可享受生育津贴。

《湖南省城镇职工生育保险办法》第十条规定，用人单位的女职工在职期间生育和终止妊娠，在下列产假时间内，由发放工资变更为享受生育津贴：（1）符合法定生育条件的女职工除享受国家规定的 98 天产假外，增加产假 60 天。有下列情形的，还可以按照下列规定享受生育津贴：① 难产的，增加产假 15 天；② 生育多胞胎的，每多生育一个婴儿，增加产假 15 天。（2）女职工怀孕未满 4 个月流产的，享受 15 天产假；怀孕满 4 个月流产的，享受 42 天产假。

也有省份规定，女职工享受生育津贴的天数为 98 天，生育奖励假期间由用人单位支付产假工资，故读者可咨询当地社会保险经办机构进行了解。

4. 生育津贴的计算。各地均在生育保险等相关规定中细化了生育津贴计算方式，如湖南地区，根据《湖南省城镇职工生育保险办法》第十条规定，女职工每天生育津贴标准为上年度本单位职工月平均工资除以 30 天之商。如女职工的产假天数为 158 天，则其生育津贴总额为：上年度本单位职工月平均工资 ÷30 天 ×158 天。

5. 生育津贴的支付。各地生育保险基金支付生育津贴的方式不一，如湖南地区，根据《湖南省城镇职工生育保险办法》第十五条规定，生育津贴、一次性生育补助金由用人单位、本人或者其委托人向医疗保险经办机构申领。

此外，在其他地区也有规定由生育保险基金直接支付给女职工或由生育保险基金按月拨付给单位再转付等发放方式，作为企业 HR，应咨询当地社会保险经办机构，避免出现拖欠、克扣生育津贴、产假工资的合规风险。

6. 生育津贴低于本人工资的，差额如何处理。国家层面并未对此进行规定，但各地区均进行了详细规定。如湖南地区，根据《湖南省城镇职工生育保险办法》第十条规定，女职工每天生育津贴标准为上年度本单位职工月均工资除以 30 天之商，低于本人工资标准的，由单位补足。

而对于本人工资的计算，湖南地区的司法实践一般以休产假前 12 个月的月平均工资为计算标准，工资的项目一般是根据《关于工资总额组成的规定》第四条规定的工资组成部分确定。

7. 违法生育的女职工是否享受生育保险待遇？根据前述分析，违法生育的女职工可享受国家规定的产假及流产假，但这并不意味着其同时可以享受生育保险待遇。

根据《湖南省女职工劳动保护特别规定》第十条的规定，女职工享受国家和省规定的生育保险待遇也需要"符合规定生育、终止妊娠或者实施计划生育手术"，故违法生育并不能享受生育保险待遇。如果用人单位已为女职工缴纳了生育保险，但违法生育的女职工因个人原因无法在产假期间享受生育津贴，此时用人单位也无须支付其产假工资，建议按病假待遇支付。

六、"三期"女职工的解雇限制

在第十七章"用人单位单方解除劳动合同的合规风险总论"中提到，我国《劳动合同法》规定的解雇制度在全世界范围内都是比较严格的，用人单位单方解除劳动合同的事由仅限于协商一致解除劳动合同、过失性辞退、无过失性辞退、经济性裁员。此外，法律还设置了合同终止的情形，但又禁止用人单位与劳动者自行约定终止的条件。而且对于"三期"女职工，法律还设置了特别的解雇保护制度。

表 11-8 中的情形，均属于强制性、禁止性法律规定，如用人单位违反解雇保护规定解雇"三期"女职工的，即属于违法解除 / 终止劳动合同。

表 11-8　对"三期"女职工的解雇限制情形

限制类别	法律规定	具体限制情形
解雇限制	《劳动合同法》第四十条、第四十一条、第四十二条	女职工在孕期、产期、哺乳期的，用人单位不得依照以下事由解除劳动合同： 1. 劳动者患病或者非因工负伤，在规定的医疗期满后不能从事原工作，也不能从事由用人单位另行安排的工作的； 2. 劳动者不能胜任工作，经过培训或者调整工作岗位，仍不能胜任工作的； 3. 劳动合同订立时所依据的客观情况发生重大变化，致使劳动合同无法履行，经用人单位与劳动者协商，未能就变更劳动合同内容达成协议的； 4. 依照企业破产法规定进行重整的； 5. 生产经营发生严重困难的； 6. 企业转产、重大技术革新或者经营方式调整，经变更劳动合同后，仍需裁减人员的； 7. 其他因劳动合同订立时所依据的客观经济情况发生重大变化，致使劳动合同无法履行的

（续表）

限制类别	法律规定	具体限制情形
终止限制	《劳动合同法》第四十五条规定	女职工在孕期、产期、哺乳期劳动合同期满的，劳动合同应当续延至哺乳期满时终止
退回派遣限制	《劳务派遣暂行规定》在第十二条、第十三条	用工单位不得因为客观情况发生重大变化、经济性裁员、派遣期限届满的事由将"三期"女职工退回劳务派遣单位

可见，即使"三期"女职工由于身体、健康等原因导致无法胜任工作，或存在病休超过医疗期、劳动合同到期等情形的，用人单位也不得以此为由单方解除／终止与"三期"女职工的劳动合同。

此外，因为对"三期"女职工的解除限制情形较多、较难把握，只有在符合以下情形时，用人单位才可以对其行使单方解除权，具体可参见第五章"试用期的合规管理"及第十九章"过错解除的合规管理"两章的详述。

七、女职工的职场性骚扰保护

（一）职场性骚扰的定义及形式

职场性骚扰问题是近代女权主义兴起后才得到各国重视的。我国对于职场性骚扰的防治工作尚处于初期摸索阶段，比如什么是职场性骚扰行为、用人单位应承担何种责任等问题，法律对此类问题的规定比较模糊，因此在实务中存在一些结果相异的争议案件。

从立法层面来看，《民法典》中规定了用人单位防止职场性骚扰的义务，列举了如言语、文字、图像、肢体行为等性骚扰的行为实施方式。2021年9月，全国妇联权益部推出的《防治职场性骚扰指导手册》中对职场性骚扰进行了较为细致的定义。《妇女权益保障法（修订草案）》（第二次审议稿）第二十五条也进一步细化了性骚扰的形式（见表11-9）。

表 11-9 职场性骚扰的形式

法律依据	形式
《民法典》第一千零一十条	违背他人意愿，以言语、文字、图像、肢体行为等方式对他人实施性骚扰

（续表）

法律依据	形式
《防治职场性骚扰指导手册》	职场性骚扰，是指发生在工作场所的，以动作、语言、文字、图片、电子信息等方式实施的，与性有关的、违背员工意愿的行为
《妇女权益保障法（修订草案）》第二十五条	具有性含义、性暗示的言语表达 不适当、不必要的肢体行为 展示或者传播具有明显性意味的图像、文字、信息、语音、视频等 利用职权、从属关系、优势地位或者照护职责，暗示、明示发展私密关系或者发生性关系将获得某种利益 其他应当被认定为性骚扰的情形

（二）用人单位在职场性骚扰事件中面临的合规风险

这类风险首先来自舆论，可能会严重损害用人单位的声誉，进而使得用人单位遭受经济上的损失，同时，用人单位还将面临诉讼的法律风险。

1. 在此类案件中，遭受职场性骚扰的职工往往向侵害行为人及用人单位一同主张权利

如（2021）京 02 民终 8077 号案中，劳动者在试用期遭受上司的职场性骚扰后，将上司及公司一起告上了法庭，并要求二者共同承担赔礼道歉、支付精神损害赔偿金和治疗费的责任。正如前述所言，对于用人单位在性骚扰事件中承担何种责任，法律的规定仍然比较模糊，即使是最新的《妇女权益保障法（修订草案）》中仍未对此进行明确规定，所以法院的态度并不明确。但是，这样的起诉行为带来的舆论影响，就已经能够迫使用人单位进行性骚扰防治的合规计划了。

2. 除了可能涉及的人格权纠纷，用人单位更可能面临对实施性骚扰职工的处理问题

如（2021）京民申 6329 号案中，公司因收到其他员工举报某员工实施性骚扰而解雇了该员工，该员工认为公司的解雇行为违法，从而导致劳动争议。该贸易有限公司虽在庭审中力争解雇的合理性，并表明职场性骚扰影响极坏，严重违反该公司的规章制度，损害女性员工的身心健康，该公司对性骚扰始终保持"零容忍"。但对于以解除劳动合同作为惩处手段，法律对此要求极高，需要用人单位提供充分的事实证据及法律依据，并且要满足严格的程序性要求。该案中，某贸易有限公司即因为无法举证证明张某确实存在性骚扰的行为而最终败诉。

（三）用人单位对职场性骚扰的合规管理

首先，《民法典》《女职工劳动保护特别规定》等法律法规中已经初步规定了用人单位防治职场性骚扰的措施，全国妇联、全国总工会及部分地区（如深圳）也出台了关于防治职场性骚扰的指导手册，这对用人单位进行职场性骚扰合规管理提供了操作指引，用人单位可参照执行（见表 11–10）。

表 11–10　用人单位对职场性骚扰的合规要求

法律依据	单位义务
《民法典》第一千零一十条	应当采取合理的预防、受理投诉、调查处置等措施，防止和制止利用职权、从属关系等实施性骚扰
《女职工劳动保护特别规定》第十一条	在劳动场所，用人单位应当预防和制止对女职工的性骚扰
《湖南省女职工劳动保护特别规定》第十六条	在劳动场所，用人单位应当预防和制止对女职工的性骚扰。 女职工在劳动场所受到性骚扰，向用人单位反映或者投诉的，用人单位应当及时妥善处理或者移送有关机关处理；向公安机关报案或者向人民法院提起民事诉讼的，用人单位应当给予支持。 有关单位在处理对女职工的性骚扰事件时，应当依法保护女职工的个人隐私
《防治职场性骚扰指导手册》	了解消除工作场所性骚扰的法律规定； 了解用人单位的法律义务和责任； 创建安全、健康、平等的工作环境； 开展预防和制止工作场所性骚扰的宣传倡导和教育培训； 建立健全消除工作场所性骚扰的规章制度和工作机制； 进行工作场所性骚扰防治状况的定期自查和整改； 不断优化消除工作场所性骚扰的制度机制，针对问题采取更加有效的防治措施； 对工作场所性骚扰受害者和举报人加以保护
《妇女权益保障法（修订草案）》第二十七条	制定禁止性骚扰的规章制度； 明确负责机构或者人员； 开展预防和制止性骚扰的教育培训活动； 采取必要的安全保卫措施； 设置投诉电话、信箱等，畅通投诉渠道； 建立和完善调查处置程序，及时处置纠纷并保护当事人隐私； 其他合理的预防和制止措施； 平台经济等新业态用工适用前款规定

其次，从合规风险的角度考虑，用人单位应加强证据意识。如（2021）京民申 6329 号案中，用人单位仅凭一份举报信是无法证明被举报员工存在违纪行为的。结合实践经验，用人单位自行调查的证据或以其他员工作为证人证言通常不会被法院采信。建议用人单位收集第三方提供的材料，如报警出警记录，必要时可向公安机关调取相关材料，这类证据往往能够得到法院采信。

此外，用人单位还要考虑事件的情节是否达到了严重违纪可以解除劳动合同的程度，例如前述案件中，用人单位主张对性骚扰行为实行"零容忍"，一旦发现立即解雇，但实践中有法院认为仍需考虑违纪的程度，如果违纪情节较轻，且员工也有悔改行为，或已经取得了对方的谅解，则断然解雇不具有合理性。

■■■ 拓展问题：女职工"隐孕"入职的问题

［关联案例］

案例 11-3　劳动者"隐婚""隐孕"入职，用人单位解除劳动合同违法

丽丽于 2017 年 4 月 7 日入职公司，岗位为人事行政专员，双方签订了书面劳动合同，合同期限为 2017 年 4 月 7 日至 2020 年 4 月 6 日，试用期为 3 个月，试用期月工资 3500 元，试用期满月工资 4000 元。

丽丽于 2017 年 4 月 23 日在医院检查，确认已怀孕，于 2017 年 6 月 9 日在医院进行超声检查，检查提示宫内妊娠约 13+ 周（3 月 9 日前怀孕）。

2017 年 6 月 14 日，公司解除与丽丽的劳动关系，并向丽丽邮寄送达了辞退通知书，辞退理由为：丽丽在应聘时提交的应聘信息登记表（A 面）及新员工入职申请表中"婚姻状况"所填写的内容与事实不符，严重违背相关法律法规及应聘信息登记表（A 面）及新员工入职申请表中关于资料真实性的约定条款。

丽丽向劳动仲裁委员会申请劳动仲裁，要求公司支付解除劳动关系赔偿金 20 万元。

该案经一裁二审，最终法院判决支持丽丽的诉求。

案例评析

1. 关于"隐婚""隐孕"入职员工解除劳动合同的问题

第二章"员工个人信息的合规管理"中提到过,《关于劳动人事争议仲裁与诉讼衔接有关问题的意见（一）》第十九条规定,用人单位因劳动者违反诚信原则,提供虚假学历证书、个人履历等与订立劳动合同直接相关的基本情况构成欺诈解除劳动合同,劳动者主张解除劳动合同经济补偿或者赔偿金的,劳动仲裁委员会、人民法院不予支持。

据此,本案中用人单位的解除劳动合同的理由似乎是合法合理的。但是,本案真正的问题不在于劳动者是否提交了虚假信息,而在于劳动者婚育的个人信息是否必须提供给公司。

《劳动合同法》第八条规定,用人单位有权了解劳动者与劳动合同直接相关的基本情况,劳动者应当如实说明。依照上述规定,劳动者的告知义务是附条件的,只有在用人单位要求了解的是劳动者与劳动合同直接相关的基本情况时,劳动者才有如实说明的义务。劳动者与劳动合同直接相关的基本情况一般应包括健康状况、知识技能、文化程度、工作技能、工作经历、职业资格等。劳动者不如实说明上述情况可能构成重大误解甚至构成欺诈、构成对用人单位知情权的侵害。但劳动者的婚姻状况明显与劳动合同没有直接联系,且该信息属于个人敏感信息,用人单位如需收集则应当取得劳动者的单独书面同意。故公司以丽丽入职时"婚姻状况"所填写的内容与事实不符为由辞退丽丽,不符合法律规定的公司可以解除劳动合同的情形,属于违法解除劳动合同,应向丽丽支付解除劳动合同的赔偿金。

2. 关于女职工"隐孕"入职后,造成社会保险缴费月份不足的问题

因为支付生育待遇实际是用人单位的法定义务,如果劳动者入职即怀孕生育,造成用人单位即使依法缴纳了社会保险费,但因缴费月份不满足发放生育津贴条件的,用人单位仍应发放产假工资。

合规建议

对于女职工的管理是最能体现用人单位"善良管理"实践成果的。用人单位应遵守相关法律法规,保障女职工的特殊权利。

■ ■ ■ 拓展问题：用人单位可否与"三期"女职工协商解除劳动合同？解除后发现怀孕可以反悔吗

［关联案例］

案例 11-4　女职工与用人单位协商解除劳动合同后发现怀孕，反悔要求赔偿金

2011 年 6 月 1 日，韦某入职一家公司，工作岗位为操作工。

2018 年 3 月 5 日，双方签订解除劳动合同协议书。

2018 年 3 月 14 日，韦某通过医院检查确定，其在 2018 年 1 月底已怀孕。

随后，韦某申请劳动仲裁，认为其在怀孕期间，公司解除劳动合同属违法解除，要求公司支付违法解除劳动合同的赔偿金及孕产期、哺乳期的相关待遇。

该案经法院审理，最终驳回了韦某的诉求。

案例评析

该案实际涉及两个常见的争议问题：一是用人单位与"三期"女职工协商解除劳动合同的有效性，二是离职后发现有解雇保护的情形可否反悔。

1. 单位能否与"三期"女职工协商解除劳动合同

根据前述分析，"三期"女职工的解雇保护仅存在于"无过错解雇"及"经济性裁员"两种情形中，法律并未禁止用人单位以"过失性解雇"为由解除劳动合同，也未禁止双方协商一致或者劳动者主动解除劳动合同，所以本案中，双方签订的解除劳动合同协议书有效。

2. 签订解除劳动合同协议后是否可以撤销

《民法典》第一百四十七条规定，基于重大误解实施的民事法律行为，行为人有权请求人民法院或者仲裁机构予以撤销。

最高人民法院《关于适用〈中华人民共和国民法典〉总则编若干问题的解释》第十九条规定，行为人对行为性质、对方当事人或者标的物的品种、质量、规格和数量等的错误认识，按照通常理解如果不发生该错误认识行为人就不会作出相应意思表示的，

人民法院可以认定为民法典第一百四十七条规定的重大误解。

《劳动争议司法解释（一）》第三十五条规定，劳动者与用人单位就解除或者终止劳动合同办理相关手续、支付工资报酬、加班费、经济补偿或者赔偿金等达成的协议，不违反法律、行政法规的强制性规定，且不存在欺诈、胁迫或者乘人之危情形的，应当认定有效。前款协议存在重大误解或者显失公平情形，当事人请求撤销的，人民法院应予支持。

实践中，当事人请求撤销解除劳动合同协议的情形常见于劳动者递交辞职报告或签订离职协议后，偶然发现自己在离职前存在怀孕、生病、工伤等解雇保护的情形，遂以重大误解为由向单位要求撤销离职协议。

所以，该类案件中最为关键的问题就是对"重大误解"的理解和适用，但这个问题不论是在学界还是在实践中都存在分歧。

一种观点认为，离职后发现怀孕而反悔的行为属于动机错误，不属于重大误解。所谓动机错误，即行为人的意思表示与其行为不一致。比如你以为家里的扫地机器人不见了，你在商城里又买了一个新的后发现扫地机器人在你儿子的玩具堆里，你说这是重大误解要求商城退货，商城能给你退吗？同理，如果劳动者签订离职协议后再以怀孕为由主张撤销离职协议，就属于动机错误，不属于重大误解可撤销的情形。

另一种观点认为，根据最高人民法院《关于适用〈中华人民共和国民法典〉总则编若干问题的解释》第十九条规定的"按照通常理解如果不发生该错误认识行为人就不会作出相应意思表示"，鉴于女性怀孕的反应因人而异，韦某在3月14日的医院检查中才得知1月底怀孕的可能性不能排除，而且从一般人的角度来看，知道自己怀孕且能够享受一系列的孕产期待遇的情况下，主动辞职或协商解除劳动合同而不要求任何补偿的可能较低，符合重大误解可撤销的情形。

笔者认为，根据最高人民法院《关于适用〈中华人民共和国民法典〉总则编若干问题的解释》第十九条的规定，"错误认识"是指对行为性质的认识错误，而非对价值的认识错误，比如劳动者提出协商解除劳动合同，单位误以为协商解除均要支付"N+1"，遂在离职协议中承诺支付。用人单位在履行协议后咨询律师才知道，原来自己无须向劳动者支付补偿，用人单位这种对于法律的错误理解属于个人的价值判断错误，不属于重大误解。同理，本案中韦某作为一个有完全民事能力的人，在签署协议时，应当对于自己的生理和生活情况非常了解，韦某离职后发现怀孕而反悔的行为，实际也是对价值的认识错误，不属于"重大误解"。

上述分析仅为笔者个人观点，建议用人单位在办理员工离职的手续时事先审查员工是否处于"三期"、工伤、疾病等解雇保护期间。如员工执意离职的，也可在离职协议中对身体健康情况进行提示，如"本人知晓离职保护的相关权利，本人确认在离职时不存在怀孕、工伤、疾病等情形，本协议不存在任何欺诈、胁迫或乘人之危等导致协议无效的情形，也不存在重大误解、显失公平等导致协议可撤销的情形"。

■■■ 拓展问题：女职工的退休年龄 50 岁与 55 岁之争

[关联案例]

案例 11–5 女主管 50 岁"被退休"，获赔 46 万元

女职工李某在即将年满 50 周岁之际，公司要求李某办理退休手续，但李某认为自己的退休年龄应是 55 岁，拒绝办理退休手续。

公司便向李某发出了劳动合同终止通知书，以李某达到退休年龄为由终止了劳动合同，并注销了她的工作账号，让李某无法上班。

李某无奈，便自行去申办退休，然而社保局却认为李某还没达到退休年龄，不准予办理退休。

李某遂诉至劳动仲裁委员会，要求公司支付违法终止劳动合同的赔偿金。

最终，法院判决公司向李某支付赔偿金 467 700 元。公司不服提起上诉后，二审法院维持了一审判决。

案例评析

女职工的退休年龄是 50 岁还是 55 岁？

国务院在 1978 年出台的《国务院关于工人退休、退职的暂行办法》（国发〔1978〕104 号）和《国务院关于安置老弱病残干部的暂行办法》分别规定了工人和干部的退休条件。

《国务院关于工人退休、退职的暂行办法》第一条规定，全民所有制企业、事业单位和党政机关、群众团体的工人，符合下列条件之一的，应该退休。（一）男年满六十周岁，女年满五十周岁，连续工龄满十年的。（二）从事井下、高空、高温、特别繁重体力劳动或者其他有害身体健康的工作，男年满五十五周岁、女年满四十五周岁，连续工龄满十年的。本项规定也适用于工作条件与工人相同的基层干部。（三）男年满五十周岁，女年满四十五周岁，连续工龄满十年，由医院证明，并经劳动鉴定委员会确认，完全丧失劳动能力的。（四）因工致残，由医院证明，并经劳动鉴定委员会确认，完全丧失劳动能力的。

《国务院关于安置老弱病残干部的暂行办法》第四条规定，党政机关、群众团体、企业、事业单位的干部，符合下列条件之一的，都可以退休。（一）男年满六十周岁，女年满五十五周岁，参加革命工作年限满十年的；（二）男年满五十周岁，女年满四十五周岁，参加革命工作年限满十年，经过医院证明完全丧失工作能力的；（三）因公致残，经过医院证明完全丧失工作能力的。

综合起来看，退休年龄就是男职工年满 60 周岁，女工人年满 50 周岁，女干部年满 55 周岁。女职工何时退休要看"身份"。

1995 年《劳动法》出台后，原劳动部出台了《关于贯彻执行〈中华人民共和国劳动法〉若干问题的意见》（劳部发〔1995〕309 号），该意见第 46 条规定，关于在企业内录干、聘干问题，劳动法规定用人单位内的全体职工统称为劳动者，在同一用人单位内，各种不同的身份界限随之打破。应该按照劳动法的规定，通过签订劳动合同来明确劳动者的工作内容、岗位等。用人单位根据工作需要，调整劳动者的工作岗位时，可以与劳动者协商一致，变更劳动合同的相关内容。第 75 条规定，用人单位全部职工实行劳动合同制度后，职工在用人单位内由转制前的原工人岗位转为原干部（技术）岗位或由原干部（技术）岗位转为原工人岗位，其退休年龄和条件，按现岗位国家规定执行。也就是说，劳动法颁布后，女职工何时退休不看"身份"，而是看实际"岗位"，退休前在干部（技术）岗位的 55 岁退休，退休前在工人岗位的 50 岁退休。

在这套体制运行后，又产生了不少问题。比如，一个女职工长期在管理岗位上工作，临退休退居二线，变成了工人岗位，或者内退了，应该按工人退休还是干部退休呢？再比如，有些岗位也说不清是干部（技术）岗位还是工人岗位，或者二者都是，又该如何判断？

对于第一个问题，2006 年发布的《湖南省关于完善企业职工基本养老保险制度若干政策问题的意见》（湘劳社政字〔2006〕13 号）明确规定，（十）女职工退休年龄的确定。经人事行政主管部门审批录用为干部的女职工，退休年龄为 55 周岁。《劳动法》实施前参加工作的女工人和《劳动法》实施后参加工作的女职工，以其长期所在岗位确定退休年龄。长期在管理岗位上工作的，退休年龄为 55 周岁；长期在生产岗位上工作的，退休年龄为 50 周岁。凡在本单位担任一定行政管理职务或未直接从事本单位生产产品活动或不直接从事本行业一线生产、服务、工勤岗位工作的，都按从事管理岗位确定。职工在管理岗位的累计工作时间大于在生产岗位的累计工作时间即为长期在管理岗位工作，退休年龄应为 55 周岁；反之，即为长期在生产岗位工作，退休年龄为 50 周岁。企业职工退养或待岗、下岗期间，不计算在岗工作时间。

湖南省人力资源和社会保障厅在 2015 年出台了《关于完善城镇企业职工基本养老保险参保人员退休审批工作的通知》（湘人社发〔2015〕4 号），对相关问题进行了补充规定。该通知明确规定：二、女职工退休年龄确定。女职工按湘劳社政字〔2006〕13 号文件确定退休年龄时，用人单位应提供本单位岗位认定资料或证明材料，以及女职工在职时所属岗位性质。因关闭、破产、改制而被解除或终止劳动关系的原国有企业女职工，被解除或终止劳动关系前已按统一政策参保缴费（不含以灵活就业人员身份一次性补缴人员）、被解除或终止劳动关系后以灵活就业人员身份接续养老保险关系且缴费 5 年以上的，经本人申请，在年满 50 周岁时可以办理退休。被解除或终止劳动关系时已超过 45 周岁的原关闭破产改制国有企业女职工，在被解除或终止劳动关系后以灵活就业人员身份接续养老保险关系且未中断缴费的，经本人申请，也可在年满 50 周岁时办理退休。符合上述条件且已年满 50 周岁而尚未退休的，自本通知执行之日起可申请退休，以办理退休审批手续的当月作为退休时间，并从办理退休手续后的次月起发放基本养老金。

关于女职工的岗位性质到底如何判断，笔者检索了湖南省相关判例。相关判例基本上遵循了谁主张谁举证的原则，但有些案件中，女职工的岗位的确难以判断是否属于干部（技术）岗位，法院也可能以现有证据及日常生活经验进行判断。

合规建议

在 2008 年《劳动合同法》实施以后，法律对于用人单位与员工之间的问题，主要以自主用工、平等协商的原则进行处理。建议用人单位应当在劳动合同或规章制度中明确约定或规定岗位的性质（干部岗位或工人岗位），避免发生劳动争议。

　　另外，鉴于人社部门、法院对于该问题的观点不一致，很可能出现到了退休年龄办不了退休、无法领取养老金的情形，建议此时的用工使用商业保险来分散风险。

第十二章

医疗期员工的合规管理

病假，是用人单位给予员工最基本的人权保障，而病假同时也关系到用人单位的工作经营安排，这其中存在着个人权利与用人单位管理的冲突，稍微处置不当，极易引发劳动争议，甚至可能给用人单位造成形象损失。

关于病假的争议，比如病假待遇、医疗期期限、医疗期满的处理、劳动能力鉴定、医疗补助费等，每一个问题在实践中都有不同的观点及判例，还有更加疑难的"泡病假""个人隐私保护"等问题，让病假管理成了用人单位假期管理中最为头疼的难题。

【合规实务指引】

一、医疗期与病假

实践中，很多 HR 将医疗期与病假的概念混为一谈，在实际管理中也未做区分，给用人单位带来相当大的合规风险。

[关联案例]

案例 12-1　用人单位未批准病假，员工是否就不享受医疗期

2015 年的劳动节当天，已经到了知天命之年的老周到某公司干起了保安，工资待遇为当地最低的工资水平，公司也没有为他缴纳社会保险费。

2018 年 6 月 3 日，老周在工作中突发脑溢血，同事将他紧急送往了市中心医院抢救，所幸并无大碍，老周在医院治疗了大半个月后就出院回家休养了。

2018 年 7 月 16 日，在家休养的老周突然收到公司寄出的解除劳动合同通知书，通知书上写着，老周医疗期满后不能从事原工作，也不能从事另行安排的工作，所以公司解除双方的劳动合同，公司为老周结算工资至 2018 年 6 月 30 日，并补偿老周一个月工资的经济补偿金。

2018 年 7 月 31 日，老周申请劳动仲裁、经历了法院一审、二审，2020 年 8 月底高级人民法院出具了再审裁决，人民法院认为，《企业职工患病或非因工负伤医疗期规定》第二条规定："医疗期是指企业职工因患病或非因工负伤停止工作治病休息不得解除劳动合同的时限。"第三条规定："企业职工因患病或非因工负伤，需要停止工作医疗时，根据本人实际参加工作年限和在本单位工作年限，给予三个月到二十四个月的医疗期：（一）实际工作年限十年以下的，在本单位工作年限五年以下的为三个月；五年以上的为六个月。"

从上述规定来看，医疗期并不以职工申请休病假为前提。公司主张老周未主动申请病假而不享有医疗期的理由，不能成立。

老周于 2015 年 5 月 1 日入职公司，于 2018 年 6 月 3 日患病，在公司工作不满五年。老周未举证证明其实际工作年限，故原审法院认定其医疗期为 3 个月并无不当。公司在老周的医疗期内以"患病或非因公负伤，医疗期满后不能从事原工作，也不能从事另行安排的工作"为由解除劳动关系，违反《劳动合同法》相关规定。依据该法第四十八条"用人单位违反本法规定解除或者终止劳动合同，劳动者要求继续履行劳动合同的，用人单位应当继续履行；劳动者不要求继续履行劳动合同或者劳动合同已经不能继续履行的，用人单位应当依照本法第八十七条规定支付赔偿金"之规定，老周有权要求公司支付经济赔偿金。

由以上案例可知，医疗期与病假是两个既互相联系又有区别的概念，HR务必掌握，否则极易导致合规风险。

（一）何为医疗期

根据《企业职工患病或非因工负伤医疗期规定》，医疗期指劳动者因患病或非因工负伤停止工作治病休息的期间，且医疗期的期限长短是法定的，用人单位无权自行设置，劳动者享受医疗期待遇也无须单位批准。

《劳动合同法》第四十二条还规定，劳动者在规定的医疗期内的，用人单位不得以非过失性及经济性裁员的事由解除劳动合同。

因此，医疗期实质是一种法定的解雇保护期。

（二）何为病假

就普通人而言，病假相对于医疗期更容易理解。现实中，用人单位一般是依据劳动者提供的医院诊断证明、病休证明等材料决定是否批准病假，即病假的期限与劳动者的实际病情相关，用人单位有权进行批准或不批准的管理。

因此，病假更多是一种医学上、生理上的概念。

由此可见，从法律性质、法律根据、法律期限、效果规定等方面来看，医疗期与病假都有区别（见表12-1）。

表 12-1　病假与医疗期的区别

不同点	病假	医疗期
性质	医学概念、生理概念	法律概念
根据	根据病情，并以医疗机构的诊断建议为准	根据工龄计算
期限	不固定	固定
效果	单位批准	单位审批权、单方解除权受限

但事实上，在多数情况下医疗期与病假是存在重合的，即医疗期是以病假为基础的，但不是所有的病假都是医疗期。

例如，员工小王因病请假，则病假起始日也为医疗期起始日。如根据法律规定，小王可享受 3 个月的医疗期，那么小王在医疗期将受到解雇保护，单位无权不批病假且小王有权享受病假工资待遇。

如果小王请病假期限超过 3 个月的医疗期期限，那么对于超出部分，用人单位可以自行决定是否批准，此时，用人单位可要求小王返岗上班，如果小王无法坚持工作而继续请病假，单位即可依据《劳动合同法》第四十条的规定对小王进行调岗、解除劳动合同。

二、医疗期的期限计算

实践中，因为用人单位医疗期计算错误而产生的纠纷案件并不鲜见。从目前的法律规定来看，对于医疗期期限的确定与计算方式仍然适用《企业职工患病或非因工负伤医疗期规定》及《关于贯彻〈企业职工患病或非因工负伤医疗期规定〉的通知》的规定。

（一）医疗期如何在周期内循环计算

《企业职工患病或非因工负伤医疗期规定》第四条规定：医疗期三个月的按六个月内累计病休时间计算；六个月的按十二个月内累计病休时间计算；九个月的按十五个月内累计病休时间计算；十二个月的按十八个月内累计病休时间计算；十八个月的按二十四个月内累计病休时间计算；二十四个月的按三十个月内累计病休时间计算。

例如小李大学毕业后入职 A 公司，工作了 3 年后，于 2022 年 3 月 4 日开始休病假。

那么，根据法律规定，小李的医疗期可以确定为 3 个月，医疗期的计算时间为病休第 1 天起六个月内的累计休假时间，即 2022 年 3 月 4 日至 2022 年 9 月 4 日之间的累计休假时间。

如果小李连续请 3 个月病假，则其医疗期于 6 月 4 日届满，假如小李在 2022 年 9 月 4 日后再次申请病休，则重新核定医疗期。

如果小李是间断请病假，则在 2022 年 9 月 4 日前累计病休时间达到 3 个月时，其医疗期届满，9 月 4 日后再次申请病休时，重新核定医疗期。

在上例中，假如小李在 A 公司工作了 3 年，但其在入职 A 公司前已经在其他用人单位工作了 11 年。那么，根据法律规定，小李的医疗期可以确定为 6 个月，医疗期的计算时间为病休第 1 天起十二个月内的累计休病假时间，即 2022 年 3 月 5 日至 2023 年 3 月 4 日之间的累计休病假时间。

如果小李连续请 6 个月病假，则 9 月 4 日医疗期届满，如其在 2023 年 3 月 4 日后再次申请病休，则重新核定医疗期。

如果小李是间断请病假，则在 2023 年 3 月 4 日前累计病休时间达到 6 个月时，医疗期届满，2023 年 3 月 4 日后再次病休时，重新核定医疗期。

用人单位应正确理解医疗期期限的规定（见表 12–2），并妥善保存劳动者每次休病假的相关材料，避免因此导致的用工风险。

表 12–2　医疗期计算表

实际参加工作年限	本单位工作年限	享受医疗期期限	累计周期
10 年以下	5 年以下	3 个月	6 个月
	5 年以上	6 个月	12 个月
10 年以上	5 年以下	6 个月	12 个月
	5 年以上 10 年以下	9 个月	15 个月
	10 年以上 15 年以下	12 个月	18 个月
	15 年以上 20 年以下	18 个月	24 个月
	20 年以上	24 个月	30 个月

注：1. 医疗期的计算是从病休第一天开始计算，满 30 日为一个月。

2. 上海地区计算医疗期期限有所不同，其计算为劳动者在本单位工作第 1 年，医疗期为 3 个月。以后工作每满 1 年，医疗期增加 1 个月，但不超过 24 个月，且无累计计算周期的限制。

3. 对于实际参加工作年限的确认，参见本书第八章"带薪年休假的合规管理"。

4. 医疗期包含公休日、法定节假日。

现实中，医疗期的相关法律仍不够完善，故对于医疗期期限的计算仍存在很多疑难问题。

（二）跨档休病假如何计算医疗期

根据表 12–2 可知，医疗期期限根据劳动者工龄的不同而分为不同的档次，如劳动者的工龄在 5 年以下的，医疗期为 3 个月；劳动者工龄在 5 年以上 10 年以下的，医疗期为 6 个月。

在实务中，将不可避免地出现这样的情形，即劳动者在 5 年以下工龄时开始休病假，在休假过程中，其工龄达到 5 年以上，此时应如何计算医疗期期限呢？

对此，法律并没有更加细致的规定，司法实践中主要有三种观点。

观点一：按病假起始日确定的医疗期期限为准，在休假过程中，即使工龄发生变化，本次医疗期的期限不变。

观点二：在休假过程中，因工龄发生变化而跨档的，医疗期起始日不变，但按跨档后的标准延长医疗期。

观点三：在休假过程中，因工龄发生变化而跨档的，分段计算医疗期期限。

以上观点在司法实践中均有实际案例，但这并不能说明是某地的固定裁判倾向，法院会根据个案的不同情况而采信更为合理的观点。所以，建议用人单位在劳动者开始病休时，与其事先以医疗期协议、医疗期通知等书面形式确定医疗期的期限及待遇，以避免后期因观点不同而引发争议。

推荐范本 12-1

员工医疗期通知书

_____:

　　您的实际参加工作年限为_____年，在本公司的工作年限为_____年。

　　公司已于_____年_____月_____日收到您提交的病假申请单，现公司根据您的工龄及病假材料，依法给予您_____个月的医疗期，自_____年____月____日至_____年____月____日，如您在中途痊愈回岗上班，以实际为准。

　　在上述医疗期内，您可依法享受公司发放的医疗期待遇，即某市最低工资标准的80%，且社会保险费、公积金个人应缴部分从医疗期待遇中扣除。

　　医疗期满，您应按时返岗上班，如您仍需继续休病假，则视为不能从事原工作。

三、医疗期待遇的安排

劳动者医疗期的待遇主要是医疗期工资、医疗补助费两项。关于医疗补助费，可参见第十三章"特殊疾病员工的合规管理"，这里主要阐述医疗期工资的问题。

> 根据《关于贯彻执行〈中华人民共和国劳动法〉若干问题的意见》第59条规定，职工患病或非因工负伤治疗期间，在规定的医疗期间内由企业按有关规定支付其病假工资或疾病救济费，病假工资或疾病救济费可以低于当地最低工资标准支付，但不能低于最低工资标准的80%。

上述规定中提到了"病假工资"与"疾病救济费"两种费用，实际上这都属于医疗期工资，之所以有这两种名称，源于《中华人民共和国劳动保险条例》（以下简称《劳动保险条例》）。

> 《劳动保险条例》第十三条乙款规定：工人与职员因病或非因工负伤停止工作医疗时，其停止工作医疗期间连续在六个月以内者，按其本企业工龄的长短，由该企业行政方面或资方发给病伤假期工资，其数额为本人工资百分之六十至百分之一百；停止工作连续医疗期间在六个月以上时，改由劳动保险基金项下按月付给疾病或非因工负伤救济费，其数额为本人工资百分之四十至百分之六十，至能工作或确定为残废或死亡时止。详细办法在实施细则中规定之。

由于《劳动保险条例》颁布时间久远（1951年颁布，1953年修正），且现在已不存在"劳动保险基金"，所以目前的司法实践中法院裁判时普遍不再参照适用《劳动保险条例》的规定，区分"病假工资"与"疾病救济费"的支付主体，而是认为劳动者的医疗期工资应全部由用人单位承担。

对于医疗期工资的具体金额，全国各地的政策虽不一样，但对于支付标准不低于最低工资标准的80%是一致的，故用人单位在制定病假制度时应注意病假工资不得低于法定下限。

四、医疗期满后的处理

根据《劳动合同法》第四十条的规定，劳动者在规定的医疗期满后不能从事原工作，也不能从事由用人单位另行安排的工作的，用人单位可以提前三十日以书面形式通知劳动者本人或者额外支付劳动者一个月工资后解除劳动合同。

根据上述规定，我们可以提炼出 3 个关键条件：一是"医疗期满"，二是"不能从事原工作"，三是"也不能从事由用人单位另行安排的工作"。在实践中，这些条件的成就均需要用人单位来举证证明，所以，这就需要用人单位设置一整套病假管理流程。

（一）流程的确定

1. 劳动者在医疗期满后，用人单位应通知其返岗。

2. 无法返岗的，需通知其调岗。

3. 仍无法到岗的，在考虑是否罹患特殊疾病的前提下可通知其进行劳动能力鉴定。

4. 视鉴定结果进行相应的处理（被鉴定为一至四级的，用人单位可以给劳动者办理因病或非因工负伤退休退职手续，此时劳动者可享受相应的退休退职待遇；被鉴定为五至十级或不构成等级的，用人单位可以解除劳动合同，按规定支付经济补偿即可）。

（二）制度的确定

1. 将劳动者在医疗期满需继续休病假的情形定性为"不能从事原工作"；

2. 将拒绝调岗或收到调岗通知后继续休病假的情形定性为"也不能从事由用人单位另行安排的工作"。

此外，这里还需要注意调岗合理性的问题，具体请参见第十六章"劳动者单方解除劳动合同的合规管理"中"调岗的合规管理"相关内容。

推荐范本 12-2

医疗期满复工通知

×× ：

您因身体原因从 2022 年 × 月 × 日起休病假，到 2022 年 × 月 × 日，

您已累计病休 × 个月，根据法律规定，您的医疗期已届满，现特通知您于 2022 年 × 月 × 日起复工。

您可以选择复工的安排：

1. 原岗位、原待遇不变；

2. 根据您的身体情况，依据相关规定，公司可安排您先到与您身体状况相适应的 ×× 岗位上班，相关待遇不变。

为配合部门的工作安排，请您 2022 年 × 月 × 日前书面反馈你的身体状况是否能复工及岗位选择。

推荐范本 12-3

员工医疗期满进行劳动能力鉴定通知书

鉴于您的医疗期已届满，公司已于 2022 年 × 月 × 日向您送达《医疗期满复工通知》，要求您于 2022 年 × 月 × 日起返岗工作，因您提出继续请病假，无法坚持从事原岗位工作，也不能从事公司另行安排的工作。

鉴于此，为配合部门的工作安排，请您 2022 年 × 月 × 日前申请劳动能力鉴定，否则视为放弃鉴定，公司有权依法单方解除劳动合同。

注：如果您被鉴定为一级至四级，您应当退出劳动岗位，双方终止劳动关系，根据政府规定办理退休、退职手续，享受退休、退职待遇；如果您被鉴定为五级至十级，公司将依法单方解除劳动合同，并支付相应的经济补偿金。

五、"虚假病假"的管理

（一）"虚假病假"的常见情形

用人单位在进行病假管理的过程中，除了确定工龄、劳动者的病情是否属于特殊疾病、医疗期期限、医疗期待遇等问题，最为头疼的还是"虚假病假"的情形。

所谓"虚假病假"，是指劳动者提交了虚假的病假材料谎称自己患病，从而不用付出劳动即可取得病假工资；或者虽然提交了真实病假材料，却在病假期间从事与休病假无关的活动。无论是哪种形式的"虚假病假"，均会损害用人单位及其他员工的合法利益。

"虚假病假"的劳动者一般有这么几类情况：一是临近退休的劳动者，经常请长病假逃避上班；二是想出去玩或做私活儿的，比如利用病假进行兼职或出去旅游；三是跟用人单位有矛盾的，比如劳动者对用人单位对其调岗调薪不同意，就以请病假对抗；四是想拿到高额补偿的，比如劳动者想离职，但主动辞职没有补偿，所以利用长期病假迫使单位提出解除劳动合同。

（二）对员工"虚假病假"的应对

1. 病假期间从事兼职、旅游等行为的

此类情形虽然比较容易判断，但如果直接以此证明劳动者"虚假病假"存在风险。实践中，有观点认为，劳动者在其病假期间开展任何活动都是个人的自由，用人单位无权进行管理；也有观点认为，劳动者在病假期间从事非养病的活动，有违诚信原则，属于严重违纪。

在实践中，用人单位判断员工是否存在虚假病假不能"一刀切"，而是应从其进行的活动本身是否有益于恢复病情的角度进行准确判断，这也完全符合本书提倡的"善良管理"理念。例如以下两个真实案例中，员工均在病休期间进行与休病假无关的活动，处理结果却不同。

案例之一的员工甲因抑郁症休病假，在其休病假期间，公司发现该员工在微信朋友圈晒海边游玩的照片，便以员工甲虚假病假为由解除了劳动合同。该案中法院认为，根据员工甲的实际病情，外出游玩有利于其恢复健康，并不违反病休的目的，故判决用人单位违法解除。

案例之二的员工乙因病休假，公司发现该员工在休假期间参与微商活动而解除了劳动合同，此案中法院认为，员工不遵守诚实信用原则，违反了基本的职业道德，单位解除劳动合同合法。

2. 员工提交虚假病假材料

一般来说，劳动者休病假都会提供医院开具的病休证明。病休证明中医师的签名或盖章的真伪，可在国务院官网查询医师信息或到开具假条的医院核实。但有的人可能利用个人的人际关系，找医师开具虚假病休证明，这种情况下，用人单位就很难证明其病休材料是虚假的。

对此，建议用人单位从以下几个方面进行病假管理制度的合规处理。

（1）明确员工休病假的审批流程及需要提交的材料。如要求员工除了提交病休证明，还应当提交就医挂号单、病历本、医疗费发票等附属材料，但这里需注意个人信息保护的问题，尽量缩小材料收集范围，只要材料能够真实反映员工生病、去往医院治疗的事实即可。

（2）对员工明确虚假病假的后果。比如规定虚假病假属于诚信类的严重违纪行为，用人单位有权解除劳动合同，并要求员工返还病假工资。这在一定程度上可对劳动者形成威慑。还应注意，有部分用人单位规定虚假病假按事假处理，但并未将此行为定性为违纪，如果用人单位因此解雇员工，将可能被认定为违法解除劳动合同。

（3）制定病假复核程序。规定用人单位在对病假有合理怀疑的情况下（比如发现员工在病休期间从事其他活动、缺少必要的病休证明等），有权要求员工去指定的医院进行病情复核，并规定"员工拒绝复核的，不认可病假，按旷工处理"。

（4）确定病假工资的标准。根据前述，法定的病假工资标准很低，但法律仅规定"不低于"该标准，故用人单位仍应提前对具体金额进行约定。如此，从经济成本的角度也可有效降低"虚假病假"的可能性。

第十三章

特殊疾病员工的合规管理

《关于贯彻〈企业职工患病或非因工负伤医疗期规定〉的通知》规定：对某些患特殊疾病（如癌症、精神病、瘫痪等）的职工，在 24 个月内尚不能痊愈的，经企业和劳动主管部门批准，可以适当延长医疗期。

笔者作为兼职劳动仲裁员，曾审理了多起因特殊疾病引起的劳动争议，该类案件的争议焦点往往集中在何为特殊疾病、特殊疾病职工的医疗期是否当然为 24 个月、24 个月后仍不能痊愈的病假是否需要单位审批、医疗期工资标准等方面，这些问题在实践中仍存在诸多争议。

【合规实务指引】

一、哪些疾病属于特殊疾病

《关于贯彻〈企业职工患病或非因工负伤医疗期规定〉的通知》中仅列举了三类特殊疾病，即癌症、精神病、瘫痪。现实中，因为劳动者个体身体情况不一，病症本身可能也存在医学上的争议，所以极难分辨劳动者是否属于特殊疾病。下面以长沙市的司法实践为例进行说明。

（一）癌症

一般人们所说的癌症泛指所有恶性肿瘤。

在司法实践中，如果医院诊断证明中描述的诊断结果为"某某癌"或"恶性肿瘤"等，人民法院一般将认定为特殊疾病。

[关联案例]

案例 13-1　劳动者患甲状腺癌，属特殊疾病，享受 24 个月的医疗期

芳芳自 2013 年 9 月 16 日至 2017 年 10 月 10 日工作于某幼儿园，担任保育员。2016 年 12 月 28 日，芳芳被确诊为甲状腺癌，进行了甲状腺全切手续，入院治疗时间为 2016 年 12 月 28 日至 2017 年 1 月 7 日，出院医嘱"带药回家促进治疗恢复、定期门诊复查明确恢复情况"。术后恢复治疗期间，双方就芳芳上岗事项进行多次沟通，2017 年 1 月 15 日病假结束后，芳芳亦未办理相应请假手续。

2017 年 9 月 26 日，该幼儿园向芳芳邮寄通知函要求芳芳上班，通知函载明："因你自 1 月 15 日病假结束后未到岗上班，也未办理相关请假手续，幼儿园按照长沙市最低工资标准 2017 年 1 月—6 月向你发放 1580 元工资，并为你缴纳"五险"至 2017 年 9 月。请你自收到通知之日起七个工作日内到岗，否则将按旷工作辞退处理。"

同年 10 月 10 日，某幼儿园出具关于解除芳芳劳动关系的通知函，通知函载明："你因个人生病，自 2017 年 1 月 16 日起未办理任何请假手续并未来园上班，严重违反幼儿园教职工请假的规章制度，从 2017 年 10 月 10 日起解除你与幼儿园的劳动关系。"

芳芳就此向劳动仲裁委员会申请劳动仲裁，请求裁决某幼儿园支付违法解除劳动关系的赔偿金 24 962.4 元。

人民法院认为，依据《关于贯彻〈企业职工患病或非因工负伤医疗期规定〉的通知》的规定，"根据目前的实际情况，对某些患特殊疾病（如癌症、精神病、瘫痪等）的职工，在 24 个月内尚不能痊愈的，经企业和劳动主管部门批准，可以适当延长医疗期"。芳芳在职期间被确诊为癌症，属于特殊疾病，其享受 24 个月的医疗期符合上述规定，双方劳动合同期限应自动延续至医疗期届满为止。幼儿园于 2017 年 10 月 10 日以芳芳未办理任何请假手续未来园上班、违反幼儿园规章制度为由解除与芳芳之间的劳动关系违反《劳动合同法》第四十二条之规定，应向芳芳支付自 2013 年 9 月 16 日至 2017 年 10 月 10 日在某幼儿园工作期间违法解除劳动合同的赔偿金 24 962.4 元（2773.6 元／月 ×4.5 个月 ×2 倍）。

（二）瘫痪

瘫痪的病症经常与某些疾病导致的运动受限，如帕金森病及其他疾病引起的肌强直或运动迟缓或因肢体疼痛不敢活动等难以区分。在司法实践中，对于认定劳动者罹患此类病症是否属于特殊疾病，往往属于法官自由裁量的范畴，法官可结合劳动能力鉴定的结果进行综合判断，如果鉴定为完全丧失劳动能力，则认定为特殊疾病的可能性较大。

［关联案例］

案例 13–2　劳动者突发疾病后偏瘫，未认定特殊疾病

2011 年 2 月，陈某入职某物业公司从事楼管员工作。2017 年 6 月 20 日陈某上晚班，次日早上 6 点左右被人发现昏倒在地上，随即被送至医院医治，住院治疗至 2017 年 8 月 13 日出院，出院诊断为：（1）脑梗死；（2）高血压三级极高危组；（3）冠心病；（4）2 型糖尿病；（5）高脂血症；（6）颈动脉动脉硬化；（7）脂肪肝。陈某出院之后处于偏瘫状态，生活不能自理，一直未能回公司上班。该物业公司自 2017 年 6 月 15 日之后也未再向陈某支付工资。

2017 年 11 月 14 日，该物业公司向陈某发出解除劳动关系通知书，通知称将于 2017 年 12 月 30 日终止双方之间的劳动关系，物业公司不再继续为陈某缴纳社会保险等相关费用。

之后，陈某向劳动仲裁委员会申请仲裁，请求该物业公司支付违法解除劳动关系的赔偿金 32 708.8 元、24 个月医疗期及病假工资，以及 6 个月医疗补助费和重病医疗补助费等 56 798.7 元。

此案经过一审二审，最终人民法院认为，陈某并未提供证据证明其所患疾病程度等同于癌症、瘫痪等特殊疾病，故对陈某主张医疗期为 24 个月的主张未予采信。本案中，陈某于 2010 年 5 月参加工作，2011 年 2 月入职该物业公司，2017 年 6 月 20 日患病，故陈某应享受的医疗期为 6 个月。

对于医疗补助费和重病医疗补助费，陈某主张所依据的劳动部《关于印发〈违反和解除劳动合同的经济补偿办法〉的通知》（劳部发〔1994〕481号）已被废止，且陈某的状况未经劳动鉴定委员会鉴定，不符合获得一次性医疗补助费和重病医疗补助费之法定条件，故不予支持。

（三）精神病

常见的精神病种类有功能性、器质性及躯体疾病所致的精神障碍、精神发育迟滞、人格障碍及性心理障碍等，具体病症如精神分裂症、躁狂症、抑郁症、偏执性精神病等。但对于精神疾病的确诊及病情轻重，即使在医学上也很难有一个非常严格或准确的标准，这就对用人单位的用工管理造成了相当大的困难。

[关联案例]

案例13-3　劳动者被诊断为焦虑抑郁状态，未认定特殊疾病

2011年6月22日，王某入职某餐饮公司，岗位为广告部经理，双方3年期限的劳动合同期满后又续签合同期限至2017年6月21日止。该餐饮公司员工手册中规定，"……2.公司正式员工每年享有3天带薪病假，此外的病假工资按本人日工资的60%扣除，但计发病假工资不低于本市最低工资标准的80%"。2016年1月25日、2月1日，王某两次以手机微信方式向餐饮公司请假，称其因情绪低落、烦躁被医院诊断为焦虑抑郁状态并开具了全休一周的诊断证明书，并称随后提交病假证明。2月7日至13日系春节法定假期。2016年2月14日至16日，王某未上班。2016年2月19日，该餐饮公司以王某2016年2月14日至16日旷工，严重违纪为由向王某发出解除劳动合同通知书，王某随后签收。

2016年5月，王某申请劳动争议仲裁，要求该餐饮公司支付违法解除劳动合同赔偿金、医疗费、年终奖、未休年休假工资、工资及交通、电话补贴。

此案经一审二审，最终人民法院认为，王某2016年1月提供的诊断证明书显示其为焦虑抑郁状态，但该焦虑抑郁状态不属于精神疾病，不属于医疗期相关规定中的"特殊疾病"情形，其主张公司不得在医疗期内解除劳动合同的理由不成立。故对王某要求餐饮公司支付违法解除劳动合同赔偿金及改判支付其工资及交通电话补贴的上诉请求，法院不予支持。

二、特殊疾病的医疗期期限

根据《关于贯彻〈企业职工患病或非因工负伤医疗期规定〉的通知》规定，对患特殊疾病的职工，在 24 个月内尚不能痊愈的，经企业和劳动主管部门批准，可以适当延长医疗期。

现实中，主要是对于本条规定的"24 个月内尚不能痊愈"有不同理解。如案例 13-1 中长沙市中级人民法院的观点，即认为只要劳动者罹患特殊疾病，直接可以享受 24 个月的医疗期（在 30 个月内循环计算），无须单位批准。但广东等地区也有观点认为，无论劳动者罹患何种疾病，均应遵循普通医疗期的规定。

笔者认为，如果用人单位对身患重症的劳动者进行过于严苛的管理，甚至因此产生纠纷，难免会影响劳动者的病情，而用人单位缺乏人文关怀的管理方式就显得不具有合理性，在此前提下做出的管理行为也难以取得审裁机关的认可，甚至也可能对用人单位的社会形象产生负面影响。所以，建议用人单位在对罹患特殊疾病员工的管理中，除了应当了解当地的具体规定及司法观点，还应遵循"善良管理"的原则，根据员工的实际病情进行妥善处理。

三、特殊疾病员工在医疗期满后的处理

一般情况下，劳动者医疗期满后，不能从事原工作，也不能从事由用人单位另行安排的工作的，用人单位可以解除劳动合同（见第十二章"医疗期员工的合规管理"），但对于罹患特殊疾病的劳动者，法律有着更为细致的要求。

> 《企业职工患病或非因工负伤医疗期规定》第七条规定：企业职工非因工致残和经医生或医疗机构认定患有难以治疗的疾病，医疗期满，应当由劳动鉴定委员会参照工伤与职业病致残程度鉴定标准进行劳动能力的鉴定。

实践中对上述规定的争议在于，用人单位依据《劳动合同法》第四十条解除与罹患特殊疾病的劳动者之间的劳动合同时，是否必须进行劳动能力鉴定，未进行劳动能力鉴定是否构成违法解除劳动合同。

根据湖南地区的司法实践，如果劳动者属于特殊疾病或存在伤残的，其医疗期期满后，用人单位除了应进行返岗催告、调整岗位（可参考第十二章"医

疗期员工的合规管理"的操作指引），如劳动者因疾病未愈仍需要休假的，用人单位不得直接依据《劳动合同法》第四十条解除劳动合同，否则有可能被认定为违法解除劳动合同。

笔者建议，用人单位应当先安排由劳动鉴定委员会参照工伤与职业病致残程度鉴定标准对劳动者进行劳动能力的鉴定。被鉴定为一至四级的，用人单位可以给劳动者办理因病或非因工负伤退休退职手续，此时劳动者可享受相应的退休退职待遇；被鉴定为五至十级或不构成等级的，用人单位可以解除劳动合同，按规定支付经济补偿即可。

当然，如果用人单位通知劳动者进行劳动能力鉴定而劳动者拒绝的，则可视为其放弃权利。用人单位应保留相关通知送达的书面材料。

四、特殊疾病员工离职的医疗补助费

一般情况下，罹患特殊疾病的劳动者在离职后都会主张医疗补助费，但在司法实践中，对于此项费用的支付条件、支付标准均存在一定的争议。

在各地关于医疗补助费的争议案件中，引用频率较高的法条主要出自以下两部规定。

> 《劳动部关于实行劳动合同制度若干问题的通知》（劳部发〔1996〕354号）第22条规定：劳动者患病或者非因工负伤，合同期满终止劳动合同的，用人单位应当支付不低于六个月工资的医疗补助费；对患重病或绝症的，还应适当增加医疗补助费。
>
> 《劳动部办公厅关于对劳部发〔1996〕354号文件有关问题解释的通知》规定：……《通知》第22条"劳动者患病或者非因工负伤，合同期满终止劳动合同的，用人单位应当支付不低于六个月工资的医疗补助费"是指合同期满的劳动者终止劳动合同时，医疗期满或者医疗终结被劳动鉴定委员会鉴定为五至十级的，用人单位应当支付不低于六个月工资的医疗补助费。鉴定为一至四级的，应当办理退休、退职手续，享受退休、退职待遇。

可见，支付医疗补助费有两个关键条件。

一是"合同期满终止"，这就意味着如果劳动合同是双方协商解除、单方解除或应其他原因终止的，即不满足享受医疗补助费条件。

二是"医疗期满或者医疗终结被劳动鉴定委员会鉴定为五至十级"，这就意味着如果劳动者在医疗期满或者医疗终结后没有进行劳动能力鉴定，或鉴定结果达不到五至十级的，即不满足享受医疗补助费条件。

据了解，湖南地区的司法实践中绝大多数案件遵循了上述规则，只要不满足上述两个要件之一，则不支持劳动者医疗补助费的请求。但这也并非绝对，如（2021）湘 01 民终 787 号案中，员工罹患宫颈癌，虽其在离职后未进行劳动能力鉴定，但人民法院依然在考虑该员工实际病情后，酌定公司向该员工支付 12 个月工资的医疗补助费。

所以，在劳动者罹患特殊疾病的情况下，用人单位应尽量进行人性化处理，在合理范围内担起用人单位应当承担的社会责任，酌情给予劳动者必要的帮助。

第十四章

工伤员工的合规管理

工伤事故一旦发生，用人单位将面临复杂的工伤员工管理环节，比如工伤事故的备案、工伤的认定、停工留薪期、劳动能力鉴定、工伤待遇的支付、工伤员工的解雇保护等。

除了这些正常处理流程，如果劳动者和用人单位在劳动关系是否存在、工伤是否成立及工伤待遇计算等问题上发生争议，用人单位还可能面临劳动仲裁甚至诉讼等合规风险。

本章对一般情况下用人单位需要掌握的工伤员工合规管理节点及流程进行阐述，帮助用人单位避免一些争议，在最短时间内解决各方的问题。

【合规实务指引】

一、工伤保险费的缴纳

本书在第五章"试用期的合规管理"中已详细分析了社会保险的挂靠、代缴、放弃等问题。除此之外，在工伤保险缴费的环节还存在一些容易被忽略的风险,如社会保险空档期。

《社会保险法》第五十八条规定:用人单位应当自用工之日起三十日内为其职工向社会保险经办机构申请办理社会保险登记。

现实中,有很多用人单位经常的操作模式是当月入职、次月办理社会保险登记,这样的操作看似并不违反 30 日内的法定时限要求,但殊不知,所谓 30 日实则为法律给予用人单位违法的最长宽限期,并非给予用人单位不缴社会保险的免责期限。比如在 2020 年 10 月发生在上海的一起工伤事件,某公司因工期紧张,加急招聘了操作工李某,李某当晚办好手续后正式入职到岗,工作两小时后猝死,事后,李某家属要求该公司给予一次性补偿 140 万元。这就是一起典型的反映社会保险空档期的事件。

[关联案例]

案例 14-1 劳动者在"社会保险空档期"发生工伤事故,用人单位申请工伤待遇被拒赔

2019 年 5 月 10 日,李某接受 A 人力资源公司的派遣到 B 公司担任中控员。

2019 年 5 月 15 日 7 时许,李某在中控室交接工作时突然晕倒,经抢救无效后死亡。根据居民死亡医学证明(推断)书记载,李某为猝死,死亡时间为 2019 年 5 月 15 日 9 时 16 分。

A 公司通过互联网为李某申请了社会保险增员(五险同增),申请操作时间为 2019 年 5 月 15 日 9 时 31 分。2019 年 8 月 6 日,人力资源和社会保障局作出认定工伤决定书,认为李某受到的事故伤害,符合《工伤保险条例》第十五条第 1 款第(1)项之规定,属于工伤认定范围,予以认定为视同工伤。2019 年 8 月 27 日,A 公司向社保中心口头申请李某的工伤待遇支付,包括一次性工亡补助金和丧葬补助金,社保中心未予核定支付。

后 A 公司于 2019 年 12 月 9 日向法院提起本案诉讼,要求社保中心履行职责,按照工伤赔偿标准向其支付李某的工伤待遇,包括丧葬补助金和一次性工亡补助金。

人民法院认为,根据《工伤保险条例》第一条的规定,工伤保险制度的制定目的是保障因工作遭受事故伤害或者患职业病的职工获得医疗救治和经济补偿,促进工伤预防和职业康复,分散用人单位的工伤风险。为了实现上述目的,该条例第二条规定用人单位负有参加工伤保险、为本单位职工缴纳工伤保险费的法定义务;第七条规定工伤保险基金由用人单位缴纳的工伤保险费、工伤保险基金的利息和依法纳入工伤保险基金的其他资金构成。用人单位为其职工参加工伤保险并缴纳工伤保险费，且职工是在缴费期间发生工伤事故，是社会保险经办机构从工伤保险基金中支付工伤保险待遇的前提条件。根据上述条例第六十二条的规定，如果职工系在用人单位未参加工伤保险期间发生了工伤事故，那么社会保险经办机构可以拒绝支付其工伤保险待遇。

　　本案中，李某死亡时 A 公司尚未为其办理参加工伤保险手续并缴纳工伤保险费，李某的视同工伤属于参加工伤保险前发生工伤事故的情形，社保中心对参保缴费前因工伤产生的费用不具有支付义务。因此，A 公司向社保中心提出核定支付李某的一次性工亡补助金和丧葬补助金的请求缺乏事实基础及法律依据。社保中心不予核准李某的一次性工亡补助金和丧葬补助金并无不当。

案例评析

　　该案例的关键点在于：发生工伤之后再补缴社会保险有没有用。

　　首先，如果用人单位没有缴纳工伤保险，那么依据《工伤保险条例》第六十二条第 2 款的规定，应当由用人单位按照条例规定的工伤保险待遇项目和标准支付费用，这是毫无疑问的。

　　其次，根据《工伤保险条例》第六十二条第 3 款的规定，如果用人单位在劳动者发生工伤事故后补缴了工伤保险及滞纳金，工伤保险基金应该支付"新发生的费用"。

　　《人力资源社会保障部关于执行〈工伤保险条例〉若干问题的意见（二）》第三条对"新发生的费用"进行了解释。

　　《工伤保险条例》第六十二条规定的"新发生的费用"，是指用人单位参加工伤保险前发生工伤的职工，在参加工伤保险后新发生的费用。其中由工伤保险基金支付的费用，按不同情况予以处理：

　　（一）因工受伤的，支付参保后新发生的工伤医疗费、工伤康复费、住院伙食补助费、统筹地区以外就医交通食宿费、辅助器具配置费、生活护理费、一级至四级伤残职工伤残津贴，以及参保后解除劳动合同时的一次性工伤医疗补助金；（二）因工死亡的，支付参保后新发生的符合条件的供养亲属抚恤金。

　　本案中，劳动者死亡时用人单位尚未为其办理工伤保险手续并缴纳工伤保险费，且其要求社会保险基金支付的丧葬补助金和一次性工亡补助金不属于《工伤保险条例》所规定的"新发生的费用"，所以社会保险基金无须支付，相关费用仍应由用人单位承担。

合规建议

1. 在招聘新员工时应核实其社会保险缴纳情况，尽量与其在原用人单位的社会保险实现无缝衔接。

2. 在员工入职的当日，甚至之前（可推迟新员工的到岗时间）为新入职的劳动者办理社会保险的备案手续、缴纳社会保险费。且为了引起 HR 的重视，用人单位可将办理社会保险的时间要求规定在 HR 的岗位职责及规章制度中。

3. 对发生在社会保险空档期的工伤事故，用人单位应第一时间进行社会保险的增员备案及补缴手续，以确保可获得"新发生的费用"的赔付，尽量减少损失。

4. 在社会保险空档期可通过购买雇主责任险来分散风险。

二、工伤认定的申请

根据《工伤保险条例》第十七条的规定，用人单位和劳动者均可以向当地社会保险行政部门申请工伤认定，但实践中，往往会出现二者没有及时申请工伤认定的情形，对此，笔者分情形进行如下分析。

（一）用人单位未在法定时限内为劳动者提出工伤认定申请

根据《工伤保险条例》第十七条的规定，职工在发生事故伤害时，用人单位应当自事故伤害发生之日起 30 日内向统筹地区社会保险行政部门提出工伤认定申请。用人单位未在本条规定的时限内提交工伤认定申请，在此期间发生符合本条例规定的工伤待遇等有关费用由该用人单位负担。

一般来说，一旦发生工伤事故，大多数医疗费用等均发生在前几个月，特别是首月，所以如果用人单位拖延申请认定工伤，将可能自行承担这笔费用。

现实中，某些用人单位因为缺乏合规意识，比如在劳动者上下班途中遭受交通事故伤害的，劳动者可能一开始只是申请病假，而用人单位也没考虑工伤，仅仅以病假进行处理，等到其反应过来时，已经超过法定的期限。当然，也有一些用人单位是因为其他原因刻意不去认定工伤，笔者以一起亲办案件为例。

某公司已为其员工依法缴纳社会保险费。某日，该公司一员工在上班途中发生交通事故。

该公司考虑到当地相关部门非常重视工伤的预防，而且公司发生工伤事故会影响其招投标以及一些优惠政策，决定与该劳动者进行"私了"。

劳动者在没有进行工伤认定和劳动能力鉴定的情况下同意了与公司"私了"，在几个月后，劳动者因为赔偿金额过低而反悔，申请认定工伤并被鉴定为工伤八级，而工伤保险服务中心也依据《工伤保险条例》第十七条的规定拒赔任何费用，劳动者又转而要求公司赔偿工伤待遇，双方就此产生纠纷。

在该起事件中，各方最大的矛盾不是公司该不该赔偿劳动者的工伤待遇，而是工伤保险服务中心拒赔任何费用的决定是否合法。具体来说，就是《工伤保险条例》第十七条规定的用人单位承担"在此期间的有关费用"到底是指哪个期间的哪些费用。

以类案判决为例。

［关联案例］

案例 14-2 一次性伤残补助金并不属于"在此期间的有关费用"，社会保险行政部门应予赔付

邓某生前系某投资公司职工，主要负责市场公共厕所的清扫工作。某投资公司于 2015 年 11 月 23 日至 2017 年 2 月 28 日为邓某参加了工伤保险。

2016 年 9 月 12 日，邓某完成清扫工作后骑车前往市场方向时，被一小车撞伤，造成肋骨骨折。2017 年 5 月 5 日，邓某以个人名义向人力资源和社会保障局提出工伤认定申请，该局于 2017 年 7 月 4 日作出认定工伤决定书，认定邓某受伤的情形属于工伤。2018 年 3 月 26 日，邓某经劳动能力鉴定委员会鉴定为伤残十级。

2018 年 4 月 20 日，该投资公司向市工伤保险管理处（以下简称"工保处"）出具《请求为邓某办理工伤保险待遇的函》，为邓某申请办理工伤保险待遇。2018 年 5 月 23 日，工保处作出《关于对某投资公司〈请求为邓某办理工伤保险待遇的函〉的复函》（以下简称《复函》），《复函》称：根据《工伤保险条例》第十七条第 1 款、

第4款及《湖南省实施〈工伤保险条例〉办法》第十三条的规定，因某投资公司作为用人单位未在规定的时限内提交工伤认定申请，邓某此次工伤待遇费用应由用人单位支付，不属于工伤保险基金支付范围。

该投资公司提起诉讼，请求判令撤销工保处作出的《复函》，依法履行支付邓某工伤保险待遇的法定职责。

人民法院认为：

1.《复函》与立法目的相悖。《工伤保险条例》的立法目的是保障因工作遭受事故伤害或者患职业病的职工获得医疗救治和经济补偿，促进工伤预防和职业康复，分散用人单位的工伤风险。如"在此期间的有关费用"包括伤残补助等待遇，不符合分散用人单位的工伤风险的立法原则。

2. 从发生的时点来看，伤残补助等待遇也不属于"在此期间"发生的待遇。本案中第三人构成十级伤残，《工伤保险条例》第三十七条第（1）项规定十级伤残一次性伤残补助金为7个月的本人工资。根据伤残等级规定的补助金额在工伤发生的时刻就基本确定了，显然不属于"在此期间"发生的费用。

3. 从法学理论上来分析，工伤保险待遇基本可分为"动态"的待遇与"静态"的待遇。"动态"的待遇是指随着时间的增加可能增加或变化的待遇，如治疗费、交通费、停工留薪期工资、护理费等；"静态"的待遇是一旦发生不再变化的待遇，如本案中的一次性伤残补助金等，"静态"的待遇是不会因任何情形发生变化的，不应当归入"在此期间的有关费用"。

法院最终判决：撤销《复函》，针对劳动者的工伤待遇重新做出新的行政行为。本案二审维持原判。

案例评析

首先，实践中一般认为"在此期间"是指从事故伤害发生之日或职业病确诊之日起到劳动保障行政部门受理工伤认定申请之日止的期间。

其次，对于"在此期间发生的工伤待遇"，如果是治疗费、交通费、护理费等费用还比较好判断，因为这些费用是实时产生的，根据发生时间即可判断是否"在此期间"；而一次性伤残补助金等待遇，因为存在"一旦发生不再变化"的性质，故不应当归入"在此期间发生的工伤待遇"，用人单位或劳动者仍可要求保险基金赔付。

另外，法律还规定了几类工伤保险基金拒赔的法定情形。

《工伤保险条例》第六十二条第 2 款规定的"依照本条例规定应当参加工伤保险而未参加工伤保险的用人单位职工发生工伤"。

《社会保险法》第四十三条规定，工伤职工有下列情形之一的，停止享受工伤保险待遇：（一）丧失享受待遇条件的；（二）拒不接受劳动能力鉴定的；（三）拒绝治疗的。

本案中不存在可以拒赔的法定情形，且一次性伤残补助金等费用也不属于"在此期间发生的工伤待遇"，故工伤保险基金仍需赔付。

（二）用人单位及劳动者均未在法定时限内提出工伤认定申请

《工伤保险条例》第十七条规定：用人单位没有依法申请工伤认定的，工伤职工或者其近亲属、工会组织在事故伤害发生之日起 1 年内，可以直接向用人单位所在地统筹地区社会保险行政部门提出工伤认定的申请。

现实中存在这样一种情形，比如双方达成"私了协议"后，劳动者在 1 年后才反悔要求撤销协议，此时已经过了认定工伤的法定期限，且也的确不能再进行工伤认定。如果劳动者确有证据证明工伤的事实，实践中该如何处理呢？

1. 判断是否属于"超过 1 年申请期限"的情形

《最高人民法院关于审理工伤保险行政案件若干问题的规定》第七条规定：由于不属于职工或者其近亲属自身原因超过工伤认定申请期限的，被耽误的时间不计算在工伤认定申请期限内。

有下列情形之一耽误申请时间的，应当认定为不属于职工或者其近亲属自身原因：

（1）不可抗力；

（2）人身自由受到限制；

（3）属于用人单位原因；

（4）社会保险行政部门登记制度不完善；

（5）当事人对是否存在劳动关系申请仲裁、提起民事诉讼。

2. 超过 1 年申请期限的处理

实践中，有的用人单位因为未依法缴纳工伤保险费，一旦员工发生工伤事故，便会使出边谈边拖的"拖字诀"。而有的劳动者并不知晓工伤认定有时间限制，故经常会出现超过 1 年申请期限的情况，那么用人单位真的能就此"免责"吗?

从《工伤保险条例》第十七条的规定来看,申请工伤认定的法律责任是在用人单位,而不是劳动者。法律虽然规定劳动者可以申请工伤认定,但这只是在用人单位怠于申请工伤认定时的一种救济途径,而不是说劳动者应当或必须提出申请。所以说,劳动者提出工伤认定申请实际是一种权利,有权选择行使或不行使,即使不行使,也不意味着用人单位就不用履行其法定义务。

而且,法律没有规定劳动者必须经工伤认定后才能通过诉讼主张工伤保险待遇。如果劳动者的受伤确实符合认定工伤的情形,理应不影响其享受工伤保险待遇的权利。

当然,在实践中此类情形是按工伤保险待遇赔偿还是按人身侵权处理、是否需考虑员工过错的因素、如何计算赔偿项目及标准等问题仍存在争议。湖南地区的观点倾向于按工伤保险待遇纠纷处理,而广东地区则普遍按人身侵权纠纷处理。无论法院按何种途径处理案件,用人单位均需承担相应的法律后果,所谓"拖字诀"也只能是用人单位的自我安慰。

■■■ 拓展问题:"工伤私了协议"的效力

实践中,劳动者在发生工伤事故后希望尽快拿到补偿,会出现与用人单位私下就工伤待遇问题进行协商并达成协议的情形,也就是常说的"工伤私了协议"。

在此类协议达成时,劳动者通常并未申请工伤认定及劳动能力鉴定,对其受伤程度、治疗情况等基础事实尚不能确定,如果此后劳动者进行劳动能力鉴定后,发现"私了协议"上约定的赔偿数额低于其根据工伤赔偿标准所应获得的赔偿,往往会以协议赔偿金额过低为由要求确认协议无效。

［关联案例］

案例 14-3　"工伤私了协议"金额低于工伤保险待遇赔偿金额的 75%，显失公平被撤销

王五于 2007 年 5 月 9 日到甲公司处从事安装工作，双方签订了劳动合同，甲公司为王五缴纳了社会保险费。王五的工资按月发放，受伤前 12 个月的平均工资为 5900 元／月。

2018 年 3 月 20 日，王五在安装防火门时受伤。后经认定为工伤，被鉴定为"九级伤残，无生活自理障碍"。

王五与甲公司于 2019 年 4 月 30 日"因王五自愿离职"而解除劳动合同。2019 年 5 月 1 日，双方就工伤待遇赔偿签订了一份协议书，按照约定，某公司已经向王五支付工伤保险待遇 65 300 元。

2019 年 5 月 17 日，王五申请仲裁，请求：（1）解除劳动合同关系并终止工伤保险关系；（2）由甲公司支付王五一次性伤残补助金 53 100 元、一次性工伤医疗补助金 24 424 元、一次性伤残就业补助金 54 954 元、停工留薪期工资 35 400 元、住院伙食补助费 400 元，合计 168 278 元；（3）裁决甲公司支付王五违约金 30 000 元；（4）裁决甲公司支付王五解除劳动合同经济补偿金 70 800 元。

2019 年 6 月 27 日，仲裁裁决：双方终止工伤保险关系；甲公司向王五支付停工留薪待遇 35 400 元、一次性伤残就业补助金 49 459 元，合计 84 859 元，扣除已经支付的 65 300 元，还应支付 19 559 元；驳回王五的其他仲裁请求。

甲公司向一审法院起诉请求：（1）判决撤销劳动仲裁委员会作出的仲裁裁决；（2）判决确认甲公司与王五于 2019 年 5 月 1 日签订的协议书有效。

人民法院认为，工伤赔偿协议兼具民事合同、劳动合同性质，根据《最高人民法院关于审理劳动争议案件适用法律若干问题的解释（三）》[①]（以下简称《劳动争议司法解释（三）》）第十条的精神，劳动者与用人单位的工伤赔付协议在不违反法律、行政法规的强制性规定，且不存在欺诈、胁迫或者乘人之危情形的，应当认定有效；但如果经审查认定上述协议存在重大误解或显失公平的情形，可以按照工伤赔付标准变更协议的内容。

本案中，协议书约定甲公司支付王五的工伤赔偿金额未达到甲公司按照工伤赔付标准应当承担的工伤保险待遇赔偿金额的 75%，故协议书内容存在显失公平的情形，严重损害劳动者的合法权益，王五可以按照工伤赔付标准变更协议的内容。

---

① 该文件已于 2021 年 1 月 1 日废止。——编者注

案例评析

笔者曾实际审理过多起因"工伤私了"引起的工伤待遇赔偿争议，实际上，工伤赔偿协议金额是不得低于工伤保险待遇赔偿金额的75%还是70%，各地审裁机构的观点并不统一。《最高人民法院新劳动争议司法解释（一）理解与适用》一书中的观点是"一般可以以低于法定赔偿标准的70%作为认定解除或终止劳动合同工伤赔偿协议是否显失公平的标准"。

除了赔偿比例的问题，审裁机构其实更加关注双方在签订"工伤私了协议"时的具体情形，并以此确定协议的效力。

1. 如果双方在签订"工伤私了协议"时，劳动者已经认定工伤，且已经评定了伤残等级，那么除非劳动者能够举证证明用人单位存在欺诈、胁迫或者乘人之危，否则赔偿协议对双方均有约束力。

2. 如果签订协议时，劳动者尚未评定伤残等级，且协议的金额与法定工伤保险待遇标准之间差距过大，则可能被认为协议显失公平而被撤销、变更，用人单位将需要向劳动者支付工伤待遇差额。

所以，即使用人单位与劳动者能够达成一致进行调解，也需注意赔偿比例及不同情形下协议效力的问题。建议用人单位在劳动者进行劳动能力鉴定后再行协商，并将各项赔偿金额的法律依据、各方的权利义务、赔偿项目的明细进行细致的约定。如有必要，也可在第三方调解机构的协调下签订协议，以避免后期被认定存在欺诈、胁迫等情节。

三、工伤的认定

（一）工伤认定的流程及材料

这里以长沙市的实践为例。

1. 工伤认定申请的受理流程

《湖南省实施〈工伤保险条例〉办法》第十五条规定："社会保险行政部门收到工伤认定申请后，应当在15日内对申请人提交的材料进行审核。材料完整的，作出受理或者不予受理的决定。决定受理的，应当出具《工伤认定申请受理决定书》；决定不予受理的，应当出具《工伤认定申请不予受理决定书》。

申请人提交的材料不完整的，社会保险行政部门应当当场或者于5日内一次性书面告知申请人需要补正的全部材料。逾期未告知的，收到材料之日起即为受理。申请人提交了全部补正材料的，社会保险行政部门应当于 15 日内依照前款规定作出并出具是否受理的决定。"

2. 工伤认定的时限

《工伤保险条例》第二十条第 1、2、3 款规定：社会保险行政部门应当自受理工伤认定申请之日起 60 日内作出工伤认定的决定，并书面通知申请工伤认定的职工或者其近亲属和该职工所在单位。社会保险行政部门对受理的事实清楚、权利义务明确的工伤认定申请，应当在 15 日内作出工伤认定的决定。作出工伤认定决定需要以司法机关或者有关行政主管部门的结论为依据的，在司法机关或者有关行政主管部门尚未作出结论期间，作出工伤认定决定的时限中止。

3. 工伤认定申请所需材料

（1）《工伤认定申请表》，原件（单位或其他机构申请的，需要盖章；个人申请的，需签名按手印）；

（2）受伤害职工的身份证明（身份证、户口本或社保卡等），复印件，与原件核对（身份证正、反面复印在同一张 A4 纸上）；

（3）事情经过单位自述，原件（单位申请的需提交）；

（4）事情经过个人自述，原件（职工死亡或重伤的，由近亲属书写）；

（5）与用人单位存在劳动关系（包括人事关系）的证明材料（劳动合同、入职通知、工资表、考勤记录等），复印件，与原件核对；

（6）两名以上目击证人的书面证明材料（附证人的身份证复印件），原件；有视频资料、录音资料或现场照片等客观证据的，一并提交；

（7）考勤记录复印件（需加盖单位公章），如打卡记录、手工考勤表、计工表等，复印件，核对原件；

（8）医疗诊断证明，或者职业病诊断证明书、职业病诊断鉴定书；包括医疗机构出具的职工受伤害时的首诊病历（受伤之后第一次就诊的病历记录）、住院病案（包括入院记录、出院记录等）及疾病诊断证明书，首次 X 线、CT、MRI 报告单等。复印件，核对原件；

（9）工伤认定法律文书送达地址确认表，原件（地址、电话需准确无误，涉及之后重要法律文书的邮寄送达问题）；

（10）在工作时间和工作场所内，因履行工作职责受到暴力等意外伤害的，提交人民法院裁判文书或者公安部门的证明或者其他证明，复印件，核对原件；

（11）患职业病的，应提交承担职业病诊断的医疗机构出具的职业病诊断证明书（或者职业病诊断鉴定书），复印件，核对原件；

（12）因工外出期间，由于工作原因受到伤害的，提交公安部门的证明或者其他证明，复印件，核对原件；因发生事故下落不明，提出因工死亡认定申请的，提交人民法院宣告死亡的文书，复印件，核对原件；

（13）在上下班途中，受到非本人主要责任的交通事故或者城市轨道交通、客运轮渡、火车事故伤害的，提交公安交通管理部门或者其他相关部门的证明，同时，还应提交上下班路线图（须标明居住地、工作地与事故发生地），居住地证明（房产证复印件或居住地所在社区、街道或公安部门出具居住证明），复印件，核对原件；

（14）在工作时间、工作岗位突发疾病死亡，或者在工作时间、工作岗位突发疾病经抢救无效 48 小时内死亡的，提交医疗机构的抢救和死亡证明，复印件，核对原件；

（15）在抢险救灾等维护国家利益、公共利益活动中受到伤害的，提交民政部门或者其他相关部门的证明，复印件，核对原件；

（16）因战、因公负伤致残的转业、复员、退伍军人，到用人单位后旧伤复发的，提交革命伤残军人证及县级以上医疗机构的旧伤复发诊断证明，复印件，核对原件；

（17）用人单位未参加工伤保险的，还应当提交用人单位的设立登记或者设立批准证明，复印件，核对原件。

（二）常见认定工伤的情形

我国法律中，对于应当认定为工伤的情形有以下规定。

1. 认定工伤的法定情形

《工伤保险条例》第十四条规定，职工有下列情形之一的，应当认定为工伤：

（1）在工作时间和工作场所内，因工作原因受到事故伤害的；

（2）工作时间前后在工作场所内，从事与工作有关的预备性或者收尾性工作受到事故伤害的；

（3）在工作时间和工作场所内，因履行工作职责受到暴力等意外伤害的；

（4）患职业病的；

（5）因工外出期间，由于工作原因受到伤害或者发生事故下落不明的；

（6）在上下班途中，受到非本人主要责任的交通事故或者城市轨道交通、客运轮渡、火车事故伤害的；

（7）法律、行政法规规定应当认定为工伤的其他情形。

2. 视同工伤的情形

《工伤保险条例》第十五条规定，职工有下列情形之一的，视同工伤：

（1）在工作时间和工作岗位，突发疾病死亡或者在48小时之内经抢救无效死亡的；

（2）在抢险救灾等维护国家利益、公共利益活动中受到伤害的；

（3）职工原在军队服役，因战、因公负伤致残，已取得革命伤残军人证，到用人单位后旧伤复发的。

注：……职工有前款第（3）项情形的，按照本条例的有关规定享受除一次性伤残补助金以外的工伤保险待遇。

3. 最高人民法院司法解释规定的工伤情形

《最高人民法院关于审理工伤保险行政案件若干问题的规定》第四条规定，社会保险行政部门认定下列情形为工伤的，人民法院应予支持：

（1）职工在工作时间和工作场所内受到伤害，用人单位或者社会保险行政部门没有证据证明是非工作原因导致的；

（2）职工参加用人单位组织或者受用人单位指派参加其他单位组织的活动受到伤害的；

（3）在工作时间内，职工来往于多个与其工作职责相关的工作场所之间的合理区域因工受到伤害的；

（4）其他与履行工作职责相关，在工作时间及合理区域内受到伤害的。

4. 国务院法制办有关答复规定的工伤情形

（1）国务院法制办公室对《关于职工违反企业内部规定在下班途中受到机动车伤害能否认定为工伤的请示》的复函（国法秘函〔2005〕315号）：职工在上下班途中因违章受到机动车事故伤害的，只要其违章行为没有违反治安管理，应当认定为工伤。

（2）国务院法制办公室对《关于职工参加单位组织的体育活动受到伤害能否认定为工伤的请示》的复函（国法秘函〔2005〕311号）：作为单位的工作安排，职工参加体育训练活动而受到伤害的，应当依照《工伤保险条例》第十四条第（1）项中关于"因工作原因受到事故伤害的"的规定，认定为工伤。

（3）国务院法制办公室对《四川省人民政府法制办公室关于职工退休后被诊断为职业病应如何解决工伤待遇有关问题的请示》的复函（国法秘函〔2005〕312号）：鉴

于职业病的形成具有长期性和潜伏性，考虑到请示中提到广元市部分退休矿工退休前长期从事矿山井下作业，在退休后经劳动能力鉴定被确诊为职业病的这一情况，我们认为，对这部分退休矿工可以按照《工伤保险条例》的有关规定享受工伤保险待遇，具体由地方人民政府根据本地实际情况处理。

（4）国务院法制办公室对《关于重新进入劳动生产领域的离休人员能否享受工伤保险待遇的请示》的复函（国法秘函〔2005〕310号）：离退休专业技术人员受聘工作期间，因工作发生职业伤害的，应由聘用单位参照工伤保险的相关待遇标准妥善处理。

5. 最高人民法院行政庭相关答复中认为认定工伤的情形

（1）最高人民法院行政审判庭关于职工外出学习休息期间受到他人伤害应否认定为工伤问题的答复（〔2007〕行他字第9号）：职工受单位指派外出学习期间，在学习单位安排的休息场所休息时受到他人伤害的，应当认定为工伤。

（2）最高人民法院行政审判庭关于离退休人员与现工作单位之间是否构成劳动关系以及工作时间内受伤是否适用《工伤保险条例》问题的答复（〔2007〕行他字第6号）：根据《工伤保险条例》第二条、第六十一条等有关规定，离退休人员受聘于现工作单位，现工作单位已经为其缴纳了工伤保险费，其在受聘期间因工作受到事故伤害的，应当适用《工伤保险条例》的有关规定处理。

（3）最高人民法院关于职工因公外出期间死因不明应否认定工伤的答复（〔2010〕行他字第236号）：职工因公外出期间死因不明，用人单位或者社会保障部门提供的证据不能排除非工作原因导致死亡的，应当依据《工伤保险条例》第十四条第（5）项和第十九条第2款的规定，认定为工伤。

（4）最高人民法院关于超过法定退休年龄的进城务工农民在工作时间内因公伤亡的，能否认定工伤的答复（〔2012〕行他字第13号）：用人单位聘用的超过法定退休年龄的务工农民，在工作时间内、因工作原因伤亡的，应当适用《工伤保险条例》的有关规定进行工伤认定。

（三）不得认定工伤或视同工伤的情形

根据《工伤保险条例》第十六条的规定，职工有下列情形之一的，不得认定为工伤或者视同工伤：（1）故意犯罪的；（2）醉酒或者吸毒的；（3）自残或者自杀的。

（四）如何理解"工作时间""工作岗位"

这里以突发疾病死亡的情形为例，从司法实践的角度简单分析一下工伤认定的思路。

在突发疾病死亡的情况下，"四要素"（工作时间、工作岗位、突发疾病、48 小时内经抢救无效死亡）是构成工伤认定的基本要件，但这些要素也是实务中极难判断的争议焦点。比如员工出差期间突发疾病死亡，其出差在途及休息时间能否认定为工作时间，酒店或其他单位控制范围外的地点是否属于工作场所，休息时是否在工作岗位上等问题，法律均未作出明确的指引，这就导致实务中出现观点分歧。

［关联案例］

案例 14-4　员工出差期间在宿舍休息时突发疾病猝死，能否认定工伤

杨某某系某信息技术公司的员工，2020 年 3 月 11 日，杨某某受公司指派到湘潭县出差。该公司在湘潭县租了房屋作为员工的宿舍，杨某某在湘潭县出差期间居住在该宿舍。

2020 年 4 月 3 日上午，与杨某某同住宿舍的同事曾某某去上班后，未发现杨某某到项目现场，也联系不上，中午曾某某回宿舍查看情况，发现杨某某躺在床上，呼之不应，于是拨打 120 急救电话。120 医护人员到现场进行了抢救，确认杨某某已死亡。

经公安局现场勘查及调查，确认杨某某非他杀，符合猝死征象。

该公司于 2020 年 5 月 20 日向市人力资源和社会保障局申请工伤认定，市人力资源和社会保障局经调查于 2020 年 7 月 8 日做出不予认定工伤决定书并送达。

市人力资源和社会保障局认为：杨某某系在晚上休息时猝死，不属于工作时间、工作岗位突发疾病或工作原因死亡，不符合应当认定工伤的情形；杨某某死亡并非工作原因，不符合《工伤保险条例》第十四条第（5）项"因公外出期间，由于工作原因受到伤害或者发生事故下落不明的"规定，亦不符合《工伤保险条例》第十四条其他规定。

该公司不服，诉至法院。

人民法院认为，根据本案证据，杨某某的工作地点为长沙，其受公司安排，派往湘潭县出差。杨某某因公外出期间死亡，用人单位或者社会保障部门提供的证据不能排除杨某某系非工作原因导致死亡，根据《最高人民法院关于职工因公外出期间死因不明应否认定工伤的答复》，市人力资源和社会保障局对此不予认定工伤证据不足。判决重新做出工伤认定决定。

案例评析

《工伤保险条列》第十四条规定，因工外出期间，由于工作原因受到伤害或者发生事故下落不明的，应当认定为工伤。

《工伤保险条列》第十五条规定，在工作时间和工作岗位，突发疾病死亡或者在48小时之内经抢救无效死亡的，视同工伤。

《最高人民法院关于审理工伤保险行政案件若干问题的规定》第5条第1款规定的职工"因工外出期间"包括：（1）职工受用人单位指派或者因工作需要在工作场所以外从事与工作职责有关的活动期间；（2）职工受用人单位指派外出学习或者开会期间；（3）职工因工作需要的其他外出活动期间。

《最高人民法院关于职工因公外出期间死因不明应否认定工伤的答复》规定，职工因公外出期间死因不明，用人单位或者社会保障部门提供的证据不能排除非工作原因导致死亡的，应当依据《工伤保险条例》第十四条第（5）项和第十九条第2款的规定，认定为工伤。

从笔者检索到的案例来看，此类案件中的劳动者大多是在酒店或宿舍里休息时突发疾病猝死，如果仅根据文义解释，则都不符合"四要素"中的工作时间与工作岗位，这也就是该类案件产生争议的起因。

笔者认为，对于"因工外出期间"的理解，应考虑《工伤保险条例》的立法目的，既要保障劳动者的合法权益，又不能随意扩大工伤认定的范围。所以，工伤的认定应当以"工作目的"为核心标准进行判断，如果员工外出是为公司利益、从事与工作职责有关的活动，即符合"因工外出期间"，本案中杨某某按照公司安排出差，很明显是以"工作目的"，故符合"因工外出期间"的要求。

基于上述核心标准，我们再审查视同工伤的"四要素"。

"工作时间"，一般是指用人单位规定的上班时间和职工下班后回住处加班时间，即用于完成工作任务的时间。笔者认为，劳动者在出差期间的工作模式与平常工作时有很大区别，所以对于"工作时间"进行判断时应考虑这一特殊性，故可以将"因工外出期间"的在途、吃饭、休息等时间包含在"工作时间"的理解范围内。

在"工作岗位"上，一般指劳动者处于完成工作职责和单位交办的工作任务的状态中。笔者认为，因出差期间的工作状态存在不可预测性，根据《最高人民法院关于职工因公外出期间死因不明应否认定工伤的答复》，如果举证责任方能够证明导致员工死亡的活动不是以"工作目的"，则不认定为工伤，这也符合《工伤保险条例》及《行政诉讼法》所规定的举证责任分配规则。例如，一起工伤行政诉讼中，劳动者于休息日在单位宿舍突发疾病猝死，人力资源和社会保障部门不予认定工伤后，劳动者家属提起行政诉讼，因家属一方无法举证劳动者死亡时在加班或处于工作状态，用人单位一方又充分举证证明该劳动者在当天没有进行工作，法院最终认为劳动者死亡时不在工作时间，也不在工作岗位上，不能认定视同工伤。

此外，在最高人民法院行政审判庭编写的《行政执法与行政审判》一书中"突发疾病死亡的工伤认定问题研究"一文也认为："在出差途中的工作时间和工作岗位属于因工外出的特殊情形。原则上只要因工外出期间所涉及的时间和区域均为工作时间和工作岗位，如果'突发疾病死亡或者在48小时内经抢救无效死亡'，应当依据《工伤保险条例》第十五条第（1）项规定认定视同工伤。"

可见，如果劳动者是在"以工作目的因工外出期间"突发疾病死亡，在没有相反证据的情况下，且没有醉酒、吸毒、自杀、自残等排除认定工伤情形的，应认定视同工伤。

■■■ 拓展问题：没有劳动关系情形下的工伤保险责任认定

在建设工程领域，有时存在违法转包、分包的现象，且劳动关系相对比较模糊，发生工人受伤等情形时，工人往往会跳过劳动关系确认程序而直接向承包单位主张权利。各方责任的确定是实务中的一个难点。

一、用工单位存在违法转包、分包的情形

例如，（2018）最高法行再151号案件中法院认为：国家建立工伤保险制度，其目的在于保障因工作遭受事故伤害或者患职业病的职工获得医疗救治和经济补偿。用人单位有义务为本单位全部职工缴纳工伤保险费，职工有享受工伤保险待遇的权利。即通常情况下，社会保险行政部门认定职工工伤，应以职工与用人单位之间存在劳动关系为前提，除非法律、法规及司法解释另有规定情形。《最高人民法院关于审理工伤保险行政案件若干问题的规定》第三条第 1 款规定："社会保险行政部门认定下列单位为承担工伤保险责任单位的，人民法院应予支持：……（四）用工单位违反法律、法规规定将承包业务转包给不具备用工主体资格的组织或者自然人，该组织或者自然人聘用的职工从事承包业务时因工伤亡的，用工单位为承担工伤保险责任的单位；……"该条规定从有利于保护职工合法权益的角度出发，对《工伤保险条例》将劳动关系作为工伤认定前提的一般规定作出了补充，即当存在违法转包、分包的情形时，用工单位承担职工的工伤保险责任不以是否存在劳动关系为前提。根据上述规定，用工单位违反法律、法规规定将承包业务转包、分包给不具备用工主体资格的组织或者自然人，职工发生工伤事故时，应由违法转包、分包的用工单位承担工伤保险责任。

"本案中，甲公司对纪某由董某聘用并在铺设琉璃瓦时因工受伤一节事实不持异议，但认为其不属于违法分包。住房城乡建设部《建筑工程施工转包违法分包等违法行为认定查处管理办法（试行）》（建市〔2014〕118 号）第九条明确规定："存在下列情形之一的，属于违法分包：……（六）劳务分包单位将其承包的劳务再分包的；……"该条规定不违反《中华人民共和国建筑法》的相关规定，可以作为判断甲公司是否属于违法分包的参考依据。中铁二十五局集团第五分公司将其承建项目工程的劳务部分分包给甲公司。甲公司属于具有建筑劳务资质的企业，其应使用自有劳务工人完成所承接的劳务项目，但其却又将铺设琉璃瓦劳务分包给自然人董某，该行为属于违法分包。故该公司的该辩解意见不能成立，本院不予采纳。

"甲公司作为具备用工主体资格的承包单位，违法将其所承包的业务分包给自然人董某，董某聘用的工人纪某在铺设琉璃瓦时因工受伤，甲公司依法应当承担纪某所受事故伤害的工伤保险责任。兰州市人社局作出的 369 号工伤认定决定所认定的事实清楚，适用法律正确，符合法定程序。兰州铁路运输中级法院一审判决驳回甲公司的诉讼请求，并无不当。甘肃省高级人民法院二审以生效民事判决已确认甲公司与纪某之间不存在劳动关系为由，判决撤销兰州铁路运输中级法院一审判决和 369 号工伤认定决定，不符合《最高人民法院关于审理工伤保险行政案件若干问题的规定》第三条等相关规定，属于适用法律错误，本院依法予以纠正。"

案例评析

1. 劳务分包单位将其承包的劳务再分包的，属于违法分包。

2. 存在违法转包、分包的情形时，用工单位承担职工的工伤保险责任不以存在劳动关系为前提。

3. 用工单位存在违法转包、分包时，承担工伤保险责任。

此外，根据（2021）最高法行再 1 号再审行政判决书，法院认为"包工头"也是劳动者，在违法转包、分包的情形下，如"包工头"直接参与具体施工受工伤的，同样是由违法转包、分包的承包单位承担工伤保险责任。

二、挂靠经营关系下，挂靠人聘用的人员受工伤的情形

例如，（2018）最高法行申117号案件中法院认为："本案争议焦点是张某的受伤是否属于工伤。根据最高人民法院《关于审理工伤保险行政案件若干问题的规定》第三条第（5）项，个人挂靠其他单位对外经营，其聘用的人员因工伤亡的，被挂靠单位为承担工伤保险责任的单位。该司法解释从保护劳动者的合法权益出发，从挂靠经营关系推定出拟制的劳动关系，在认定工伤时无须另行确认劳动关系。本案中，根据工伤认定申请表、渝C××××货车行驶证、证人证言等证据足以认定，货车实际车主李某将渝C××××货车挂靠在某公司从事货物运输业务，张某系李某聘用的驾驶员，张某在给该货车关车顶入料盖口时摔伤，因此，某公司应当承担工伤保险责任。璧山区人社局认定张某受到的事故伤害为工伤，符合《工伤保险条例》第十四条第（1）项和最高人民法院《关于审理工伤保险行政案件若干问题的规定》第三条第（5）项之规定。璧山区政府撤销璧山区人社局作出的《认定工伤决定书》的行为不当。原审法院判决维持璧山区人社局作出的〔2016〕334号《认定工伤决定书》，撤销璧山区政府作出的璧山府复〔2016〕11号《行政复议决定书》正确。璧山区政府申请再审的理由不能成立，本院不予支持。"

案例评析

1. 个人挂靠其他单位对外经营，其聘用的人员因工伤亡的，在认定工伤时无须另行确认劳动关系。

2. 挂靠经营关系下，挂靠人聘用的人员受工伤，由被挂靠单位承担工伤保险责任。

三、总包单位未缴纳建设项目工伤保险，对工人工伤是否承担连带责任

人力资源社会保障部等四部门《关于进一步做好建筑业工伤保险工作的意见》（人社部发〔2014〕103号，以下简称《意见》）第四条规定：确保工伤保险费用来源。建设单位要在工程概算中将工伤保险费用单独列支，作为不可竞争费，不参与竞标，并在项目开工前由施工总承包单位一次性代缴本项目工伤保险费，覆盖项目使用的所有职工，包括专业承包单位、劳务分包单位使用的农民工。

该意见第八条规定：落实工伤保险先行支付政策。未参加工伤保险的建设项目，职工发生工伤事故，依法由职工所在用人单位支付工伤保险待遇，施工总承包单位、建设单位承担连带责任；用人单位和承担连带责任的施工总承包单位、建设单位不支付的，由工伤保险基金先行支付，用人单位和承担连带责任的施工总承包单位、建设单位应当偿还；不偿还的，由社会保险经办机构依法追偿。

实践中对上述文件的效力问题存在争议。

观点一：支持连带责任。

例如，（2019）新40民终1687号案件中法院认为：根据人社部发〔2014〕103号文的规定，未参加工伤保险的建设项目，职工发生工伤事故，依法由职工所在用人单位支付工伤保险待遇，施工总承包单位、建设单位承担连带责任。本案中，H公司作为涉案工程的施工总承包单位，应当在开工前一次性代缴本项目工伤保险费，覆盖项目中劳务分包单位即A公司使用的职工，但H公司未履行代缴工伤保险的义务，仅投保了人身意外伤害险，因此导致涉案工程项目未参加工伤保险。据此，依照上述文件第八条规定，于某发生工伤事故，A公司承担用工主体责任，应当由A公司向于某支付工伤保险待遇，H公司作为工程施工总承包单位承担连带责任。

观点二：无须承担连带责任。

例如，（2020）鄂05民终1363号案件中法院认为：周某上诉称根据人社部发〔2014〕103号文第八条之规定，发包方应对周某的工伤保险待遇承担连带责任。该意见属于部门规章，根据连带责任的法理，必须有明确法律规定或当事人约定承担连带责任的，才能要求相关单位或个人承担连带责任，本案确定由违法分包方对周某的工伤承担用工主体责任本身即从保护劳动者的角度出发予以的判定，若还进一步要求发包方对周某的工伤保险待遇承担连带责任既无法律的明确规定，也容易导致用工主体责任混乱及牵连过广而有失公允，不利于维持市场交易秩序。周某主张发包方应对其工伤保险待遇承担连带责任，本院难予支持。

观点三：在工伤保险基金支付的范畴内承担责任。

例如，（2020）湘01民终9403号案件中法院认为：经审查，本案中甲公司将涉案人工挖孔桩工程分包给具有资质的乙公司，乙公司招用刘某至涉案工地从事桩工工作并签订《劳动合同》，乙公司向刘某支付工资，且乙公司具备用工主体资格，一审据此认定刘某的用工单位为乙公司而非甲公司并无不当。鉴于甲公司为涉案项目购买了工伤保险，亦为刘某申请了工伤认定及工伤保险理赔，一审由此认定甲公司仅在工伤保险基金支付的范畴内承担责任并无不妥，本院予以确认。

案例评析

《民法典》第一百七十八条第3款规定：连带责任，由法律规定或者当事人约定。而人社部发〔2014〕103号文就是设立了一种新的连带责任，那么该文件是否具备法律性质呢？

《中华人民共和国立法法》第八十条第 1 款规定：国务院各部、委员会、中国人民银行、审计署和具有行政管理职能的直属机构，可以根据法律和国务院的行政法规、决定、命令，在本部门的权限范围内，制定规章。第八十四条规定：部门规章应当经部务会议或者委员会会议决定。地方政府规章应当经政府常务会议或者全体会议决定。第八十五条第 1 款规定：部门规章由部门首长签署命令予以公布。

根据上述规定，可见人社部发〔2014〕103 号文的性质只能是规范性文件，人民法院可以不采用该文件作为民事审判的依据。

观点二和观点三认为，在合法分包的前提下，要求总包单位承担连带责任没有法律依据。而分包单位作为适格的用人单位，理应承担缴纳工伤保险费的责任，若未参加工伤保险的，也理应由其承担支付工伤保险待遇的全部责任。

观点三所举的案例中，虽要求总包单位在工伤保险基金支付的范畴内承担责任，但这是因为总包单位根据当地政策，在申请开工令之前以项目名义缴纳了工伤保险费，总包单位不过是将工伤保险行政部门支付的赔付再支付给工人，这实际是在观点二的基础上，考虑实际情况后的一种灵活处理，显然不是认定总包单位与工人建立了劳动关系或工伤保险关系，而且这种做法也发挥了工伤保险应有的作用——分散用人单位的风险。

四、工伤保险待遇的申领

工伤保险待遇项目众多，且支付条件不同，很多合规意识淡薄的用人单位经常会忽视这些不同条件，从而导致工伤保险基金拒赔的后果。

（一）工伤医疗费项目目录的要求

《工伤保险条例》第三十条第 3 款规定，治疗工伤所需费用符合工伤保险诊疗项目目录、工伤保险药品目录、工伤保险住院服务标准的，从工伤保险基金支付。

对于超出范围的工伤医疗费应当由谁承担，《工伤保险条例》并未做出规定，各地的司法实践观点亦不相同。

浙江地区的司法实践认为，劳动者工伤医疗费超出社保基金报销目录范围的费用原则上不应由用人单位承担，但超出目录范围的费用经用人单位同意或者认可的除外。

广州地区的司法实践认为，超出社保基金支付范围的工伤医疗费，原则上用人单位或社保基金不支付，如用人单位与劳动者就此有约定则从其约定。

湖南地区暂未形成统一的裁判口径，其中劳动仲裁委员会倾向认为应由用人单位承担，人民法院一般从治疗必要性角度进行自由裁量，酌情认定。

建议对该问题的处理不要"一刀切"，必须平衡好劳动者、用人单位、工伤保险基金及定点医疗机构四者之间权益，既要确保劳动者享受合理工伤治疗的权利，也要实现工伤保险分散用人单位风险的作用。笔者在综合各地的司法实践后，认为上海地区的处理措施最为合理。

1. 劳动者因工作遭受事故伤害或患职业病进行急救、抢救期间，用药、诊疗范围不受"三个目录"限制。

2. 定点医疗机构在治疗工伤人员时，未经用人单位、劳动者或其家属签字同意，擅自使用超出"三个目录"范围的医疗费用，由定点医疗机构承担。

3. 定点医疗机构在治疗工伤人员时，已向工伤人员说明，工伤人员自行选择超出"三个目录"范围的治疗方案所产生的费用，未经用人单位和工伤保险基金同意的，由工伤人员自行承担。

（二）定点医疗机构的要求

定点医疗机构，即与工伤保险的经办机构签订服务协议的医疗机构，工伤保险定点医疗机构的名单会向社会公布，一般可在当地人力资源和社会保障局官网上查询。这里还需要注意，医保定点医疗机构并不等同于工伤定点医疗机构。

《湖南省实施〈工伤保险条例〉办法》第三十五条第1款规定：发生工伤事故的，用人单位应当及时将受伤职工送往与经办机构签订服务协议的医疗机构就医，情况紧急时可以先到就近的医疗机构急救，伤情稳定后转往签订服务协议的医疗机构。

《关于加强工伤保险医疗服务协议管理工作的通知》（劳社部发〔2007〕7号）规定：职工发生工伤后，应当在统筹地区的协议医疗机构进行治疗，病情危急时可送往就近医疗机构进行抢救；在统筹区域以外发生工伤的职工，可在事故发生地优先选择协议医疗机构治疗。凡未在统筹地协议医疗机构救治的工伤职工，用人单位要及时向经办机构报告工伤职工的伤情及救治医疗机构的情况，并待病情稳定后转回统筹地区的协议医疗机构治疗。

在湖南的司法实践中，未选择工伤定点医疗机构就医治疗的，工伤保险基金可能将不予支付相关费用，具体费用承担问题由审裁机构综合全案情况进行合理判断，但更加倾向于由用人单位承担。

（三）工伤职工解除、终止劳动合同的要求

《工伤保险条例》第三十五条至第三十七条中规定了因工致残的职工解除、终止劳动合同的条件：被鉴定为一至四级伤残的，保留劳动关系，退出工作岗位；被鉴定为五级、六级伤残的，经工伤职工本人提出，该职工可以与用人单位解除或者终止劳动关系；被鉴定为七级至十级伤残的，劳动、聘用合同可以期满终止，也可由职工本人提出解除劳动、聘用合同。

五、工伤保险待遇的计算

由于各地具体标准不同，这里仅以湖南省的规定为例。根据工伤的情形不同，分为通用待遇项目、构成伤残的待遇项目以及构成工亡的待遇项目进行说明。

（一）工伤保险通用待遇项目

工伤通用待遇见表14-1。

表 14-1　工伤通用待遇项目

待遇项目	支付主体	生活自理障碍等级	支付标准	法律依据及要求
医疗费用	工伤保险基金	/	规定范围内全额支付	治疗工伤所需费用符合工伤保险诊疗项目目录、工伤保险药品目录、工伤保险住院服务标准的，从工伤保险基金支付
工伤康复费用		/	规定范围内全额支付	工伤职工到签订服务协议的医疗机构进行工伤康复的费用，符合规定的，从工伤保险基金支付

（续表）

待遇项目	支付主体	生活自理障碍等级	支付标准	法律依据及要求
住院伙食补助费	工伤保险基金	/	根据各地规定执行	从 2022 年 1 月 1 日起，湖南地区工伤职工住院治疗工伤的伙食补助费调整为按每人每天 20 元发放
生活护理费		生活完全不能自理	统筹地区上年度职工月平均工资的 50%	工伤职工已经评定伤残等级并经劳动能力鉴定委员会确认需要生活护理的，从工伤保险基金按月支付生活护理费
		生活大部分不能自理	统筹地区上年度职工月平均工资的 40%	
		生活部分不能自理	统筹地区上年度职工月平均工资的 30%	
交通、食宿费用		/	凭票据	经医疗机构出具证明，报经办机构同意，工伤职工到统筹地区以外就医所需的交通、食宿费用
辅助器具配置费		/	凭票据	工伤职工因日常生活或者就业需要，经劳动能力鉴定委员会确认，可以安装假肢、矫形器、假眼、假牙和配置轮椅等辅助器具，所需费用按照国家规定的标准从工伤保险基金支付
劳动能力鉴定费	工伤保险基金/申请人	/	凭票据	用人单位已经参加工伤保险的，工伤职工劳动能力鉴定费用从工伤保险基金支付。 应工伤职工或者其近亲属、所在单位申请进行的劳动能力再次鉴定或者复查鉴定，结论高于原鉴定等级的，鉴定费用从工伤保险基金支付；结论低于原鉴定结论或者与原鉴定结论相同的，鉴定费用由申请人承担

（续表）

待遇项目	支付主体	生活自理障碍等级	支付标准	法律依据及要求
停工留薪工资	用人单位	/	原工资福利待遇不变，由所在单位按月支付	职工因工作遭受事故伤害或者患职业病需要暂停工作接受工伤医疗的，停工留薪期一般不超过12个月。伤情严重或者情况特殊，经设区的市级劳动能力鉴定委员会确认，可以适当延长，但延长不得超过12个月（湖南尚无期限的细则规定，一般根据伤情、医嘱、伤残等级等确定）
住院护理费		/	依据护工费用凭证和出院小结确定护理费标准和护理天数	住院期间

（二）构成伤残的待遇项目

以湖南省为例，工伤达到伤残等级的，享受以下工伤保险待遇（见表14-2）。

表14-2　构成伤残的待遇项目

		一次性伤残补助金	一次性工伤医疗补助金	一次性伤残就业补助金	伤残津贴
条件		需伤残鉴定	需终止劳动关系或者解除劳动合同		需伤残鉴定
支付主体		工伤保险基金	工伤保险基金	用人单位	一级至四级由工伤保险基金支付，五级、六级由用人单位支付
支付标准	1级	27个月本人工资	/		本人工资的90%
	2级	25个月本人工资	/		本人工资的85%
	3级	23个月本人工资	/		本人工资的80%
	4级	21个月本人工资	/		本人工资的75%

（续表）

		一次性伤残补助金	一次性工伤医疗补助金	一次性伤残就业补助金	伤残津贴
支付标准	5级	18个月本人工资	24个月的本人工资	36个月的本人工资	本人工资的70%（难以安排工作的）
	6级	16个月本人工资	18个月的本人工资	30个月的本人工资	本人工资的60%（难以安排工作的）
	7级	13个月本人工资	15个月的本人工资	15个月的本人工资	无
	8级	11个月本人工资	10个月的本人工资	10个月的本人工资	
	9级	9个月本人工资	8个月的本人工资	8个月的本人工资	无
	10级	7个月本人工资	6个月的本人工资	6个月的本人工资	

注：1. 五级至十级伤残工伤职工自愿与用人单位解除或者终止劳动关系，距法定退休年龄不足5年的，一次性工伤医疗补助金和伤残就业补助金每少一年减除20%，但最高减除额不得超过全额的90%。

2. 工伤职工达到退休年龄并办理退休手续的，不享受一次性工伤医疗补助金和伤残就业补助金。

3. 工伤职工经鉴定可享受伤残津贴的，从停工留薪期满后开始享受，伤残津贴标准不低于当地最低工资标准。

4. 工伤职工达到退休年龄并办理退休手续后，停发伤残津贴，按照国家有关规定享受基本养老保险待遇。

（三）构成工亡的工伤保险待遇项目

职工因工死亡，其近亲属可从工伤保险基金领取表14-3所示的补助金等。

表14-3　构成工亡的待遇项目

补助项目	支付主体	支付标准	依据及要求
丧葬补助金	工伤基金	6个月的统筹地区上年度职工月平均工资	职工因工死亡
一次性工亡补助金	工伤基金	上一年度全国城镇居民人均可支配收入的20倍	职工因工死亡

（续表）

补助项目	支付主体	支付标准		依据及要求
供养亲属抚恤金	工伤基金	配偶：本人工资 ×40%（按月支付）		由因工死亡职工生前提供主要生活来源、无劳动能力的亲属
		其他亲属：本人工资 ×30%（每人每月）		
		孤寡老人或孤儿：上述标准的基础上增加 10%；初次核定时上述抚恤金之和应≤职工月工资（按月计算）		

（四）工伤保险待遇中，本人工资的计算

1．一般情况下本人工资的标准

工伤保险待遇中，涉及本人工资的项目很多，如一次性伤残补助金、一次性工伤医疗补助金、一次性伤残就业补助金、伤残津贴、供养亲属抚恤金等。

根据《工伤保险条例》第六十四条规定：本条例所称本人工资，是指工伤职工因工作遭受事故伤害或者患职业病前 12 个月平均月缴费工资。但现实中，用人单位未足额缴纳社会保险的情形较为常见，这就难免会产生工伤待遇的差额，在此种情形下，劳动者可以要求用人单位补足。

实践中还有一类情形，即用人单位与劳动者对每年的社会保险缴费基数进行约定，并明确告知了劳动者相应的法律后果，且劳动者签字同意的，审裁机构可能将不再支持工伤待遇差额的请求。

此外，《工伤保险条例》第六十四条还规定了本人工资的上下限，即本人工资高于统筹地区职工平均工资 300% 的，按照统筹地区职工平均工资的 300% 计算；本人工资低于统筹地区职工平均工资 60% 的，按照统筹地区职工平均工资的 60% 计算。

在湖南省的司法实践中，"统筹地区职工平均工资"一般采用湖南省城镇非私营在岗职工月均工资的标准。

2．特殊情况下本人工资的标准

现实中，存在劳动者工资难以查清的情形，如建设工程领域涉及的农民工工资，有些是按时计薪、有些是按量计薪，其工资的发放途径也不完全合规，

审裁机构往往难以从双方提供的证据中核定劳动者的"本人工资"。

对此，各地均出台了一系列规定进行裁判口径的统一。如《湖南省农民工参加工伤保险暂行办法》第十六条第3款规定，双方没有签订劳动合同或者劳动合同中没有约定工资标准或者工作不满1月的，月工资标准参照适用其统筹地区上年度职工平均工资。

■ ■ ■ 拓展问题：工伤事故与其他事故竞合的处理

如果劳动者在上下班途中发生交通事故构成工伤的，其既可以主张交通事故的赔付，也可以走工伤待遇赔付的途径。那么在这在种竞合的情况下，劳动者能否重复享受相关待遇呢？

一、工伤保险待遇与人身损害民事赔偿的竞合问题

《最高人民法院关于审理工伤保险行政案件若干问题的规定》第八条第3款规定：职工因第三人的原因导致工伤，社会保险经办机构以职工或者其近亲属已经对第三人提起民事诉讼为由，拒绝支付工伤保险待遇的，人民法院不予支持，但第三人已经支付的医疗费用除外。

由上述规定可知，劳动者在第三人侵权的情况下，可以同时主张工伤待遇与人身损害民事赔偿，只不过对于第三人已经支付过的医疗费，劳动者不能再向保险基金或用人单位主张，其他项目如后续治疗费（康复费及辅助材料费）、护理费、住院伙食补助费、鉴定费、交通费、误工费等，劳动者均可享受"双赔"。

例如，（2020）湘民再167号案件中法院认为：本案系职工因第三人侵权受到人身伤害导致工伤，形成了侵权损害赔偿与工伤保险待遇的竞合，受伤职工有权同时申请工伤保险待遇和侵权损害赔偿。被侵权人获得工伤保险待遇后，侵权人的侵权责任不因受害人获得社会保险而减轻或免除。根据《最高人民法院关于审理工伤保险行政案件若干问题的规定》第八条规定，受害职工有权请求双重赔偿，原二审判决认为张某诉请的后续治疗费（康复费及辅助材料费）、护理费、住院伙食补助费、鉴定费、交通费、误工费作为工伤保险待遇已全部由公司赔偿，不再构成张某的损失，该认定不当，应予纠正。

二、工伤保险待遇与职业病民事赔偿的竞合问题

《职业病防治法》第五十八条规定：职业病病人除依法享有工伤保险外，依照有关民事法律，尚有获得赔偿的权利的，有权向用人单位提出赔偿要求。

实践中，一般是按二者就高补差的方式处理。

例如，（2020）粤民申 1531 号案件中法院认为：吴某因邱某患职业病获得工伤保险待遇后，可以人身损害赔偿为由请求某公司承担赔偿责任，但所得数额不应超过实际损失，如人身损害赔偿项目与劳动者已获得的工伤保险待遇项目本质上相同，应当在人身损害赔偿项目中扣除相应项目的工伤保险待遇数额，若相应项目的工伤保险待遇数额低于人身损害赔偿项目数额，则应支持劳动者相应人身损害赔偿项目请求。

三、工伤待遇与生产安全事故民事赔偿的竞合问题

《中华人民共和国安全生产法》第五十六条第 2 款规定：因生产安全事故受到损害的从业人员，除依法享有工伤保险外，依照有关民事法律尚有获得赔偿的权利的，有权提出赔偿要求。

实践中，一般是按二者就高补差的方式处理。

例如，（2018）湘 01 民终 2144 号案件中法院认为：《湖南省安全生产条例》第五十条第 2 款规定，"发生生产安全事故、造成人员死亡的，死亡者家属除依法获得工伤保险补偿外，发生生产安全事故的单位应当向其一次性支付生产安全事故死亡赔偿金。工伤保险补偿和生产安全事故死亡赔偿金的总额（含无工伤保险补偿）不得低于本省上一年度城镇居民人均可支配收入的二十倍。"据此，段某的家属可获得的工伤保险补偿和生产安全事故死亡赔偿金的总额不得低于 468 280 元（23 414 元 ×20）。而根据本院已生效的判决，段某的家属可获得工亡保险补偿为 539 100 元，高于上述条例所规定的最低标准。但鉴于本案事故的具体情况，特别是考虑到段某死亡对其家属情感造成的损害及死者家属家庭的实际情况，一审法院酌情认定公司向段某 3 人支付 200 000 元生产安全事故死亡赔偿金符合本案的客观情况，符合《湖南省安全生产条例》的立法本意，同时也并不违反该条例第五十条第 2 款之规定，本院依法予以维持。

四、工伤待遇与商业保险的竞合问题

实践中，常见的商业保险有人身意外伤害保险、团体意外伤害保险、安全生产责任保险以及雇主责任保险等。这些保险产品项目众多，费用不一，且法律效果也不同。

（一）人身意外伤害保险、团体意外伤害保险

这类保险都属于商业人身保险。

《中华人民共和国保险法》第三十九条规定：人身保险的受益人由被保险人或者投保人指定……投保人为与其有劳动关系的劳动者投保人身保险，不得指定被保险人及其近亲属以外的人为受益人。

由此可见，商业人身保险的受益人不能是用人单位，最终保险的赔付是支付给劳动者或其家属的，其性质实则为用人单位给予劳动者的一种福利，并不能代替用人单位应当承担的工伤保险待遇赔偿责任。

例如《中华人民共和国最高人民法院公报》2021年第10期公布的（2019）苏06民终3278号案件中法院认为：

根据《中华人民共和国建筑法》第四十八条规定，为职工参加工伤保险缴纳工伤保险费系建筑施工企业必须履行的法定义务，为从事危险作业的职工办理意外伤害保险并支付保险费系倡导性要求。建筑施工企业已为从事危险工作的职工办理意外伤害保险的，并不因此免除企业为职工缴纳工伤保险费的法定义务。根据《中华人民共和国保险法》第三十九条规定，投保人为与其有劳动关系的劳动者投保人身保险，不得指定被保险人及其近亲属以外的人为受益人。建筑施工企业作为投保人为劳动者投保团体意外伤害险，该保险的受益人只能是劳动者或其近亲属。劳动者在工作中发生人身伤亡事故，建筑施工企业或实际施工人以投保人身份主张在赔偿款中扣除意外伤害保险金，变相成为该保险受益人的，有违立法目的，依法不予支持。

（二）安全生产责任保险

《安全生产责任保险实施办法》第二条规定，安全生产责任保险，是指保险机构对投保的生产经营单位发生的生产安全事故造成的人员伤亡和有关经济损失等予以赔偿，并且为投保的生产经营单位提供生产安全事故预防服务的商业保险。

该法规第三条规定：按照本办法请求的经济赔偿，不影响参保的经营单位从业人员（含劳务派遣人员）依法请求工伤保险赔偿的权利。

根据上述规定，安全生产责任保险属于商业保险，且明确规定了不影响参保劳动者请求工伤保险赔偿的权利，故劳动者有权获得"双赔"。

例如，（2018）苏01民终6428号案件中法院认为：工伤保险是社会保险，由

国家强制推行，企业必须参加投保，安全生产责任保险为商业保险，企业可以选择参加，两者并无相互替代的关系。两险种的受益人均为职工个人，实际也系分散用人单位在发生工伤事故后的支付负担，但并不能据此得出安全生产责任保险的赔付金额可以冲抵工伤保险待遇的结论。

（三）雇主责任保险

雇主责任保险，是很多律师向用人单位推荐购买的一种保险。

1. 雇主责任保险的优点

（1）从赔付对象来说，雇主责任保险的受益人是用人单位，即购买了该险种，相应的赔付金额将直接支付给用人单位，自然也就可以分散应当由用人单位承担的因工伤或者视同工伤产生的赔偿风险。

（2）从评残标准来说，商业意外保险的评残标准适用《人身保险伤残评定标准》，而雇主责任保险的评残标准适用《劳动能力鉴定职工工伤与职业病致残等级》。两种标准的区别在于劳动者同样的伤情下，后者的评残级别可能会高于前者，因而可能会获取更高级别的保险赔偿。

（3）从工伤保险的补充性来说，如果用人单位存在未足额缴纳社会保险费的现象，可以用雇主责任保险来补充赔付工伤保险待遇的差额。

2. 购买雇主责任保险应注意的事项

雇主责任保险似乎是中小企业找到的一个极佳的降低社会保险成本的方案，但现实中，很多用人单位并没有仔细审查保险合同，对工伤认定也不甚了解，在这种情况下，如果用人单位期待雇主责任保险可以完全转嫁工伤赔偿风险，那么结果往往不如人意。

（1）审查保险合同约定的各种限制条件

例如某公司为一名66岁的员工购买了雇主责任保险，但在出险后才发现《雇主责任保险条款》中约定了年龄限制："雇员是指与被保险人签订有劳动合同或存在事实劳动合同关系，接受被保险人给付薪金、工资，年满16周岁且不超过65周岁的人员及其他按国家规定审批的未满16周岁的特殊人员"。如此，上述公司购买保险的意义将可能落空。

（2）审查保险合同的理赔范围、金额及比例

首先，雇主责任保险的很多理赔项目是需要另行附加的，如上下班途中遭受意外伤害的情形、工亡的供养亲属抚恤金等，如果在投保时没有选择这些项目，产生的差额部分仍由用人单位承担，因此，用人单位在投保时要逐一对比

工伤赔付的项目进行选择。其次，要审查保险理赔的限额。基础的雇主责任保险，身故或残疾保险限额为 50 万元到 60 万元，且在残疾保险中还有赔付比例的限制，如十级按保险限额的 10% 报销，九级按保险限额的 20% 报销等。截至 2022 年 4 月，全国统一的一次性工亡补助金标准为 948 240 元，且该金额每年都会增长，可见，基础的雇主责任保险并不能完全覆盖对工伤赔偿风险。

（3）购买雇主责任保险的建议

雇主责任保险虽存在着不足之处，但其依然是用人单位合规风险管理的重要工具，可以作为工伤保险的补充保险。用人单位应在熟悉工伤相关知识的基础上设计好保险方案，选择合适的保险附加项目，必要时也可购买多份保险，最终达到分散用人单位用工风险、切实保障劳动者合法权益的目的。

第四部分

员工离职篇

第十五章

劳动合同终止的合规管理

离职通常有两种情形。一种是劳动合同终止，即劳动合同在期限届满或满足某些特定条件的情形下，劳动合同失效，双方无须继续履行；另一种是劳动合同解除，即在劳动合同履行期间，一方因法定或约定的事由提前解除劳动关系。

如果用人单位分不清二者的区别，将可能导致支付经济补偿、赔偿金或恢复劳动关系等的额外成本。

【合规实务指引】

一、劳动合同终止的情形

法律对于劳动合同终止规定了以下 6 种情形（见表 15-1）：

表 15-1　劳动合同终止情形

情形	具体条件	法律依据
期满	劳动合同期满终止	《劳动合同法》第四十四条
劳动者主体资格消灭	劳动者享受养老保险待遇、生理死亡、宣告死亡、宣告失踪	
用人单位主体资格消灭	单位破产、被吊销执照、关闭、撤销、提前解散	
非全日制	任何一方都可以随时通知对方终止用工	《劳动合同法》第七十一条
劳动者不签	用工之日起一个月内，经用人单位书面通知后，劳动者不与用人单位签订劳动合同的，用人单位应当书面通知劳动者终止劳动关系	《劳动合同法实施条例》第五条
任务完成	以完成一定工作任务为期限的劳动合同因任务完成	《劳动合同法实施条例》第二十二条

根据《劳动合同法》《劳动合同法实施条例》的规定，劳动合同终止只限于表 15-1 中的法定情形，双方不得自行约定其他终止条件，否则也会因其约定违反法律强制性规定而无效。

《劳动合同法实施条例》第十三条规定，用人单位与劳动者不得在劳动合同法第四十四条规定的劳动合同终止情形之外约定其他的劳动合同终止条件。

例如，在（2020）粤民申 12434 号案中，某公司于 2011 年 5 月 5 日与谢某签订书面劳动合同，约定谢某的工作岗位为副总经理，合同到期日为"甲方董事会不再聘任乙方之日"，即约定了公司董事会不再聘任谢某时，双方劳动合同终止。

法院认为，上述终止情形并不属于《劳动合同法》规定的法定终止情形，违反了《劳动合同法》及《劳动合同实施条例》的规定。而且上述合同约定将劳动合同终止的情形设定为单方主观条件，由用人单位单方主观决定，排除了劳动者的合法权益。因此，双方在劳动合同中约定合同到期日为"甲方董事会不再聘任乙方之日"为无效约定，该公司以此为由终止与谢某的劳动合同关系，不符合法律规定。

二、对于用人单位主体资格消灭的情形出现时，劳动合同终止之日的确定

虽然《劳动合同法》第四十四条规定了劳动合同终止的具体情形，但实

践中，对于终止时间如何判定仍存在较大争议，特别是对于用人单位被宣告破产、被吊销营业执照、责令关闭、撤销或用人单位决定提前解散等情形下，劳动合同终止的具体时间节点如何认定，仍需要结合具体情况深入分析。

（一）用人单位被依法宣告破产的情形

根据《中华人民共和国企业破产法》（以下简称《企业破产法》）第二条、第七条、第七十条、第九十五条的规定，破产程序包括破产重整、和解和清算。

1.破产重整。这个程序设置的目的是让债务人企业继续存续，从而有能力清偿债务，故企业进入破产重整程序后，仍可经法院批准，在管理人的监督下自行管理财产和营业事务，此时企业职工仍可能正常工作，所以企业破产重整并不能作为劳动合同终止的事由。这里需要注意的是，根据《劳动合同法》第四十一条第1款的规定，用人单位依照企业破产法规定进行重整的，用人单位可通过合法程序进行裁员。

2.破产和解，是指由债务人提出，经债权人会议表决通过、法院许可，从而解决债权债务问题的一种制度。此时企业也不需要进行清算，对劳动合同的继续履行并无实质影响，故破产和解不能作为劳动合同终止的事由。

3.破产清算，是指企业被宣告破产，依破产程序进行的清算，目的在于立即进行清算，以企业现有资产进行公平分配，实现债权人清偿，并最终将债务人企业注销。根据《企业破产法》的规定，企业被宣告破产后，不得再转入重整程序或和解程序，所以，此时企业不可逆转地丧失实施经营或者业务的主体资格，自此无须也不得再雇用劳动者为其提供劳动，故破产清算是劳动合同终止的法定事由。

（二）用人单位被吊销营业执照、责令关闭、撤销或者用人单位决定提前解散等情形

法律并没有明确规定用人单位提前解散的情形下劳动关系的终止之日，所以，实践中对此亦存在多种观点，比如以股东作出决定或股东会作出决议解散之日、清算组成立之日、清算结束之日、完成工商注销登记之日作为劳动关系终止之日等。

笔者认为这里主要是要区分用人单位的解散、清算和终止三个程序。

1.公司解散。《中华人民共和国公司法》（以下简称《公司法》）第一百八十

条规定了公司解散的情形：公司章程规定的营业期限届满或者公司章程规定的其他解散事由出现；股东会或者股东大会决议解散；因公司合并或者分立需要解散；依法被吊销营业执照、责令关闭或者被撤销；人民法院依法判决解散。

2. 公司清算。即公司出现前述解散的情形后必然会经过的程序。需要注意的是，《公司法》第一百八十六条规定：公司在清算期间仍然存续，此时并未真正解散。

3. 公司终止。《公司法》第一百八十八条规定：公司清算结束后，清算组应当制作清算报告，报股东会、股东大会或者人民法院确认，并报送公司登记机关，申请注销公司登记，公告公司终止。

根据上述分析，既然公司要办理注销登记才能终止，那么是不是劳动合同终止之日就可以确定为法人终止之日呢？这不可一概而论，而应区分公司解散的事由分别确定劳动合同终止之日。

公司的合并、分立虽属于公司解散的法定事由，但依据《民法典》第七十条第1款规定，分立或者合并不需要进行清算，而且《劳动合同法》第三十四条规定，用人单位发生分立或者合并，劳动合同由承继其权利和义务的用人单位继续履行，所以不能作为单位终止劳动合同的事由。

公司被吊销营业执照、责令关闭、撤销，是被动丧失了经营资格，而且是不可逆转的进入了清算程序，这与公司被宣告破产类似，所以这种情形可以作为单位终止劳动合同的事由。

公司决定提前解散的情形较为复杂，因为即便股东做出决定或股东会做出了决议，也不能排除后期重新做出法人继续存续的决议，所以似乎是将劳动关系终止日确定在完成注销登记时较为妥当，但根据《公司法》第一百八十六条的规定，清算过程中，公司财产在分别支付清算费用、职工的工资、社会保险费用和法定补偿金，缴纳所欠税款，清偿公司债务后的剩余财产，股东才可以按出资比例进行剩余财产的分配。这就与前述结论相悖。再者，该法条还规定，清算期间，公司存续，但不得开展与清算无关的经营活动。所以，在公司清算期间，劳动者实际是没有履行劳动合同的义务的。在此种情形下，劳动关系终止之日可以设定在清算过程中的一段合理期间，用人单位应在终止日前及时告知员工、向员工公示公司解散决议和劳动合同终止通知，在终止日后停止用工、停止经营，同时与劳动者办理劳动合同终止、支付经济补偿等有关离职手续。

不同情形下的劳动合同终止时间见表15-2。

表 15-2 用人单位主体资格丧失，劳动合同终止的时间

情形	劳动合同终止时间
用人单位被宣告破产	人民法院破产宣告裁定之日
用人单位被吊销营业执照、责令关闭或者被撤销	该行政决定生效之日
用人单位破产重整	无须终止，但可进入裁员程序
用人单位因章程规定的营业期限届满，解散事由决定提前解散等情形，或者出现公司章程规定的其他情形	设定在清算过程中的一段合理期间

三、对于超过退休年龄的劳动者，劳动合同终止之日的确定

在现实中，存在用人单位聘用超过退休年龄劳动者的情况。

这类劳动者的劳动合同的终止有什么特殊性呢？我们对比一下《劳动合同法》《劳动合同法实施条例》等法律法规、司法解释的规定（见表 15-3）。

表 15-3 劳动者主体资格丧失，劳动合同终止的时间

终止条件	法律依据	具体规定
享受基本养老保险待遇	《劳动合同法》第四十四条	劳动者开始依法享受基本养老保险待遇的，劳动合同终止
达到法定退休年龄	《劳动合同法实施条例》第二十一条	劳动者达到法定退休年龄的，劳动合同终止
达到法定退休年龄	《人力资源社会保障部对十三届全国人大二次会议第 6979 号建议的答复》	根据劳动合同法第四十四条第（六）项关于"法律、行政法规规定的其他情形"劳动合同终止的授权，2008 年 9 月公布施行的《劳动合同法实施条例》第二十一条明确，劳动者达到法定退休年龄的，劳动合同终止。对超过法定退休年龄的劳动者，愿意继续工作的，用人单位与劳动者的关系可以按劳务关系处理，依据民事法律关系调整双方的权利义务

（续表）

终止条件	法律依据	具体规定
享受养老保险待遇或者领取退休金	《劳动争议司法解释（一）》第三十二条第1款	用人单位与其招用的已经依法享受养老保险待遇或者领取退休金的人员发生用工争议而提起诉讼的，人民法院应当按劳务关系处理
享受养老保险待遇或者领取退休金	《最高人民法院民一庭关于达到或者超过法定退休年龄的劳动者（含农民工）与用人单位之间劳动关系终止的确定标准问题的答复》（〔2015〕民一他字第6号）	对于达到或者超过法定退休年龄的劳动者（含农民工）与用人单位之间劳动合同关系的终止，应当以劳动者是否享受养老保险待遇或者领取退休金为标准

由上述可见，相关规定对于劳动合同终止的要件表述不一，那么对于仅达到法定退休年龄但还未享受基本养老保险待遇的人员，用人单位可否终止劳动合同？在司法实践中对此有不同观点。

［关联案例］

案例 15-1　劳动者达到法定退休年龄但没有享受基本养老保险待遇，用人单位以达到退休年龄为由终止劳动合同违法

2012 年 2 月 18 日，王某受聘于某幼儿园从事保育员工作，双方签订书面劳动合同。2015 年 1 月 1 日双方续签劳动合同，合同期限自 2015 年 1 月至 2019 年 3 月 18 日。

2019 年 3 月 12 日，该幼儿园向王某发出通知，称根据王某的身份证资料，王某于 2019 年 3 月 18 日年满 50 岁，根据《劳动合同法实施条例》第二十一条规定，劳动者达到法定退休年龄的，劳动合同终止自动解除劳动关系，请王某于 2019 年 3 月 19 日来园办理离职手续。

王某向劳动仲裁委员会申请仲裁，要求幼儿园支付解除劳动关系经济补偿金 7 个月 25 327 元。

人民法院认为，根据《劳动合同法》第四十四条的规定"（二）劳动者开始依法享受基本养老保险待遇的……"最高人民法院民一庭《关于达到或者超过法定退休年龄的劳（者（含农）工）与用人单位之间劳动关系终止的确定标准问题的答复》（〔2015〕民一他字第 6 号）文件的解释"应当以劳动者是否享受养老保险待遇或者领取退休金为准"，即便劳动者达到法定退休年龄，如果其没有享受基本养老保险待遇，劳动合同并不当然终止。本案中王某并未享受基本养老保险待遇，某幼儿园必须严格按照《劳动合同法》第三十九条、第四十条、第四十一条规定的条件和程序解除劳动关系。而案例 15–1 中幼儿园以王某达到法定退休年龄为由解除劳动关系不符合《劳动合同法》的规定。但事实上双方的劳动关系已经解除。根据《劳动合同法》第八十七条"用人单位违反本法规定解除或者终止劳动合同的，应当依照本法第四十七条规定的经济补偿标准的二倍向劳动者支付赔偿金"之规定，该幼儿园应当支付违法解除劳动合同的赔偿金。

案例 15–2　劳动者已经享受职工基本养老保险待遇的，构成劳务关系，用人单位解除劳动合同无须需支付经济补偿

谷某于 2011 年 7 月 4 日入职长沙市甲公司，在职期间双方多次签订劳动合同，最后一份劳动合同的期限为 2017 年 12 月 1 日至 2018 年 12 月 31 日。此后，双方未签订书面劳动合同，但谷某继续在公司工作至 2019 年 2 月 18 日。

谷某于 2018 年 4 月 4 日退休并享受养老保险待遇。2019 年 2 月 18 日项目公司以谷某超龄为由辞退谷某。

谷某申请仲裁，要求项目公司支付经济赔偿金 33 648 元。

人民法院认为，根据《劳动合同法》第四十四条的规定和《劳动争议司法解释（三）》第七条的规定，用人单位与其招用的已经依法享受养老保险待遇或领取退休金的人员发生用工争议，向人民法院提起诉讼的，人民法院应当按劳务关系处理。本案中，谷某于 2018 年 4 月 4 日退休并享受养老保险待遇，根据前述法律规定，谷某和单位的劳动关系已于 2018 年 4 月解除。谷某自 2018 年 4 月至 2019 年 2 月 18 日在单位工作期间，双方之间构成劳务关系，而非劳动关系。单位于 2019 年 2 月 18 日以超龄为由辞退谷某，依法不需要支付经济补偿金或赔偿金。

案例 15–3　员工到退休年龄且已经享受新农保养老金待遇的，属于劳务关系，单位有权终止劳动关系

李某自 2011 年 4 月起进入环卫处工作，双方未签书面劳动合同。期间，环卫处为李某投保了意外伤害险，参保了工伤保险，其他社会保险未参保。

2011 年 7 月，李某开始按月领取新农保基础养老金。

2017 年 12 月，环卫处以李某年龄大了为由将其辞退。

李某申请仲裁，要求环卫处支付经济赔偿金、节假日加班工资、未休年休假工

资、未签订劳动合同期间的双倍工资差额等费用。

人民法院认为，李某自 2011 年 4 月至 2017 年 12 月在环卫处工作，其于 2007 年 8 月 1 日年满 60 周岁，已符合领取基础养老金的条件。李某实际已于 2011 年 7 月按月领取基础养老金。根据《劳动争议司法解释（三）》第七条"用人单位与其招用的已经依法享受养老保险待遇或领取退休金的人员发生用工争议，向人民法院提起诉讼的，人民法院应当按劳务关系处理"之规定，李某在领取基础养老金后因用工与环卫处发生争议应按劳务关系处理。因李某从 2011 年 7 月起与环卫处之间只存在劳务关系，劳务关系不受《劳动法》和《劳动合同法》的调整，故李某请求环卫处支付赔偿金及 2011 年 7 月至 2017 年 12 月期间节假日加班工资及未休年假工资的诉讼请求，均不能得到支持。

笔者注：另有类案判例中，人民法院采用了不同观点："法院认为，由于新型农村社会养老保险是国家对农村居民的一项最基本、托底的养老保险制度。政府对农村居民发放新型农村社会养老保险金后，并不妨碍农村居民在企业务工时应当享受的职工基本养老保险待遇。因此，尽管员工已经享受新型农村社会养老保险待遇，但该保险待遇不属于享受"职工基本养老保险"待遇，不属于法律规定的按劳务关系处理的情形。"

笔者总结了目前各地法院对此问题的观点如下（见表 15-4）。

表 15-4　达到退休年龄但未享受基本养老保险待遇的各类情形及观点

情形	法院的观点
到退休年龄后继续工作，已经享受职工基本养老保险待遇	构成劳务关系，企业解除合同的，需支付违法终止赔偿金
到退休年龄后继续工作，未享受职工基本养老保险待遇	构成劳动关系，企业因此解除合同的，需支付违法终止赔偿金
到退休年龄后继续工作，已经享受"新农保"养老金待遇	观点一：构成劳务关系，企业解除合同的，无须支付赔偿金 观点二：构成劳动关系，企业因此解除合同的，需支付违法终止赔偿金

可见，对于达到法定退休年龄人员的用工性质问题，虽然《劳动合同法》《劳动合同法实施条例》以及最高人民法院的司法解释做出了针对性的规定，但是司法实践中的裁判观点仍不统一。笔者认为，判断该问题关键还是在于如何平衡用人单位与达到法定退休年龄人员之间的利益。

《人民司法》2021 年第 7 期中郑学林等撰写的《〈关于审理劳动争议案件

适用法律问题的解释（一）〉几个重点问题的理解与适用》一文中阐述道：对于《劳动合同法实施条例》第二十一条的规定，应视其为《劳动合同法》第四十四条第（6）项规定的"法律、行政法规规定的其他情形"，即劳动者达到法定退休年龄，并不意味着劳动关系必然自动终止。人民法院应当对该条规定适用情形作实质审查。

笔者认为，这里的实质审查是审查用人单位对达到法定退休年龄劳动者不能享受养老保险待遇是否有过错。下面分情况说明。

1. 用人单位有过错

如果用人单位拒绝为劳动者办理或者入职时未能及时办理社会保险，造成劳动者达到法定退休年龄时因缴费年限不满 15 年而不能享受基本养老保险待遇，即劳动者达到法定退休年龄却无法享受养老待遇的原因在于现用人单位，此时应认定双方存在劳动关系，可以最大程度上保护劳动者合法权益。

2. 用人单位无过错

如果劳动者之前所在的用人单位未为其缴纳养老保险费导致现用人单位无法办理养老保险的，或者现用人单位可以办理但养老保险累计缴费年限不满 15 年，这种情况下如果"一刀切"地要求现用人单位按照劳动关系承担用工责任，也不尽合理。首先，现用人单位并非劳动者不能享受养老保险待遇的过错方，却因此按照劳动关系承担用工责任，显然是不公平的；其次，这会造成用人单位避免招用不能享受养老保险待遇人员，反而对劳动者是不利的。此时将双方关系定性为劳务关系，既降低了用人单位的用工风险，又利于这部分人获得就业机会，符合社会保障的实际需要，也符合《劳动合同法实施条例》第二十一条的规定。

综上，根据最高人民法院民一庭的观点，对于超过退休年龄的劳动者再就业与用人单位之间法律关系的处理可以总结如下。

（1）已经享受职工基本养老保险待遇的，成立劳务关系；

（2）未享受职工基本养老保险待遇，单位存在过错的，成立劳动关系；

（3）未享受职工基本养老保险待遇，单位不存在过错的，成立劳务关系；

（4）未享受职工基本养老保险待遇，单位不存在过错但双方签订了劳动合同的，成立劳动关系。

以下案例中，用人单位即运用到了此种观点进行抗辩说理，最终得到了人民法院的支持。

[关联案例]

案例 15-4　用人单位对劳动者无法享受基本养老保险待遇没有过错，终止劳动合同合法

何某是 1967 年生人，2019 年 5 月 13 日，何某入职某公司，双方未签订劳动合同，公司也未为何某缴纳社会保险费，何某入职时已满 52 岁。

2020 年 1 月农历新年前，何某以公司拖欠工资、未缴纳社会保险费、未签订书面劳动合同为由辞职，并要求公司支付经济补偿、二倍工资等费用。

公司认为，何某已到退休年龄，不可能与公司再存在劳动关系，也就不可能存在签订合同、经济补偿的问题。

此后，何某经劳动仲裁程序后起诉，要求公司支付相关费用。

处理结果

人民法院认为，《劳动合同法实施条例》第二十一条是针对《劳动合同法》的立法不足而做出的补充规定，两个规定并不冲突，不是替代关系，也不存在优先适用问题，而是补充与完善的关系。审判实务中应根据每一个劳动者的情况不同，两个规定只能择一适用，具体适用哪个规定，人民法院应当对劳动者不能享受基本养老保险待遇的原因作实质审查。即若劳动者不能享受基本养老保险待遇的原因不能归责于用人单位，则原则上不应认定为劳动关系，除非双方签订了劳动合同。经审查，何某首次入职公司的时间为 2019 年 5 月 13 日，当时何某已 52 岁，达到法定退休年龄，何某不能依法享受基本养老保险待遇的原因与涉案用人单位无任何关联，双方亦未签订劳动合同，故双方之间的用工关系应认定为劳务关系，而非劳动关系。对何某由此主张公司支付劳动关系项下的未订立书面劳动合同的双倍工资、解除劳动关系的经济补偿等不予支持。

四、劳动合同终止的限制

根据前述分析可知，劳动合同终止只限于几种法定情形。实践中，最为常

见的是合同期满终止，但根据《劳动合同法》《工会法》等法律的规定，合同期满终止受到的限制也是最为严厉的，如果用人单位违反相关限制终止合同，将可能承担赔偿金或恢复劳动关系的合规风险。

[关联案例]

案例 15-5 对从事接触职业病危害的作业的劳动者未进行离岗前职业健康检查的，用人单位不得解除或终止与其订立的劳动合同

2010 年 1 月，张某与某劳务公司建立劳动关系后被派遣至乙公司担任电焊工，双方签订的最后一期劳动合同期限为 2010 年 1 月 1 日至 2014 年 6 月 30 日。

2014 年 1 月 13 日，乙公司与张某签订协商解除劳动合同协议书。

2014 年 4 月，张某被诊断为电焊工尘肺一期。2014 年 12 月 10 日，张某被鉴定为职业病致残程度七级。

张某申请仲裁，要求与乙公司自 2014 年 1 月 13 日起恢复劳动关系。

人民法院认为，根据《劳动合同法》第四十二条第 1 款的规定，从事接触职业病危害作业的劳动者未进行离岗前职业健康检查的，用人单位不得依照该法第四十条、第四十一条的规定解除劳动合同。

此款规定虽然没有排除用人单位与劳动者协商一致解除劳动合同的情形，但根据《职业病防治法》第三十五条的规定，对从事接触职业病危害的作业的劳动者，用人单位应当按照国务院安全生产监督管理部门、卫生行政部门的规定组织上岗前、在岗期间和离岗时的职业健康检查，并将检查结果书面告知劳动者……对未进行离岗前职业健康检查的劳动者不得解除或者终止与其订立的劳动合同。

判决：张某与乙公司自 2014 年 1 月 13 日起恢复劳动关系至 2014 年 12 月 10 日止。（本案例来自《最高人民法院公报》2017 年第 5 期）

除了职业病危害的情形，笔者还总结了在劳动合同期满不能终止劳动合同的常见情形（见表 15-5），HR 务必掌握。

表 15–5 劳动合同到期不能终止的情形

到期不能终止的情形	法律依据
从事接触职业病危害作业的劳动者未进行离岗前职业健康检查的	《劳动合同法》第四十二条、第四十五条，《职业病防治法》
疑似职业病病人在诊断或者医学观察期间的	
在本单位患职业病或者因工负伤，一至六级的	
患病或者非因工负伤，在规定的医疗期内的（医疗期届满前已经治愈的除外）	
女职工在孕期、产期、哺乳期的	
在本单位连续工作满 15 年，且距法定退休年龄不足 5 年	
在本单位连续工作满 10 年，劳动者提出订立无固定期限劳动合同的	《劳动合同法》第十四条
用人单位初次实行劳动合同制度或者国有企业改制重新订立劳动合同时，劳动者已在该用人单位连续工作满 10 年且距法定退休年龄不足 10 年，且劳动者提出签订无固定期限劳动合同的	
连续订立二次固定期限劳动合同，且劳动者没有《劳动合同法》第三十九条和第四十条第（1）项、第（2）项规定的情形，劳动者提出订立无固定期限劳动合同的	
工会专职、副主席、委员任职期限未满的（任职期间个人严重过失或者达到法定退休年龄的除外）	《工会法》第十九条

此外，根据《人力资源社会保障部办公厅关于妥善处理新型冠状病毒感染的肺炎疫情防控期间劳动关系问题的通知》规定：对新型冠状病毒感染的肺炎患者、疑似病人、密切接触者在其隔离治疗期间或医学观察期间以及因政府实施隔离措施或采取其他紧急措施导致不能提供正常劳动的企业职工，企业应当支付职工在此期间的工作报酬，并不得依据劳动合同法第四十条、四十一条与职工解除劳动合同。在此期间，劳动合同到期的，分别顺延至职工医疗期期满、医学观察期期满、隔离期期满或者政府采取的紧急措施结束。

五、劳动合同终止的经济补偿

根据前述总结，劳动合同的终止必须符合法定情形，否则用人单位将可能承担违法终止劳动合同的赔偿金。那么，对于合法终止的情形，用人单位是否需要支付经济补偿呢？笔者总结如下指引。

（一）主体资格消灭的情形

1. 用人单位主体资格消灭，即单位破产、被吊销执照、关闭、撤销、提前解散的情形，用人单位终止劳动合同应当支付经济补偿。

2. 劳动者死亡或被人民法院宣告死亡或宣告失踪的，用人单位终止劳动合同无须支付经济补偿。

3. 劳动者达到法定退休年龄且依法享受养老保险待遇的，用人单位终止劳动合同无须支付经济补偿；劳动者达到法定退休年龄但未享受养老保险待遇的，如果劳动者未享受养老保险待遇并非用人单位过错，用人单位可以终止劳动合同，但实践中法院为了平衡二者权益，可能会支持劳动者经济补偿的请求。

（二）劳动合同期满的情形

1. 合同期满，如果用人单位愿意续签且维持或提高劳动合同约定条件，但劳动者不同意续签的，劳动合同终止，用人单位无须支付经济补偿。

这里需要注意，北京等地规定，劳动合同到期的，用人单位需提前 30 天通知劳动者不续签；湖南地区虽无强制性规定，但笔者仍建议提前通知，特别是对于劳动合同约定条件存在变更或劳动者不续签的情形下，提前通知可便于保留双方协商续签劳动合同的证据，如续签意向书、续签征询函等。若劳动者明确不续签，可要求劳动者本人书写"由于本人原因，不愿续签劳动合同"并且签字确认，或者依据《民法典》的相关规定，在续签意向书或续签征询函中明确最迟回复时间以及不予回复视为不续签的说明，避免日后发生纠纷。

2. 合同期满，如用人单位不愿意续签，或用人单位降低劳动合同约定条件导致劳动者拒绝续签的，则用人单位应当支付经济补偿。

这里还需要注意，根据《劳动合同法》第十四条第 2 款规定，连续订立两次以上固定期限劳动合同的，劳动者享有订立无固定期限劳动合同的权利，用人单位负有续订无固定期限劳动合同的义务，故单位在第二次及以上的劳动合同期满终止时，可能会涉及违法终止劳动合同，具体可参见第四章"劳动合同签订的合规管理"。

（三）其他情形

1. 非全日制用工，任何一方通知对方终止用工的，用人单位无须支付经济补偿。

2. 任务完成，即以完成一定工作任务为期限的劳动合同因任务完成而终止，用人单位应当向劳动者支付经济补偿。

3. 劳动者自入职起 1 个月内，经用人单位书面通知签订劳动合同，拒绝签订的，用人单位可书面通知劳动者终止劳动关系，无须支付经济补偿。

综上，笔者建议，用人单位在终止劳动合同前，首先，要确保终止劳动合同的行为合法，判断是否存在限制终止的情形；其次，要判断是否属于需要支付经济补偿的情形，如降低劳动合同约定条件导致劳动者拒绝续签的，则应当支付经济补偿；最后，应避免合同期满后未及时终止而是继续用工，从而面临未签订劳动合同导致赔偿二倍工资等用工风险。

推荐范本 15-1

劳动合同到期续签征询函

您与我司订立的劳动合同即将届满。根据国家和地方法律、法规、政策以及劳动合同的相关约定，经公司管理层批准，公司同意与您不降低该到期劳动合同约定条件续订劳动合同，新的劳动合同期限由双方协商为固定期限：　年　月　日至　年　月　日。

请您于收到此函后 5 天之内填写回执意见并交给人力资源部，逾期将视为本人不同意与公司续签劳动合同，您与公司的劳动合同将于合同到期日终止。

回执

您与我司订立的劳动合同即将届满。根据国家和地方法律、法规、政策以及劳动合同的相关约定，经公司管理层批准，公司同意与您不降低该

到期劳动合同约定条件续订劳动合同，新的劳动合同期限由双方协商为固定期限：　年　月　日至　年　月　日。

请您于收到此函后5天之内填写回执意见并交给人力资源部，逾期将视为本人不同意与公司续签劳动合同，您与公司的劳动合同将于合同到期日终止。

本人意见：（是否同意续订或其他）

■ ■ ■ 拓展问题：劳动合同终止、解除时间是签字时还是当日24时

根据《民法典》第一编第十章"期间计算"的规定，合同到期最后一日是法定休假日的，以法定休假日结束的次日为期间的最后一日。期间的最后一日的截止时间为二十四时；有业务时间的，停止业务活动的时间为截止时间。以上规定，当事人另有约定的除外。

例如合同期限为2017年1月1日至2020年1月1日，则到期日一般为2020年1月1日24时，如单位上下班时间为朝九晚五，则截至2020年1月1日17时，遇法定休假日，顺延至休假日结束的次日。

但根据《劳动部关于实行劳动合同制度若干问题的通知》第5条第2款规定：劳动合同的终止时间，应当以劳动合同期限最后一日的24时为准。

实践中，对于劳动合同的终止时间相关的法律规定应该如何适用仍存在争议。建议用人单位将终止、解除劳动合同的时间精确到分，以避免发生如下案例中的风险。

［关联案例］

案例15-6　劳动合同解除当天下班后，劳动者遭受交通事故，双方仍存在劳动关系

2016年2月，张某到某宾馆从事食堂工作，双方未签订书面劳动合同，某宾

馆亦未为张某办理工伤保险。2016 年 3 月 23 日，双方解除了劳动关系，当日 13 时 20 分左右，张某驾驶电动自行车从某宾馆下班回家，途中发生交通事故受伤。经中医院救治，中医诊断为骨折—气滞血瘀；西医诊断为右双踝骨折。

　　某宾馆认为张某已于 2016 年 3 月 23 日离职，故双方之间不存在劳动关系，不应认定为工伤。

　　人民法院认为，根据本案在案证据，张某与某宾馆存在劳动关系，该宾馆并未提交证据证明张某 2016 年 3 月 23 日在该单位离职及在涉案事故发生前，张某已与其他用人单位形成相关劳动关系，根据《劳动部关于实行劳动合同制度若干问题的通知》（劳部发〔1996〕354 号）第 5 条第 2 款的规定，某宾馆与张某之间的劳动关系仍应于当日的 24 时终止，因此，张某于当日 13 时 20 分左右驾驶电动自行车从某宾馆下班，途中发生交通事故受伤之时仍与某宾馆存在劳动关系。2016 年 4 月 9 日，交警作出事故认定书，认定张某负事故同等责任，该认定书分别由交通事故当事人张某、蔡某及参与处理事故的交通警察签名确认，该事故认定书分析了造成事故的原因，并据此作出了责任认定，故原审法院认为该事故认定书可以作为认定张某承担非本人主要责任的依据并无不当。据此，2017 年 1 月 23 日，人力资源和社会保障局作出涉案认定工伤决定书，认定张某在前述事故中所受伤害为工伤符合法律规定。

第十六章

劳动者单方解除劳动合同的合规管理

劳动合同的解除，大体分为协商解除和单方解除两种。用人单位若处理不当，极易引发合规风险。所以，对于企业 HR 来说，劳动合同解除的合规管理是十分复杂但又必须掌握的知识。本章先介绍一下劳动者提出解除劳动合同的情形。

【合规实务指引】

一、劳动者单方解除劳动合同的情形及程序

劳动者提出解除劳动合同，一般来说分为两种情形：一种是无理由或以个人原因辞职，一种是因单位存在过错被迫辞职。这两种情形下劳动合同的解除有着不同的法律要求及程序要求（见表 16–1）。

表 16-1　劳动者单方解除劳动合同的程序及时间要求

具体情形		解除程序
主动辞职	劳动者提出协商解除劳动合同	协商一致并签订书面协议
	劳动者在试用期内	提前 3 天通知解除
	劳动者在转正后	提前 30 天通知解除
被迫辞职	用人单位未按照劳动合同约定提供劳动条件或者劳动保护	随时通知解除
	用人单位未及时足额支付劳动报酬	
	用人单位没有依照法律规定为劳动者缴纳社会保险费	
	用人单位的规章制度违反法律、法规的规定，损害劳动者权益	
	用人单位以欺诈、胁迫的手段或乘人之危，使劳动者违背真实意思的情况下订立或者变更劳动合同	
	用人单位以暴力、威胁或者非法限制人身自由的手段强迫劳动者劳动	立即解除劳动合同，无须事先告知用人单位
	用人单位违章指挥、强令冒险作业危及劳动者人身安全	

二、劳动者主动辞职的合规指引

有的用人单位在员工手册中有这样的表述："员工辞职应提前三十日书面通知公司，经公司审批同意后方可离职，否则公司有权不开离职证明、扣发工资、扣发奖金、扣发提成……"用人单位制定这样的制度会带来什么样的合规风险呢？

（一）劳动者通知用人单位解除劳动合同，是否需要用人单位审批通过

1. 劳动者的辞职通知无须用人单位审批

用人单位设置辞职审批制度的本意应该是为了避免劳动者在离职过程中不配合工作交接等造成不良影响，比如关键岗位的离任审计、财务人员的资料交接、技术人员的项目移交等等。但根据《劳动合同法》第三十七条的规定，劳动者提前通知解除劳动合同的，需要提前 30 日以书面形式通知用人单位，如果是在试用期的，需要提前 3 日通知。这里用的表述是"通知"，也就是说，劳动

者的辞职权是一种形成权，只要劳动者的意思表示到达用人单位，即已发生法律效力。因此，劳动者通知用人单位解除劳动合同，实际上并不需要用人单位审批通过。

2．劳动者违法解除劳动合同的后果

为避免劳动者随意离职给用人单位造成损失，法律对劳动者辞职的自由进行了一定的限制，比如提前通知用人单位的义务，《劳动合同法》第五十条第 2 款规定，劳动者应当按照双方约定，办理工作交接。而且根据《劳动合同法》第九十条规定，劳动者违法违约解除劳动合同，给用人单位造成损失的，应当承担赔偿责任。

实践中，用人单位对于劳动者违法解除劳动合同所造成的损失极难举证，所以也有不少用人单位在劳动合同或规章制度中直接规定了违约金的金额，甚至也有用人单位要求劳动者提前缴纳或从劳动报酬中扣除一部分金额作为保证金。对此，《劳动合同法》有明确的强制性规定，即除了培训服务期及竞业限制这两种情形，用人单位不得约定由劳动者承担违约金，也不得要求劳动者提供担保或者以其他名义向劳动者收取财物，即使双方签字认可，也属于无效约定。实践中审裁机构一般会综合全案的情况，对用人单位的损失金额进行酌情确定。

［关联案例］

案例 16-1 劳动者擅自离职，应向用人单位赔偿损失

A 公司是一家经营艺术培训的公司，员工某甲于 2020 年 3 月入职 A 公司，岗位为乐高老师，双方约定劳动合同期限为 3 年，并约定员工离职时应当按法律规定提前提出并配合办理课程交接、行政事务交接、财务事务交接等离职手续。2020 年 11 月 21 日，某甲在有课程安排的当天，临时以微信信息告知 A 公司负责人自己将离职且无法配合办理任何工作交接手续。A 公司以电话、微信等多种方式均无法与某甲取得联系。

A 公司遂提出劳动仲裁申请，要求裁决确认员工某甲擅自离职的行为违法并要求员工配合办理工作交接手续，同时要求员工某甲赔偿因擅自离职给 A 公司造成的损失 2 万元。

仲裁裁决：酌情认定员工某甲向 A 公司支付损失赔偿金 5000 元。

（二）辞职申请与辞职报告的区别

要评价劳动合同解除违法与否，首先需要确定劳动合同解除的类型。对于辞职申请或辞职报告，从名称上可能并不能确定是何种类型的解除，重点还在于判断文书内容所表现出的意思表示。

辞职报告，一般注明要求离职的具体时间，所以更多地表达"通知"的意思，而"通知"一经送达即生效，所以不需要用人单位审批。

辞职申请，一般在文书内容上会更多地表达"协商"的意思，如带有请批示、请批准的字样。或者用人单位在员工手册中明确注明了"申请离职须经单位批准后生效，通知离职需提前30天送达公司"等，在此情况下，劳动者未经批准擅自离职，则可能将承担违法解除劳动合同的法律后果。

［关联案例］

案例 16–2　劳动者提交辞职报告，因多写了三个字被判违法解除劳动合同

2021年3月，彭某因企业5年未涨工资决定离职。他提前30天向用人单位人力资源部门提交了纸质辞职报告，辞职报告是他用网上下载的模板改写的，文末有"请批示"字样。

4月23日，彭某整理好个人办公用品离开用人单位。

5月20日，他收到了法院传票，用人单位状告他旷工，并要求他赔偿经济损失2.9万元。

人民法院认为，彭某提交的辞职报告上有"请批示"字样，属于协商解除劳动关系，不符合《劳动合同法》第三十七条规定的"劳动者提前三十日以书面形式通知用人单位，可以解除劳动合同"的情形，而是适用《劳动合同法》第三十六条规定的"用人单位与劳动者协商一致，可以解除劳动合同"的情形。因此，在双方未协商一致的情况下，彭某的行为属于旷工，应赔偿用人单位经济损失。（本案例来自法治日报《离职文书陷阱需合力填平》一文。）

案例 16–3　劳动者提出离职申请，用人单位未及时反馈，劳动者反悔有效

黄某于2017年8月入职某商贸公司，双方签订了劳动合同。

2021年3月13日，黄某通过邮件向其领导申请离职，离职原因为个人原因，离职时间为4月13日，其领导未回复。

2021年3月25日，黄某又向领导发邮件称，自己是一时意气，希望撤销离职申请，领导仍未回复。

2021年5月1日，公司人力资源部向黄某发邮件称，接受黄某的离职申请，要求黄某立即离职，并办理离职交接手续。

黄某离职后，向劳动仲裁委员会申请仲裁，主张用人单位违法解除劳动合同，并要求支付赔偿金。

仲裁裁决：用人单位违法解除劳动合同，应向黄某支付赔偿金。

案例16-4　劳动者提交离职报告，已经审批，劳动者反悔无效

曾某2015年1月12日入职A公司。

2019年6月26日，曾某向A公司提交了离职报告，并明确7月25日离职，离职报告的底部备注了"根据《劳动合同法》相关规定，员工提出离职，须提前30天以书面形式告知公司"。

2019年7月10日，曾某找到A公司人事部门要求撤销离职报告。A公司向曾某短信回复称："你于7月10日反馈的情况，我们已经进行了情况调查和部门沟通。由于你已签发离职报告且离职流程已由总部审批，现离职无法更改"。

随后，曾某申请劳动仲裁，要求A公司支付解除劳动合同的经济赔偿金和工资等费用。

人民法院认为，案涉离职报告载明2019年6月26日提出辞职并明确7月25日离职，属于《劳动合同法》第三十七条规定的劳动者提前三十日单方预告解除劳动合同的方式，无须用人单位做出是否同意的意思表示，属于形成权，解除的意思一经到达对方即发生法律效力。曾某发出撤回或撤销离职的意思，已经超过撤回解除意思表示的时间，不发生撤回的后果，也不得对单方意思表示进行撤销，故A公司不构成违法解除劳动合同，不符合支付赔偿金的法定条件。劳动合同解除后，因曾某未提供劳动，其主张的工资等费用没有事实和法律依据，法院不予支持。

案例评析

上述三个类似案例之所以结果完全不同，主要是因为辞职申请与辞职报告在撤回、撤销上有不同的法定要求。

1．辞职申请的撤回及撤销

对于劳动者提出的协商解除劳动合同的要求，用人单位可以同意也可以

拒绝，且劳动者也可以在辞职申请到达用人单位之前或之时撤回，也可以在用人单位做出同意的意思表示之前撤销。

案例 16–2 中，彭某虽然提交的是辞职报告，但其内容中明确书写了"请批示"字样，应视为劳动者提出的协商解除劳动合同，彭某在未经单位批准的情况下擅自离职，属于旷工，所以要承担违法解除劳动合同的法律后果。

案例 16–3 中，黄某提出离职以及撤销离职后，用人单位在近两个月之后才进行了答复。这两个月中，黄某一直正常上班，用人单位也正常发放工资，故可以认定用人单位已通过默示的方式同意了黄某撤销辞职的申请。用人单位在此后要求黄某离职，即属于单方违法解除劳动合同。

2. 辞职报告的撤回及撤销

员工采取通知的方式提出辞职，无须用人单位做出是否同意的意思表示，解除的意思一经到达用人单位即发生法律效力。劳动者可以在意思到达对方之前或之时撤回，但不得撤销。

案例 16–4 中，曾某于 2019 年 6 月 26 日向公司递交辞职报告，公司收到辞职报告时已发生法律效力，故曾某 7 月 10 日要求撤销离职报告，公司当然有权拒绝，并可以要求曾某如期离职。

合规建议

1. 如果劳动者仅口头提出辞职，应要求其出具书面辞职报告，避免因举证问题承担不必要的合规风险（如劳动者在仲裁时称被用人单位解雇）。

2. 注意劳动者提交的辞职文书是申请还是通知，如果是通知，则无须用人单位审批；如果是申请，用人单位应及时进行回应，并注意保留双方协商的证据，避免形成用人单位的单方解除。

3. 确认解除劳动合同的时间（确认最后工作日、薪资结算日）。在解除日前不能要求员工提前离职，否则涉及违法解除；在解除日之后不能继续用工，否则离职申请可能无效。

4. 明确解除劳动合同的理由是否为员工个人原因（如果用人单位违法导致离职，则可能需支付经济补偿）。

5. 查明是否存在培训服务协议、竞业限制协议，如果双方签订过上述协议，则可按协议约定要求劳动者退还尚未履行的服务期内的折算违约金；如果要求劳动者离职后履行竞业限制义务，需按约向员工支付竞业限制补偿金。

6.查明是否有尚未休完的年休假、调休假等，可在离职前安排休假或支付相应工资。

7.及时主动地办理相关离职手续，如社会保险、公积金的转移，出具离职证明，工作交接等。

（三）员工"不辞而别"的合规处理

现实中，对于有些员工不辞而别的情况，用人单位采取了不管不理的态度，或者在员工手册中将此种行为定性为自动离职，这种做法存在一定的合规风险。

1.自动离职的法律效果及风险

《劳动法》和《劳动合同法》等现行法律中并没有关于自动离职的规定，所以，自动离职并不是一个法律概念，而是一种事实陈述。这种事实是指员工脱岗的一种状态，造成这种状态的原因可能是旷工，可能是员工遭受意外事故，也可能是员工被迫解除劳动合同，所以，员工自动离职并不能断然认定为员工违法解除劳动合同。

实践中，员工自动离职的纠纷主要涉及赔偿金、经济补偿金。该类案件中，员工通常主张是用人单位口头辞退，而用人单位一般会抗辩称员工自动离职，此时法院会根据《最高人民法院关于审理劳动争议司法解释（一）》第四十四条规定的举证责任分配原则，要求用人单位提供解除劳动合同的证据。在实务中，如果查明双方均无保持劳动关系的意愿，且均未提交证据证明劳动关系解除的原因，最后判决多认为是协商一致解除劳动关系，用人单位需向员工支付经济补偿金。

2.自动离职的合规管理建议

从目前的司法裁判案例来看，在员工"不辞而别"时，如果用人单位消极应对，将存在一定的用工风险，所以建议用人单位应积极采取应对措施。

（1）在员工手册中对员工"不辞而别"的行为进行规定，并将该行为定性为旷工的"严重违纪"，且用人单位可以依据《劳动合同法》第三十九条的规定解除劳动关系。

（2）向员工送达限期返岗通知书，要求员工说明未到岗原因，如有特殊情况可进行补假。这里就需要事先确认通知送达地址，用人单位可采取有效途径发送通知，如工作邮箱、微信、短信、办公 App 等。

（3）主动调查员工缺勤的原因，特别要调查是否存在意外事故、突发疾病、死亡等情况，不要贸然停发工资或者按旷工处理。用人单位可联系员工家人、紧急联系人、住所地社区等，如果发现发生特殊情况，则应按相应情况处理。

（4）如未发现特殊情况，建议再次送达一次限期返岗通知书，并再次说明公司制度中关于员工旷工的行为后果，以尽到"善良管理"的义务。

（5）如果员工无故未按限期返岗通知书要求返岗上班，可依据用人单位相关考勤、惩处制度进行处理。达到严重违纪条件的，用人单位可通知工会、送达解除通知并告知离职手续办理要求，按合法的流程解除劳动合同。

（6）依法及时结算工资，办理社会保险转移、出具离职证明等手续。

（四）"不开离职证明、扣发工资、扣发奖金、扣发经济补偿"的做法不可行

实践中，员工在离职时与用人单位存在纠纷争议时，有些用人单位会采取扣发工资、拒绝出具离职证明、拒绝办理档案或社会保险转移手续等手段增强其在离职谈判中的筹码。实际上，这样的方式可能给用人单位带来更大的合规风险。

1. 不开离职证明的风险

根据《劳动合同法》第五十条、第八十九条的规定，无论劳动者是辞职还是被辞退、是协商解除还是合同终止，用人单位都应当在解除或者终止劳动合同时出具解除或者终止劳动合同的证明，并在 15 日内为劳动者办理档案和社会保险关系转移手续。

实务中，如果用人单位不按规定出具离职证明，可能会导致劳动者无法享受失业保险待遇，而且离职证明往往是新公司为了规避招用尚未解除劳动合同的劳动者而承担连带责任风险要求劳动者提供的文件，因此，劳动者若无法提供离职证明，新公司可能不会录用，这必然将会给劳动者造成损失，而拒开离职证明的用人单位将可能承担行政处罚及民事赔偿责任。

［关联案例］

案例 16-5　用人单位因拒开离职证明，被判赔偿劳动者损失 64 万元

杨某于 2011 年 3 月入职某银行，职位为专职董事，月薪 8 万元，劳动合同期限至 2019 年 2 月 28 日止。

2017 年 2 月 15 日，杨某向该银行提交离职申请表，写明因个人原因申请离职。该银行人力资源部负责人于 2017 年 2 月 17 日在离职申请表上签字。

2017 年 2 月 27 日，该银行发布职务任免通知，免去杨某职务。杨某于 2017 年 3 月 21 日将其保管的保险柜备用密码钥匙、档案柜备用密码钥匙等物品进行了交接，杨某及交接人在登记簿上签字，并于 2017 年 3 月 31 日正式离职。

离职后，杨某经多轮面试成功被甲公司录取，月薪 8 万元，由于入职时甲公司要求杨某提交其前用人单位出具的离职证明，杨某只好申请延期入职。

2017 年 6 月 5 日，甲公司向杨某发出关于待入职员工杨某延期入职申请的反馈，载明，公司已收到杨某迟延入职申请，根据公司项目进程安排，杨某入职的专职董事职位可保留至 2017 年 7 月 31 日，届时，若杨某仍无法办理入职手续并与公司签订劳动合同，公司将取消录用，请杨某尽快落实入职条件。

后因杨某之前就职的银行拒开离职证明，杨某未能在甲公司规定的时间内办理入职手续，甲公司取消录用杨某。

2017 年 8 月 13 日，杨某向劳动仲裁委员会申请仲裁，要求：（1）银行向杨某出具解除劳动合同证明书并配合办理人事档案及社会保险关系转移等手续；（2）赔偿因未向杨某出具解除或者终止劳动合同的书面证明给杨某造成的经济损失 100 万元。

仲裁裁决：（1）银行向杨某出具解除劳动合同证明，并办理档案和社会保险关系转移手续；（2）银行向杨某赔偿因未出具解除劳动合同证明造成的经济损失 64 万元（8 万元 / 月 ×8 个月）。

案例评析

为离职劳动者出具离职证明是用人单位的法定义务，并没有任何法定的前提条件，所以用人单位不能因为劳动者未进行离职交接等事由而拒绝出具离职证明，如果劳动者因此遭受损失（如失业保险待遇、未能就业的工资损失以及政府给予下岗失业人员再就业或自主创业的优惠政策等），用人单位可能需承担赔偿责任。

合规建议

用人单位应当主动规避这样的合规风险，比如可在员工手册、劳动合同或劳动合同解除协议中明确规定，"员工离职后，可随时到人力资源部领取离职证明"，且在劳动者离职后，主动通知劳动者按约到公司领取离职证明，并保留通知送达等凭证。

2. 扣发工资、奖金、年休假补偿等费用的风险

根据《劳动合同法》《工资支付暂行规定》《湖南省工资支付监督管理办法》《企业职工带薪年休假实施办法》等法律规定，用人单位应在解除或终止劳动合同时一次结清劳动者工资、未休年休假补偿等费用，否则，将可能承担拖欠、克扣工资的合规风险。对于离职奖金发放的问题，则视用人单位规章制度及双方的具体约定进行判断，具体可参见第九章"薪酬的合规管理"和第十章"奖金与提成的合规管理"。

3. 扣发经济补偿金的风险

一般情况下，如果员工符合支付经济补偿的条件，用人单位应在其离职后及时支付。但根据《劳动合同法》第五十条第 2 款的规定，办理工作交接是员工的法定义务，经济补偿在办结工作交接时支付。

这条规定看似是给予了用人单位一个要求员工办理离职交接的制衡手段，但在司法实践中，仍需遵循"谁主张，谁举证"的原则，用人单位需要举证证明存在合法有效的离职工作交接制度，还需证明员工未完成离职交接的事实。

一般来说，用人单位会制作工作交接清单，而清单的内容是否属实，如员工是否领取了办公物品、客户名单、财务账簿、会计凭证资料等财产未归还，仍需用人单位举证证明，否则，拒付经济补偿金就没有依据。故用人单位应完善并严格执行有关公司财产的保管、流转、交接的流程制度，并保留相关证据材料。

此外，建议用人单位提前在劳动合同中约定未依法办理辞职及交接手续的损失赔偿责任，也可规定在员工办理完毕离职交接手续后再支付经济补偿金。对于需要离任审计的岗位，可要求员工在职期间出具配合离任审计的承诺，明确不配合审计的损失赔偿责任。员工提出离职后，尽快向员工书面通知开展离职交接以及离任审计工作，明确告知员工离职手续办理的内容、要求及不办理的后果。

三、员工被迫辞职的合规管理

被迫辞职，即劳动者依据《劳动合同法》第三十八条规定提出辞职，此种情形下，用人单位需要支付经济补偿金。

（一）解除事由的确认

实践中，区分劳动者是主动辞职还是被迫辞职，主要依据劳动者在辞职报告中所陈述的离职原因，如填写为个人原因，一般将认定为主动离职，如填写为拖欠工资、未依法缴纳社会保险费等原因的，审裁机构一般将审查上述事实是否存在而确定用人单位应否支付经济补偿，所以，对于辞职申请/报告的填写，双方均应慎重对待。

此外，实践中还有一种情况，即劳动者先以"个人原因"辞职，此后又主张被迫解除劳动合同而要求经济补偿，各地法院对此有不同观点。以长沙市的司法实践为例。

［关联案例］

案例 16-6　约定终止事由无效，用人单位据此终止劳动合同违法

2013 年 2 月 19 日，肖某入职 A 公司，该公司自 2014 年 4 月至 2018 年 11 月为肖某缴纳了社会保险费。

2018 年 12 月，A 公司指派肖某进入 B 公司工作，B 公司为肖某缴纳 2018 年 12 月之后的社会保险费，但 2019 年 12 月开始停缴肖某所有的社会保险。

2020 年 3 月 31 日，肖某因个人原因向 B 公司提交辞职申请书，申请于 2020 年 4 月 30 日离职。

2020 年 4 月 8 日，肖某以 B 公司未依法足额缴纳社会保险费、欠付工资为由，再次向 B 公司发出解除劳动合同申请书，要求解除与 B 公司的劳动关系，B 公司在 2020 年 4 月 10 日签收了该申请书。

随后，肖某申请仲裁，要求 B 公司支付经济补偿金、加班费、年休假工资、未结算工资。裁决后，B 公司因不服仲裁裁决而诉至法院。

B 公司认为，肖某于 2020 年 3 月 31 日主动提出书面离职申请，明确写明因个人原因离职，不符合支付经济补偿金的条件。

法院认为，双方劳动关系于 2020 年 4 月 10 日解除，因 2013 年 2 月 19 日至

2014 年 3 月期间，B 公司存在未为肖某缴纳社会保险费的情形，故本案符合法定应当支付经济补偿金情形。

案例评析

一般来说，用人单位都会规定员工离职应提前 30 天通知用人单位，而用人单位收到离职通知后，该通知就已经发生法律效力，员工是不可以随意撤销的。但这 30 天仍属于劳动关系存续期间，如果在此期间用人单位出现《劳动合同法》第三十八条规定的情形，员工仍可即时解除劳动合同。故用人单位在做离职管理时，需先行自查人力资源管理的合规情况。

（二）劳动者单方解除劳动合同的，用人单位是否需要支付经济补偿

劳动者提出解除劳动合同的事由不同，其法律效果也不同，常见情形如表 16–2。

表 16–2　劳动者单方解除劳动合同的不同情形

辞职情形		经济补偿
主动辞职	劳动者提出协商解除劳动合同	无须支付
	劳动者在试用期内提前 3 天书面通知解除	
	劳动者在转正后，提前 30 天书面通知解除	
被迫辞职	用人单位未按照劳动合同约定提供劳动条件或者劳动保护	如解除理由成立，用人单位需支付经济补偿
	用人单位未及时足额支付劳动报酬	
	用人单位没有依照法律规定为劳动者缴纳社会保险费	
	用人单位的规章制度违反法律、法规的规定，损害劳动者权益	
	用人单位以欺诈、胁迫的手段或乘人之危，使对方违背真实意思的情况下订立或者变更劳动合同，致使劳动合同无效的	
	用人单位以暴力、威胁或者非法限制人身自由的手段强迫劳动者劳动	
	用人单位违章指挥、强令冒险作业危及劳动者人身安全	

劳动者提出被迫解除劳动合同的情形有且只有表 16–2 所示的几种，其他

比如未签订劳动合同、未休年休假等不在其内，劳动者可单独主张相应的权利，但不能据此主张经济补偿。

■■■ 拓展问题：调岗的合规管理 ——————————

实践中，一般认为用人单位违法调岗的行为属于表16–2中"用人单位未按照劳动合同约定提供劳动条件或者劳动保护"劳动者可以被迫辞职的情形。

那么，劳动合同中"甲方可以根据工作需要以及乙方的工作能力，调整乙方的工作岗位"的约定，效力如何？

一、调岗、调薪的法定情形

根据笔者的总结，在涉及用人单位单方调岗的纠纷中，审裁机构首先会审查单方调岗行为是否符合法定情形（见表16–3）。

表16–3　调岗、调薪的法定情形

法定情形	依据
患病或非因工负伤（医疗期满）	根据《劳动合同法》第四十条第（1）项规定，劳动者患病或者非因工负伤，在规定的医疗期满后不能从事原工作，也不能从事由用人单位另行安排的工作的
工伤（五、六级伤残）	根据《工伤保险条例》第三十六条的规定，职工因工致残被鉴定为五级、六级伤残的……保留与用人单位的劳动关系，由用人单位安排适当工作
不胜任工作	《劳动合同法》第四十条第（2）项规定：劳动者不能胜任工作，经过培训或者调整工作岗位，仍不能胜任工作的
脱密期	劳动部《关于企业职工流动若干问题的通知》（劳部发〔1996〕355号）第二条规定：用人单位与掌握商业秘密的职工在劳动合同中约定保守商业秘密有关事项时，可以约定在劳动合同终止前或该职工提出解除劳动合同后的一定时间内（不超过六个月），调整其工作岗位，变更劳动合同中相关内容……
女职工孕期	《女职工劳动保护特别规定》第六条第1款规定，女职工在孕期不能适应原劳动的，用人单位应当根据医疗机构的证明，予以减轻劳动量或者安排其他能够适应的劳动

（续表）

法定情形	依据
职业禁忌	《职业病防治法》第三十五条第 2 款规定，用人单位不得安排未经上岗前职业健康检查的劳动者从事接触职业病危害的作业；不得安排有职业禁忌的劳动者从事其所禁忌的作业；对在职业健康检查中发现有与所从事的职业相关的健康损害的劳动者，应当调离原工作岗位，并妥善安置…… 第五十六条第 3 款规定，用人单位对不适宜继续从事原工作的职业病病人，应当调离原岗位，并妥善安置
尘肺病	《尘肺病防治条例》第二十一条规定：各企业、事业单位对已确诊为尘肺病的职工，必须调离粉尘作业岗位，并给予治疗或疗养……
推定认可	《最高人民法院关于审理劳动争议司法解释（一）》第四十三条规定：用人单位与劳动者协商一致变更劳动合同，虽未采用书面形式，但已经实际履行了口头变更的劳动合同超过一个月，变更后的劳动合同内容不违反法律、行政法规且不违背公序良俗，当事人以未采用书面形式为由主张劳动合同变更无效的，人民法院不予支持； 《民法典》第一百四十二条规定，有相对人的意思表示的解释，应当按照所使用的词句，结合相关条款、行为的性质和目的、习惯以及诚信原则，确定意思表示的含义。无相对人的意思表示的解释，不能完全拘泥于所使用的词句，而应当结合相关条款、行为的性质和目的、习惯以及诚信原则，确定行为人的真实意思。

二、调岗、调薪的合理性要求

即使调岗的事由符合法律规定，审裁机构还将从必要性、合理性及程序合规的角度判断调岗行为是否有效。

［关联案例］

案例 16-7 用人单位单方调整工作地点，应考虑劳动者的工作成本

周某与 A 公司签订自 2011 年 5 月 1 日起的无固定期限劳动合同，并约定岗位为营运操作类、工作地点为 B 市、采用不定时工作制。

2019 年 2 月 19 日，A 公司向周某出具员工行政处罚告知单，载明因周某 2019 年 2 月 15 日、16 日，连续 2 天旷工，并处以行政分 10 分扣罚。A 公司于 2019 年 3 月 26 日向周某出具工作安排告知函，将周某工作区域调整至负责 B 市其他区域的

派件工作，工作时间为 8:00-18:00（其中含 2 小时休息时间）。

2019 年 8 月 20 日周某出具被迫解除劳动合同通知书，载明解除理由：A 公司单方以周某旷工为由调整其工作区域，变相降低其工资收入，剥夺其工作权利，长期克扣其工资，单方调整工作时间，变更工时制度，故依据《劳动合同法》第三十八条第 1 款第（1）项、第（2）项规定要求解除与 A 公司的劳动关系，并提起劳动仲裁，要求 A 公司支付经济补偿。

人民法院认为，涉案劳动合同约定周某工作地点是 B 市；如 A 公司派周某到外地或者外单位工作，应经双方协商一致，并签订补充协议。由于工作地点关系到工作的便利性，故即使上述合同仅约定了周某工作地点为 B 市，对同城内调整工作区域是否应经双方协议一致并未做出约定，但亦并不能因此而认定 A 公司可以在 B 市范围内单方、随意调整周某的工作地点，A 公司调整周某的工作地点，仍应具有正当性、合理性。本院认为，A 公司调整周某工作地点，降低了周某的工资待遇，已经超出合理的用工自主权范畴，损害劳动者的合法权益。主要事实和理由如下：

第一，从劳动收入来看，A 公司调整周某的工作地点后，直接导致其提成收入骤然减少，未达到调整前的 1/2，A 公司对此未采取补救措施使周某的收入水平与调整前的收入相当。A 公司主张收入减少是因为周某怠工所致，但未提供充分的证据予以证明。即使如 A 公司所称新工作地点的薪酬计算标准不变或是达到最低工资水平，但亦不能否定工作地点调整后，周某收入大幅度减少，其合法权益受损的事实。

第二，从劳动条件来看，A 公司承认周某自 2003 年 4 月就到其公司工作，周某亦表示在原工作地点已经工作了十多年时间。在此情况下，A 公司对周某工作地点的调整，根据一般日常生活经验，显然会改变周某的劳动条件，客观上影响了周某的经济收入。

第三，从生产经营需要来看，A 公司没有证据证明该公司生产经营状况客观发生重大变化导致其必须调整周某的工作地点且已与周某协商一致变更工作地点。

综上，A 公司在未与周某协商一致的情况下，单方调整周某的工作区域，属于单方变更劳动合同的行为，损害了周某的合法权益，故认定周某向 A 公司提出解除劳动合同，并要求 A 公司支付经济补偿金符合法律规定。

案例 16-8　用人单位单方合法调整工作岗位，不支持经济补偿

陈某于 2008 年 5 月 17 日入职 A 公司，工作岗位是长途运输司机。自 2020 年 7 月起，A 公司在未征得陈某同意的情况下，不提供劳动条件强迫陈某将岗位调整为卡班司机，目的是增加陈某工作量及大幅减少其月工资薪酬，迫使陈某自行离

职，后陈某于 2020 年 12 月 12 日离职，申请仲裁，要求 A 公司向其支付经济补偿。

人民法院认为，企业根据自身经营发展需要对于公司业务构成、人员管理等方面进行调整，属企业用工自主权的范畴，在不损害员工基本劳动权益的前提下，应交由企业自行使。

而对于何为不损害员工的基本劳动权益，首先，在精神性权利上，应满足劳动者从劳动中获得自我价值的需要，体现在公司对员工岗位的调整应系根据自身经营发展的需要，而非出于对个别员工的惩罚或侮辱；其次，在物质性权利上，应保障劳动者从劳动中获得合理对价的权利，体现员工的薪酬待遇在岗位调整后应与调整前基本相当，公司的调整不应为员工的工作、生活带来巨大的不便。

本案中，A 公司在疫情期间根据企业市场经营状况，将长途路线逐步取消转成卡班路线，属于企业自主经营权的范畴，且相关方案亦经过工会讨论，不违反法律规定。该工作调整是针对长途线路司机广泛进行，并非针对陈某个人，且未超出与陈某签订的劳动合同中约定的岗位范围。在薪酬待遇方面，虽然卡班线路的绩效考核制度与长途线路绩效考核制度不同，但车辆大小、车型、运载量等亦不相同，并不必然导致收入减少。根据 A 公司提交的已转岗的 35 名卡班线路司机转岗前后工资情况，可以证明转岗后工资收入与转岗前基本相当，而陈某亦未提交证据证明转岗后工资降低。故本次调岗为合理调岗，A 公司针对该调岗与陈某进行协商，陈某因与 A 公司不能协商一致而处于待岗状态，并不存在 A 公司故意不提供工作条件或减少工作量的情形。综上，法院对于陈某要求支付经济补偿金的诉请不予支持。

案例 16-9　用人单位单方合法调岗的情况下，劳动者不到岗视为旷工

吴某是某学校的园艺工。自 2009 年 6 月入职后，吴某与学校签订的均是为期一年的固定期限劳动合同。2019 年 6 月 28 日，双方最新签订的聘用合同约定：合同期限自 2019 年 8 月 1 日至 2020 年 7 月 31 日止，乙方（吴某）已充分了解并接受甲方（某学校）根据包括但不限于教育教学和工作需要以及乙方的身体状况、工作能力和工作表现等调整乙方的工作岗位。乙方拒不接受甲方工作调动的，视为严重违反甲方规章制度，甲方有权单方解除本劳动合同。

2020 年 4 月 3 日，该学校接教育局通知，因疫情防控原因，要求学校采取分批开学方式复课，双休日改为单休日，周六上课，周日休息。该学校遂发布通知，将工作日由周一至周六上午（5 天半）调整为周一至周六下午（6 天）。

2020 年 4 月 28 日，该学校向吴某送达员工调岗通知书，具体内容为：因学校工作需要，现调吴某从总务处园艺工岗位至食堂工作，调岗从 2020 年 4 月 29 日开

始执行，调岗后工资待遇不变，其他相关福利待遇按照新岗位的标准执行。请吴某自收到通知之日起三日内将工作交接完毕后至新岗位报到，如逾期未报到达三日以上者（含三日），将按照学校相关制度处理。

该学校多次催促后，吴某仍拒不到新岗位报到。2020 年 6 月 23 日，该学校再次向吴某送达《调岗通知书》，但吴某仍拒绝签收，亦不到新岗位报到。

2020 年 7 月 2 日，吴某签收了学校邮寄送的解除劳动合同通知书，通告学校将于 2020 年 7 月 31 日起解除与吴某的劳动合同关系，双方的权利与义务随之终止。随后，吴某回复拒收通知书，申明学校无权单方调岗，明确拒绝接收解除劳动合同通知书，要求续签劳动合同。

2020 年 7 月 9 日，吴某向劳动仲裁委员会申请劳动仲裁，要求学校继续履行劳动合同、支付未签订无固定期限劳动合同的双倍工资差额等费用。

人民法院认为，首先，学校与吴某签订的劳动合同并未就调岗事宜进行约定，在此情况下，评判学校单方调整吴某的工作岗位是否属于合法行使用工自主权，应主要从是否符合学校经营管理需要、调岗后的工资水平有无实际降低、调岗后的工作岗位是否具有侮辱性和惩罚性等几个方面进行判断。本案中，学校的调岗行为并非针对吴某一个人，而是基于疫情期间食堂运营管理、优化人力资源配置的需要，该调岗行为不具有侮辱性和惩罚性；吴某调岗后的工资水平等薪酬待遇与调岗前一致；吴某并未提供证据证明学校的调岗对其订立劳动合同的目的产生实质性的影响。故综合认定学校的调岗行为具有合理性。

其次，《劳动合同法》第十三条第 2 款规定：用人单位与劳动者协商一致，可以订立固定期限劳动合同。但根据上述规定，虽然吴某符合签订无固定期限劳动合同的条件，但亦可经双方协商一致签订固定期限劳动合同。而吴某并未举证证明其与学校签订固定期限劳动合同存在违背其真实意思表示的情形，据此，双方于 2019 年 6 月 28 日签订的聘用合同合法有效。

最后，根据双方合同约定，吴某的聘期从 2019 年 8 月 1 日至 2020 年 7 月 31 日止。现有证据显示，学校多次向吴某告知调岗事宜，但吴某拒不到岗且未履行请假手续，学校决定于 2020 年 7 月 31 日合同到期后，不再续签劳动合同，并提前以解除劳动合同通知书的方式告知吴某，符合《劳动合同法》第四十四条"有下列情形之一的，劳动合同终止：（一）劳动合同期满的……"的规定。

综上，对于吴某主张要求支付未签订无固定期限劳动合同的双倍工资差额以及要求继续履行合同的请求不予支持。

案例评析

上述案例均是因用人单位采取了单方调岗的行为而导致的纠纷，但最终的裁判结果却大相径庭。在实践中，审裁机构是否认可用人单位单方调岗的有效性，通常会从如下几个方面考虑。

1. 调岗是否符合法定调岗的情形；

2. 双方是否对调岗的情形及条件提前进行了约定，包括默示同意的约定；

3. 调岗是否针对劳动者个人；

4. 调岗是否属于用人单位生产经营的合理需要；

5. 劳动者工资水平在调岗前后是否相当、有无大幅改变；

6. 调岗后劳动者的工作条件和劳动便利是否可以维持；

7. 调岗是否带有侮辱性或惩罚性；

8. 劳动者是否能够胜任调整后的岗位。

其中第 1 点和第 2 点的要求择一满足即可，而第 3 点至第 8 点则属于必然审查的内容，只要有一项不符合，则可能被认定为违法调岗。例如：案例 16–7 中双方对调岗提前有约定，但却不符合维持工作条件及劳动便利的要求，属违法调岗；而案例 16–8 及案例 16–9 中，用人单位的调岗完全符合合法性、合理性的要求，此时如果劳动者拒不履行用人单位的调岗安排，用人单位可以按照其制度进行处理。

合规建议

现实中，即使发生了调岗争议，用人单位对于调岗是否合理合法也极难自行判断，难以妥善地进行后续处理。建议用人单位在调岗后应及时与劳动者签订劳动合同变更协议，以示双方对于调岗一事已协商一致。但如果双方无法就此达成一致意见，用人单位则需按以下途径进行合规处理。

1. 调岗要依据法律规定或双方的约定。除了法定调岗情形，实践中也有用人单位在劳动合同、规章制度或者集体合同等文件中创设了更多可以单方调岗的情形，如根据员工身体状况、用人单位的经营情况的调岗，或发生员工违纪的情形时以降职降薪进行处罚，或针对利益冲突的情形（如规定近亲属或夫妻不能同在公司重要利益相关部门任职）进行的调岗等。

此类"约定调岗"的行为在实践中虽存在争议，但如果约定本身没有法定无效情形，用人单位也可据此进行合法调岗的抗辩，亦可能得到法律保护，故建议双方提前对此进行约定。

2. 用人单位需证明存在法定或约定的调岗事由。如果用人单位主张因生产经营的需要调岗，则需收集因客观情况导致岗位缩减或技术升级的证据；如果用人单位主张因劳动者个人能力、工作态度、身体健康等需要调岗，则可收集员工不能胜任工作、违纪、健康情况的证据等。

3. 调岗后，应避免薪酬出现大幅改变。用人单位应制定完善的"薪随岗变"的薪酬体系并提前对此进行约定，还需注意同工同酬、最低工资标准的要求，对于调薪的合理性，建议调薪幅度不超过 20%。

4. 调岗后，用人单位应考虑劳动者增加的劳动成本，并给予一定的补助。如工作地点发生变化，给劳动者照顾家庭、上下班的劳动成本造成更大的负担的，用人单位应考虑给予适当的通勤补贴或提供通勤班车。

5. 调岗不应具有侮辱性或惩罚性，且应考虑劳动者的专业能力是否能够胜任调整后的岗位。总之，调岗是一个管理性行为，并非打击报复劳动者的工具，用人单位对劳动者进行的单方调岗必须是出于其经营的正当合理需要，不能因为其他不合理原因而进行侮辱性或惩罚性调岗，也不能刻意将劳动者调整至其无法胜任的岗位并以此判定其考核不合格，这将导致因缺乏合理性而无法得到审裁机构的认可。

6. 在用人单位合法调岗的前提下，劳动者拒绝到岗的，用人单位可以在规章制度中将此行为定性为旷工，并可依据制度对其进行违纪的处理。

■■■ 企业调岗合规操作问卷指引

1. 劳动合同有无约定具体的调岗情形？

如有，且符合约定的情形，跳转至问题 3

如无，跳转至问题 2

2. 调岗是否属于法定情形？

如是，跳转至问题 3

如否，跳转至问题 4

3. 是否有充分的证据证明，劳动者符合法定 / 约定的调岗情形？

如是，则应收集相关法定 / 约定事由的证据，依法调岗

如否，则可能违法调岗，双方应按原岗位执行

4.双方对调岗事宜是否进行协商并达成一致？（程序合法）

如是，跳转至问题5

如否，跳转至问题7

5.双方有无对协商调岗事宜以书面形式固定？（程序合法）

如有，则双方应签订劳动合同变更协议

如无，跳转至问题6

6.调岗后一个月内，劳动者有无对调岗事宜提出异议？

如有，则可能违法调岗，双方应按原岗位执行

如无，则根据《劳动争议司法解释（一）》第四十三条的规定，可视为劳动者默认同意调岗

7.调岗是否属用人单位生产经营的合理需要？（必要性审查）

如是，跳转至问题8

如否，则可能违法调岗，双方应按原岗位执行

8.调岗前后劳动者工资水平有无大幅改变、降低？（合理性审查）

如有，则可能违法调岗，双方应按原岗位执行

如无，跳转至问题9

9.调岗有无侮辱性或惩罚性？（合理性审查）

如有，则可能违法调岗，双方应按原岗位执行

如无，跳转至问题10

10.调岗后，劳动者的工作条件和劳动便利是否可以维持，劳动者增加的劳动成本是否有补助？（合理性审查）

如是，则依法调岗

如否，则可能违法调岗，双方应按原岗位执行

第十七章

用人单位单方解除劳动合同的合规管理

《劳动合同法》第三十九条规定的过失性辞退、第四十条规定的无过失性辞退以及第四十一条规定的经济性裁员,是用人单位单方解除劳动合同的法定事由。

用人单位人力资源管理出现的所有不合规问题,都可能在劳动者离职阶段显现。

以长沙市为例,在离职阶段发生的劳动争议占比 90% 以上,其中又有一半以上的案件涉及用人单位的单方解除劳动合同。此外,笔者以赔偿金为搜索关键词进行检索发现,在劳动者要求赔偿金的案件中,有 59.3% 的案件被法院认定为违法解除劳动合同,即在用人单位解除劳动合同的离职争议中,用人单位的败诉率约占六成。①

① 数据来源:湖南天地人律师事务所《长沙地区"单位解雇"类劳动争议案件大数据报告》

【合规实务指引】

一、用人单位被认定为违法解除劳动合同的原因

在司法实践中，用人单位被认定为违法解除劳动合同主要涉及实体及程序两方面的问题（见表 17–1）。

表 17–1　用人单位单方解除劳动合同的常见原因

败诉理由		常见情形
实体违法	法律法规依据不足	不是用人单位单方解除劳动合同的法定事由。《劳动合同法》第四十四条规定了合同终止情形，如果用人单位以此之外的事由终止劳动合同即违法
	用人单位的规章制度依据不足	没有规章制度或制度内容不完善； 规章制度没有经过合法的民主程序制定； 规章制度内容违反法律法规，或不具合理性，或违背公序良俗； 规章制度制定后未依法向劳动者公示
	事实依据不足	未举证劳动者存在符合解除事由的事实。如严重违纪解除的，未能举证劳动者存在违纪行为；如不能胜任解除的，未能举证劳动者考核结果为不能胜任工作
程序违法	无过错解除程序违法	未履行提前 1 个月通知劳动者的程序要求，也未支付 1 个月工资的代通知金（《劳动合同法》第四十条）
	裁员程序违法	如未依法提前 30 天向全体员工或工会说明情况、听取意见，或者未依法将裁员方案向劳动行政管理部门备案
	未通知工会	未事先将解除的理由通知工会，或对工会的异议未予答复
	超出合理期限或重复处理	劳动者违纪后，用人单位怠于行使权利，超出合理期限后解除劳动合同，或已经进行处罚后，就同一行为再次作出处罚

二、用人单位解除劳动合同的限制

除了上述分析的实体及程序的违法会导致用人单位解除劳动合同违法，法律还对部分人赋予了解雇保护的权利。本书在第十五章"劳动合同终止的合规"中总结了数种劳动合同期满的情况下终止受限的情形（不得进行无过错解

雇、经济性裁员，过错解除不在此列），而在劳动合同解除的情形下，法律也规定了几类限制情形，用人单位违反限制规定而单方解除劳动合同的，亦将承担违法解除劳动合同的法律后果。

（一）从事接触职业病危害的作业的劳动者

职业病，指用人单位的职工在职业活动中，因接触粉尘、放射性物质和其他有毒、有害物质等因素而引起的疾病。《职业病分类和目录》（国卫疾控发〔2013〕48号）将目前职业病分为十大类，分别是职业性尘肺病及其他呼吸系统疾病、职业性皮肤病、职业性眼病、职业性耳鼻喉口腔疾病、职业性化学中毒、物理因素所致职业病、职业性放射性疾病、职业性传染病、职业性肿瘤和其他职业病。

《职业病防治法》第三十五条规定：对从事接触职业病危害的作业的劳动者，用人单位应当按照国务院卫生行政部门的规定组织上岗前、在岗期间和离岗时的职业健康检查，并将检查结果书面告知劳动者……对未进行离岗前职业健康检查的劳动者不得解除或者终止与其订立的劳动合同。《职业病防治法》第五十五条第2款规定：用人单位应当及时安排对疑似职业病病人进行诊断；在疑似职业病病人诊断或者医学观察期间，不得解除或者终止与其订立的劳动合同。

所以，对于接触职业病危害的作业的劳动者未进行离岗前职业健康检查，或疑似职业病的员工在诊断或者医学观察期间的，用人单位不能单方解除劳动合同。

但这里的解除保护主要指无过错解除及经济性裁员的情形，至于该类员工可否适用过错解除，实践中存在争议，建议用人单位从降低风险的角度考虑，即使该类员工存在过错解除的情形，也最好按《职业病防治法》的规定进行离岗前职业健康检查。

具体案例可参见第十五章"劳动合同终止的合规管理"中案例15-5。

（二）认定为工伤或确诊为职业病的劳动者

如果劳动者已被认定为工伤或确诊为职业病（由职业病诊断机构确诊），根据《工伤保险条例》的规定，还需进行劳动能力鉴定，如鉴定为丧失劳动能力的（构成伤残的，无论几级）才属于解除保护的范围。

其中，劳动能力鉴定为一级至四级的，保留劳动关系，退出工作岗位；鉴定为五级、六级的，保留与用人单位的劳动关系，由用人单位安排适当工作，难以安排工作的，由用人单位按月发放伤残津贴；鉴定为七级至十级的，劳动合同到期可以终止，劳动者也可以主动提出解除劳动合同。

此外，如工伤或职业病劳动者存在过错解除情形的，实践中普遍认为，无论其伤残级别是几级，均不在解除保护的范围内。

（三）医疗期的劳动者

劳动者医疗期的期限从 3 个月到 24 个月不等，属于特殊疾病的还可以延长，在此期间，用人单位不得进行无过错解除劳动合同及经济性裁员。但如劳动者的医疗期属于"虚假病假"，则用人单位可以适用《劳动合同法》第三十九条的规定（过错解除）解除劳动合同。具体可参见第十二章"医疗期员工的合规管理"的详解。

（四）"三期"女性劳动者

女性劳动者处于孕期、产期、哺乳期时，用人单位不得解除劳动合同。但这里需要注意，对于"三期"女性劳动者的解除保护仍然限于无过错解除及经济性裁员，对于过错解除情形的，则不属于解除保护的范围。具体可参见第十一章"'三期'女职工的合规管理"的详解。

（五）15+5

所谓"15+5"，即在本用人单位连续工作满 15 年，且距法定退休年龄不足 5 年的老员工，这是国家对这类就业能力较低的劳动者给予的特殊保护，解除保护范围同样是无过错解除及经济性裁员。

1. **在本单位连续工作满 15 年。**如果员工是在不同用人单位工作或曾在本单位中途离职，则不能满足条件。需要说明的是，有些企业出于各种原因，可能通过借调、共享用工、指派等方式将劳动者安排在不同的企业进行用工，也有企业为了规避法律责任而刻意将员工的劳动合同、工资发放、社保费缴纳等分散在不同的公司，以图混淆劳动关系、切断劳动者的工作年限，导致审裁机构在审理案件时难以确定劳动者的用工主体。

对此，《劳动争议司法解释（一）》第四十六条有明确规定：

> 劳动者非因本人原因从原用人单位被安排到新用人单位工作，原用人单位未支付经济补偿，劳动者依据劳动合同法第三十八条规定与新用人单位解除劳动合同，或者新用人单位向劳动者提出解除、终止劳动合同，在计算支付经济补偿或赔偿金的工作年限时，劳动者请求把在原用人单位的工作年限合并计算为新用人单位工作年限的，人民法院应予支持。
>
> 用人单位符合下列情形之一的，应当认定属于"劳动者非因本人原因从原用人单位被安排到新用人单位工作"：（1）劳动者仍在原工作场所、工作岗位工作，劳动合同主体由原用人单位变更为新用人单位；（2）用人单位以组织委派或任命形式对劳动者进行工作调动；（3）因用人单位合并、分立等原因导致劳动者工作调动；（4）用人单位及其关联企业与劳动者轮流订立劳动合同；（5）其他合理情形。

此外，《最高人民法院新劳动争议司法解释（一）理解与适用》一书中也提到如何认定关联企业。

> 国务院制定的《税收征收管理法实施细则》第五十一条给出了界定标准，即具有下列关系之一的公司、企业和组织：（1）在资金、经营、购销等方面存在着直接或间接拥有或控制关系；（2）直接或间接地同为第三者所控制或拥有；（3）在利益上具有关联的其他关系。

当然，工作年限涉及到的劳动者权益还有很多，比如经济补偿的计算年限、无固定劳动合同的签订、医疗期的期限、年休假的期限等，如果大家在人力资源实务工作中遇到多个用工主体的情形时，参考这里对于工作年限的分析即可。

2.距离法定退休年龄不足5年。我国劳动者的退休年龄问题，主要规定在《国务院关于安置老弱病残干部的暂行办法》和《国务院关于工人退休、退职的暂行办法》两个规章中，具体可参见第十一章"'三期'女职工的合规管理"中拓展问题详解。

（六）法律、行政法规规定的其他情形

法律、行政法规还规定了其他解除的情形（见表17-2）。

表 17–2　其他解雇保护的情形

保护人群	解除保护的情形	依据
试用期员工	不能依据客观情况发生重大变化以及经济性裁员解除	《劳动合同法》第二十一条
工会主席、副主席，基层工会专职主席，副主席或者委员	任职期限未满的（任职期间个人严重过失或者达到法定退休年龄的除外）	《中华人民共和国工会法》第十八条、第十九条
新冠肺炎患者、疑似病人、密切接触者	不得依据劳动合同法第四十条、第四十一条与职工解除劳动合同（无过错解雇及经液济性裁员）	《关于妥善处理新型冠状病毒感染的肺炎疫情防控期间劳动关系问题的通知》
1. 与本单位订立较长期限的固定期限劳动合同的； 2. 与本单位订立无固定期限劳动合同的； 3. 家庭无其他就业人员，有需要扶养的老人或者未成年人的	裁员时优先留用	《劳动合同法》第四十一条第 2 款

三、违法解除劳动合同赔偿金及继续履行劳动合同的工资损失

《劳动合同法》第四十八条规定：用人单位违反本法规定解除或者终止劳动合同，劳动者要求继续履行劳动合同的，用人单位应当继续履行；劳动者不要求继续履行劳动合同或者劳动合同已经不能继续履行的，用人单位应当依照本法第八十七条规定支付赔偿金。

根据上述规定，在违法解除劳动合同的争议案件中，劳动者的诉求有两种，一是要求单位支付赔偿金，另一种是要求与单位继续履行劳动合同。但这两种诉求不能同时主张，劳动者可择一进行主张。

劳动者要求用人单位支付赔偿金的，可参见第十八章"无过失性解除劳动合同的合规管理"中对于离职补偿计算的详解，这里主要介绍一下"继续履行劳动合同"的法律后果。

（一）恢复劳动关系的工资损失计算

劳动者在诉请继续履行劳动合同的同时，一般还会要求用人单位支付违法解除、终止劳动合同期间的劳动报酬。有的劳动争议案件经过劳动仲裁、一审及二审程序，期间的时间跨度可能有一到两年，那么一旦终审判决生效，用人单位将可能承担这一到两年的工资。但实践中对于此期间工资的标准认定仍存在不同观点，有按劳动者被解除劳动合同前十二个月平均工资作为支付标准的，也有按劳动者被解除劳动合同前正常工资标准或原工资标准支付的，还有按停工停产期间的工资标准支付的，等等。虽然各地区对此存在不同观点，但用人单位违法解除、终止劳动合同都将面临支付违法解除劳动合同期间的工资的合规风险。

（二）能否"继续履行劳动合同"

劳动关系不同于其他合同关系的性质，劳动关系具有很强的人身属性，如果双方积怨已深且不可调和，即使判决恢复劳动关系，也很难保证劳动者与用人单位在此后的合作中和谐共处，反而可能产生更多的纠纷争议。

实践中，审裁机构在审理该类案件时，即使认定用人单位违法解除劳动合同，也并非一味支持劳动者继续履行劳动合同的主张。除了对法律规定的解除保护人群有所倾向外，一般都会根据劳动者的岗位特征、解除期间的岗位调整情况、继续履行劳动合同的客观可能性等因素综合判断劳动合同能否继续履行。如《北京市高级人民法院、北京市劳动人事争议仲裁委员会关于审理劳动争议案件法律适用问题的解答》中就明确了几类劳动合同无法继续履行的情形。

用人单位违法解除或终止劳动合同后，劳动者要求继续履行劳动合同，哪些情形可以认定为"劳动合同确实无法继续履行"？

劳动合同确实无法继续履行的情形主要有以下几种：（1）用人单位被依法宣告破产、吊销营业执照、责令关闭、撤销，或者用人单位决定提前解散的；（2）劳动者在仲裁或者诉讼过程中达到法定退休年龄的；（3）劳动合同在仲裁或者诉讼过程中到期终止且不存在《劳动合同法》第十四条规定应当订立无固定期限劳动合同情形的；（4）劳动者原岗位对用人单位的正常业务开展具有较强的不可替代性和唯一性（如总经理、财务负责人等），且劳动者原岗位已被他人替代，双方不能就新岗位达成一致意见的；（5）劳动者已入职新单位的；（6）仲裁或诉讼过程中，用人单位向劳动者送达复工通知，要求劳动者继续工作，但劳动者拒绝的；（7）其他明显不具备继续履行劳动合同条件的。

劳动者原岗位已被他人替代的，用人单位仅以此为由进行抗辩，不宜认定为"劳动合同确实无法继续履行的"情形。

其他地区虽无明确规定，但根据相关判例，也可见很多是参考了北京地区的观点。

例如，（2019）湘 0105 民初 3858 号案件中法院认为：原告尚在孕期内，被告解除劳动合同的行为违反了法律规定，故本院认定被告解除劳动合同系违法解除。又因原告从事的项目因公司经营调整而撤销，原、被告就调岗又无法达成一致意见，且事实上原告自 2018 年 11 月 1 日起再未到被告处上班，双方的劳动合同已不具备继续履行的条件，故本院对于原告要求被告撤销于 2018 年 11 月 1 日作出的辞退通知及继续履行劳动合同的诉讼请求不予支持。

又如，（2017）苏民申 2275 号案件法院认为：王某与公司之间因劳动争议进行了数次仲裁和诉讼，公司明确表示不同意继续雇用王某。对此，本院认为，劳动合同属于继续性合同，合同的履行需要双方的配合，在公司明确表示不愿意继续履行的前提下，双方信任基础已经丧失，符合上述法律规定的"劳动合同已经不能继续履行"的情况，故一、二审法院对王某要求恢复劳动关系、继续履行的诉讼请求未予支持，并无不妥。

再如，（2020）沪 02 民终 10298 号案件中法院认为：其一，高某在公司担任市场部负责人，在双方解除劳动关系后，公司已聘用其他人员接任该岗位，且高某担任高管职务，另聘其他岗位涉及原劳动合同变更，故双方劳动合同客观上已无法继续履行。其二，用人单位违法解除劳动合同，劳动者确实可以根据劳动合同法的规定选择要求恢复劳动关系或者支付违法解除劳动合同的赔偿金。但劳动关系是一种包含了经济关系和人身隶属关系的特殊社会关系，整个劳动过程的顺利实现需要劳动者与用人单位的互相信任和配合，即需以双方合作互信为基础。虽公司系违法解除与高某的劳动合同，但高某亦非无过错，且因高某的不当行为已造成公司对其丧失基本信任而无恢复劳动关系的可能。据此本院认为，公司与高某恢复劳动关系缺乏合意及信任基础，一审法院认定双方劳动关系已于 2019 年 1 月 14 日解除，公司无须支付高某 2019 年 1 月 15 日至 2019 年 6 月 30 日的基本工资及补充住房补贴并无不当，本院对此予以维持。

四、用人单位单方解除劳动合同的其他现实风险

用人单位单方解除劳动合同，还可能引发劳动者极端行为，甚至发生刑事案件。用人单位与劳动者之间是互相依存、密不可分的，只有兼顾二者的利益平衡，才能真正解决矛盾。

五、对于企业经济性裁员与协商解除劳动合同的建议

《劳动合同法》第四十一条对用人单位经济性裁员做出了规定。很多人以为，只要是说裁员就是指经济性裁员，其实不然。在实际案例中，很少是真正的经济性裁员，或者说，用人单位在执行经济性裁员时，稍不注意就成了违法解除劳动合同。

（一）经济性裁员的实体要求

《劳动合同法》第四十一条规定了可以进行经济性裁员的 4 种情形：（1）企业依照破产法规定进行重整的。（2）企业生产经营发生严重困难的。（3）企业转产、重大技术革新或者经营方式调整，经变更劳动合同后，仍需裁减人员的。（4）其他因劳动合同订立时所依据的客观经济情况发生重大变化，致使劳动合同无法履行的。

对于破产重整的情形，虽然有《破产法》的详细规定，但实践中大多数破产企业直接就到清算程序而终止劳动合同了（具体可见第十五章"劳动合同终止的合规管理"），很少有企业进行经济性裁员。

对于上述第（2）种情形中的"严重困难"，《关于〈中华人民共和国劳动法〉若干条文的说明》（劳办发〔1994〕289 号）指出："可以根据地方政府规定的困难企业标准来界定。"但多数地区并未发布过相关标准，故这是一个无法预知的风险因素。

而对于上述第（3）种情形，同样并无明确规定，而且这种情形下还要求企业先履行变更劳动合同的程序，而后再次证明裁员的必要性，用人单位在实际工作中也很难把握，故这也是一个风险因素。

而对于"客观经济情况发生重大变化"情形的认定，在实践中争议巨大，具体可见第十八章"无过失性解除劳动合同的合规管理"中的详述。

（二）经济性裁员的程序要求

《劳动合同法》第四十一条对于经济性裁员的程序有如下规定：需要裁减人员二十人以上或者裁减不足二十人但占企业职工总数百分之十以上的，用人单位提前三十日向工会或者全体职工说明情况，听取工会或者职工的意见后，裁减人员方案经向劳动行政部门报告，可以裁减人员。

除此之外，各地也对经济性裁员的程序进行了更加细致的规定，且这些规定中大多都对此提出了更严格的程序性要求。

（三）协商解除

笔者接触过的裁员事件实际都是依据《劳动合同法》第三十六条进行的协商解除劳动合同，笔者在为用人单位的争议事件提供法律意见时，通常也会将协商解除劳动合同列为首选方案。因为从现实效果来说，对于用人单位来说，协商解除劳动合同可能是风险最小的劳动合同解除方式了。

用人单位在采用协商解除劳动合同时，应注意如下合规要点。

1. 协商解除劳动合同的法定限制。 审查劳动者是否存在解除劳动合同的限制，例如存在特殊疾病的，有无通知其进行劳动能力鉴定；解除职业危害的岗位时有无安排劳动者进行离岗健康体检；工伤员工构成伤残的，是否清楚保留工作岗位的特殊规定等。

2. 协商解除劳动合同的提出方。 如果是用人单位主动提出协商，则应按法定标准向劳动者支付经济补偿；如果是劳动者提出协商，比如递交辞职申请，那么用人单位可自行决定是否支付经济补偿。

这里还需要注意，在诉讼中，如双方均主张是对方提出的协商解除劳动合同，但都无法切实举证的，审裁机构一般认为是用人单位提出的协商解除劳动合同，用人单位需支付经济补偿，所以用人单位务必要将协商解除的提出方明确约定在协议中。

3. 协商解除劳动合同的协议内容。（1）解除劳动合同的具体时间务必约定精确。具体可见第十五章"劳动合同终止的合规管理"中的详述。（2）离职待遇的项目及发放问题务必约定明细。离职待遇的项目众多，如工资、提成、奖金、绩效、加班费、补贴、工伤保险待遇、社保公积金、经济补偿、代通知金等，如双方在离职协议中未明确相关待遇的处理，仍可能引发争议。（3）调休、年休假的安排。如果员工离职时尚有应休未休的假，用人单位将可能需要支付加班费、未休年休假的工资，建议用人单位安排员工在离职前进行补休假。（4）离职手续的安排。如工作交接、社会保险及档案的转移、离职证明的开具等，具体可见第十六章"员工单方解除劳动合同的合规管理"。（5）竞业限制、保密及培训服务期的安排。如果劳动者在其期间签订过相关协议，此时也需重申各方在劳动合同解除后的权利义务，避免遗忘。

第十八章

无过失性解除劳动合同的合规管理

　　对于无过失性辞退，《劳动合同法》第四十条仅规定了 3 种情形：（1）劳动者患病或者非因工负伤，在规定的医疗期满后不能从事原工作，也不能从事由用人单位另行安排的工作的；（2）劳动者不能胜任工作，经过培训或者调整工作岗位，仍不能胜任工作的；（3）劳动合同订立时所依据的客观情况发生重大变化，致使劳动合同无法履行，经用人单位与劳动者协商，未能就变更劳动合同内容达成协议的。在满足这 3 种情形时，用人单位可以依法通知工会，并提前 30 日书面通知劳动者或者额外支付 1 个月工资后解除劳动合同。但如果劳动者属于解雇保护的群体（详见第十七章"用人单位单方解除劳动合同的合规管理"），即便其符合上述情形，用人单位也不得解除劳动合同，否则亦构成违法解雇。

【合规实务指引】

一、对不胜任工作的劳动者的合规管理

（一）什么是不胜任工作

> 《关于〈中华人民共和国劳动法〉若干条文的说明》第二十六条第 3 款规定，不能胜任工作，是指不能按要求完成劳动合同中约定的任务或者同工种、同岗位人员的工作量。用人单位不得故意提高定额标准，使劳动者无法完成。

从上述规定可知，认定劳动者"不能胜任工作"，需要用人单位对劳动者进行定岗位、定职责、定工作量，并实施工作绩效考核，经考核不合格者，方可认定为不能胜任工作。

对于考核方式，法律并未规定，实践中较常见的对管理人员实行的 360 考核、KPI 考核、OKR 考核等，对生产、销售人员实行的产量、合格率、销售额的定量考核等，都属于用人单位对劳动者工作行为、工作效果、工作价值的一种客观评价，而这些评价方法没有好坏之分，只有适合与否的区别。

可以说，一个好的考核体系确实能够起到激励作用，但如果考核体系不能体现客观、公正，尤其当考核结果和工资报酬、合同解除等挂钩时，就很可能引起纠纷争议。

（二）如何对不胜任工作的劳动者进行管理

> 《劳动争议司法解释（一）》第四十四条规定，因用人单位作出的开除、除名、辞退、解除劳动合同、减少劳动报酬、计算劳动者工作年限等决定而发生的劳动争议，用人单位负举证责任。

用人单位主张劳动者不胜任工作的，需承担举证责任。在司法实践中，用人单位以劳动者不胜任工作为由解除劳动合同或降薪的极难得到法院的支持。一方面，是因为证明劳动者"不胜任"的难度较高；另一方面，也是由于用人单位没有形成合规管理的意识而造成程序及证据的瑕疵。

[关联案例]

案例 18-1　强制排名、末位淘汰不等于不胜任工作，用人单位解除劳动合同违法

周某于 2009 年 4 月 10 日入职 H 公司，职务为资深售前顾问，自 2018 年 4 月 10 日起订立无固定期限劳动合同。2020 年 5 月 7 日，H 公司向周某发出解除劳动合同通知书，载明："因您业绩严重不达标，经培训后业绩仍不达标，现根据《劳动合同法》第四十条以及公司相关规章制度的规定，依法解除 2018 年 4 月 10 日与您签署的劳动合同。您的劳动合同将于 2020 年 5 月 9 日解除……"

H 公司《绩效管理办法》中载明："在实际人才管理中，绩效考核等级为 C 即为《劳动合同法》第四十条规定的不能胜任工作情况之一"；绩效等级分布中 C 的比例"不低于 10%"。

H 公司出示的 2018 年绩效评估表、2019 年绩效评估表显示周某的绩效等级为 "C"。周某对公司《绩效管理办法》中的上述条款的真实性予以认可，确认其绩效考核结果是 C，但对该考核结论不予认可，辩称其并非不能胜任工作，H 公司规定绩效考核 C 级的比例不低于 10% 属于变相的末位淘汰。

周某诉请 H 公司支付违法解除劳动合同的赔偿金 642 321 元、代通知金 27 700 元等。

人民法院认为，首先，H 公司主张周某业绩不达标，绩效考核等级为 C 即为不胜任工作，但未就周某绩效考核结果的客观真实性进行有效举证，应承担举证不能的不利法律后果；其次，H 公司就绩效考核 C 等级设定了不低于 10% 的比例，即便全体员工均十分优秀，也总有不低于 10% 的员工的绩效会被评定为最差的 C 等级，此种末位淘汰制不符合《劳动合同法》的精神；最后，H 公司主张对周某进行培训后其业绩仍不达标、不能胜任工作，但 2019 年的绩效考核系针对周某 2019 年整个年度的工作目标完成情况等进行考核，而培训发生在 2019 年度的考核周期接近结束时，应从周某培训结束后开始新的绩效考核周期对周某是否胜任工作进行考评，而不能以周某 2019 年度的绩效考核结果作为周某经过培训后仍不能胜任工作的依据。综上，H 公司解除劳动合同缺乏事实依据和法律依据，属于违法解除劳动合同，应依法支付周某违法解除劳动合同的赔偿金。

案例 18-2　绩效改进计划不等于不胜任工作的培训，用人单位解除劳动合同违法

何某于 2019 年 5 月 27 日入职 M 公司，双方签订了期限至 2022 年 5 月 31 日

的劳动合同。M 公司主张因何某绩效考核分数较低，属于不能胜任工作，何某签订了公司制定的绩效改进计划，约定何某的具体改进目标和衡量标准，如何某经此次改进考核未达标，则视为其经培训后仍不能胜任工作，何某应提起离职申请。经评测，何某此次改进计划反馈分数低于最低要求，应视为其不能胜任工作。M 公司于2020 年 11 月 4 日通过微信形式告知何某改进考核不达标，属于经培训后其仍不能胜任工作，并向其邮寄了解除劳动合同协议。

何某向劳动仲裁委员会提起仲裁申请，要求 M 公司继续履行劳动合同。劳动仲裁委员会裁决：M 公司与何某继续履行劳动合同。M 公司不服仲裁裁决结果，向法院提起诉讼。

人民法院认为，本案中，M 公司于 2020 年 9 月邀请何某进入绩效改进计划进行培训，但 M 公司与何某签订的绩效改进计划，明显属于其公司制定的工作计划和目标，而非培训。M 公司在未对何某进行培训或者调岗的情况下，直接解除劳动合同构成违法解除。对于违法解除，劳动者可以要求继续履行劳动合同，现何某要求继续履行劳动合同并无不当。

案例评析

首先，根据前述分析，绩效考核是用人单位对劳动者工作行为、工作效果、工作价值的一种客观评价。现实中，绩效考核的指标一般是用人单位根据企业的经营目标进行分拆制定的，所以会有不少用人单位误以为绩效考核末等的员工就属于"不能胜任"。但从案例 18-1 可以看出，审裁机构并不认为此种情形属于劳动法律意义下的"不能胜任"。笔者亦认为，用人单位设立的考核排序仅属于其经营中的人效评价，并不能作为对劳动者能否胜任工作的评价，故用人单位无法适用《劳动合同法》第四十条的事由解除劳动合同。

其次，《劳动合同法》第四十条规定的"经过培训或者调整工作岗位"是强制性程序，法律之所以要设置这个程序，就是为了给予劳动者提升工作能力及再次参与公平考核的机会，如果用人单位用绩效面谈、制定绩效改进计划代替培训，即排除了劳动者应有的权利，而且绩效改进计划不达标也不属于劳动法律意义上的"仍不能胜任工作"，如案例 18-2 中的 M 公司，即因未对何某进行培训或者调岗而被法院认定为解除劳动合同违法。

合规建议

1. 设置完善的考核流程、考核制度

首先，制度的制定应经过民主、公示程序，这是合法性的前提。

其次，制定的考核流程要完整。从考核的范围、相关人员的职责、考核的时间周期、指标的制定、考核文件的种类、考核结果的运用，特别是不能胜任工作的认定标准等，均需有明确的规定。

2. 考核指标的制定应符合量化、细化、外化的原则，尽量减少主观评价的比重

（1）量化，即将工作任务完成情况的定量化分析。实践中，如"工作能力差、工作态度差"等主观评价很难为司法部门采纳，笔者建议将工作量、完成度以数字、比例来明确。

（2）细化，即将工作任务具体化。实践中，如"未完成品牌宣传工作"等笼统评价较难为司法部门接受，建议提前设置员工的工作职责，根据其职责逐项设置工作目标，并明确整体任务下的分项任务，如"公众号推文、品宣活动、产品手册、客户回访"等。

（3）外化，即工作结果的评价依据。实践中，如果仅依据劳动者的主管领导的评价进行考核，则可能影响结果的有效性。笔者建议，可由与被考核员工的相关方提供考核意见，如客户的意见、有合作关系的同事评价等。

3. 认定不能胜任工作的，应安排员工进行培训或调岗，并再次进行考核认定

（1）如果企业安排员工进行不胜任培训，应实际进行一段时间的提升业务技能的培训活动，而不能以绩效改进计划代替培训。

（2）如果企业安排员工进行不胜任调岗，需注意调岗调薪与不能胜任之间的关联性及合理性，具体请参见第十六章"劳动者单方解除劳动合同的合规管理"。

（3）再次考核仍不能胜任工作的，可依据《劳动合同法》第四十条规定进行劳动合同的解除、经济补偿的支付、离职手续的办理。

这里还需要注意，"再次考核"是指劳动者在被安排"不胜任调岗或培训"后的首次正常考核，如果劳动者在此次考核中符合要求，则需要重新进行"不胜任－调岗或培训－不胜任"的考核流程，否则仍不符合认定要求。

4. 留存绩效考核所依据的事实依据

在用人单位满足前述考核制度、考核依据的合规要求时，员工签字虽非必须，但为避免不必要的纠纷，仍建议用人单位将岗位职责、考核目标、考核结果、绩效面谈表、不胜任工作调岗通知、培训通知、培训签到表等文件要求员工签字确认，也可保留培训现场照片或视频录像等证据材料，并明确向员工告知考核结果对应的处理以及申诉的权利，如员工提起申诉，应及时反馈。

5. 员工处于解雇保护期间的，不得适用

根据《劳动合同法》第四十二条的规定，员工在医疗期、"三期"等期间的，用人单位不得适用"不能胜任工作"而解除劳动合同。具体可参见第十七章"用人单位单方解除劳动合同的合规管理"。

此外，该类案件往往发生在劳动者入职的初期，有些甚至发生在试用期，这明显属于超出法定解除劳动合同事由而违法的情形。表18-1对比了试用期不符合录用条件解除劳动合同和非试用期不能胜任工作解除劳动合同在诉讼中的区别。

表18-1　试用期解除和不符合录用条件解除的举证要求区别

解除事由	不符合录用条件	不能胜任工作
用工阶段	试用期	非试用期
举证要求	证明不符合录用条件	证明不能胜任工作并证明经过培训或调岗仍不能胜任工作
举证内容	（1）有录用条件； （2）有劳动者不符合录用条件的证据； （3）解除劳动合同的程序合法（详见第五章"试用期的合规管理"）	（1）有绩效考核制度； （2）有绩效考核目标及考核标准； （3）有劳动者不胜任工作的证据； （4）能证明经过培训或调岗； （5）仍不胜任工作的考核证明； （6）解除劳动合同的程序合法
常见证据	录用条件确认书、试用期考核表、工会意见函、解除劳动合同通知等	岗位职责、绩效考核制度、民主程序材料（收集意见、讨论、会议纪要、培训等）、绩效考核表、考核依据材料（如销售数据、业务合同、考勤数据、工作文件、工作邮件等）、绩效改进计划书、调岗确认书、工会意见函、解除劳动合同通知等
代通知金	无须支付	需支付或提前1个月通知

（续表）

解除事由	不符合录用条件	不能胜任工作
经济补偿	无须支付	需支付
解雇保护	限制较少	限制较多
不被法院采信的风险	较小	极大

二、客观情况发生重大变化的合规管理

"客观情况发生重大变化"，在实践中一般会涉及两类争议案件。

一是用人单位认为属于"客观情况发生重大变化"，并依据《劳动合同法》第四十条单方解除劳动合同，而劳动者认为不属于，要求用人单位支付违法解除劳动合同的赔偿金。

二是劳动者认为属于"客观情况发生重大变化"，并拒绝继续履行劳动合同，而用人单位认为不属于，并要求员工继续工作，或按旷工处理。

实务中，对于判断是否属于"客观情况发生重大变化"存在争论，虽然《关于〈劳动法〉若干条文的说明》第二十六条第4款规定：本条中的"客观情况"指：发生不可抗力或出现致使劳动合同全部或部分条款无法履行的其他情况，如企业迁移、被兼并、企业资产转移等，并且排除本法第二十七条所列的客观情况。但这些只能算是原则性的规定，所以实务中才会引发大量的争议。

（一）如何认定"客观情况发生重大变化"

一般认为，"客观情况发生重大变化"源于民法中情势变更原则，《劳动法》第二十六条、《劳动合同法》第四十条均规定了"客观情况发生重大变化"的情形，可以说是情势变更的首次入法。

《民法典》第五百三十三条第1款规定：合同成立后，合同的基础条件发生了当事人在订立合同时无法预见的、不属于商业风险的重大变化，继续履行合同对于当事人一方明显不公平的，受不利影响的当事人可以与对方重新协商；在合理期限内协商不成的，当事人可以请求人民法院或者仲裁机构变更或者解除合同。

这是《民法典》对情势变更更为详细的规定。

从劳动争议的角度来看，该类争议的焦点问题在于重大变化是基于企业的"主观决定"还是"客观情况"。各地司法实践观点分歧较大，这里以湖南地区的实践为例进行说明。

1. 自主经营决定的组织架构调整，不属于"客观情况发生重大变化"

例如，（2020）湘 06 民终 2355 号案件中人民法院认为：

> 公司陈述对三人工作地点的变更系因"组织架构调整，业务线条合并"，该缘由系公司自主经营决定的范畴，不属于"劳动合同签订时客观条件已经发生了重大变化，致使原劳动合同无法履行"的情形（未证明属于无过失性辞退），故不能适用《劳动合同法》第四十条第（3）项。

2. 因生产经营需要对内部管理模式进行变更，不属于"客观情况发生重大变化"

例如，（2021）湘民申 723 号案件中人民法院认为：

> 本案中，某医院以对某院区规范管理为由，全面清退后勤岗位包括熊某在内的直接用工编外人员，改为第三方劳务派遣形式用工，其系用人单位因生产经营需要对内部管理模式进行变更，而非用人单位面临的外部环境发生了其自身无法改变或者不能控制的重大变故，也不必然导致劳动合同无法继续履行，不应认定为《劳动合同法》第四十条（3）项规定的"劳动合同订立时所依据的客观情况发生重大变化，致使劳动合同无法履行"的情形。某医院以双方劳动合同订立时所依据的客观情况发生重大变化为由解除与熊某的劳动合同，不符合法律规定。

3. 因政策变化导致用人单位迁移，属于"客观情况发生重大变化"

例如，（2020）湘 0121 民初 1072 号案件中人民法院认为：

> 根据《劳动合同法》第四十条第（3）项及第四十六条第（3）项之规定，因劳动合同订立时所依据的客观情况发生重大变化，致使劳动合同无法履行，用人单位提出解除劳动关系，应当向劳动者支付经济补偿金。本案中，某餐厅系租用国税局的办公用房作为营业场所，后因该办公用房不能出租而被国税局收回，某餐厅遂于 2019 年 5 月 19 日停止经营，并搬离营业场所。某餐厅因失去经营场所而与原告解除劳动关系，不属于违法解除劳动合同，无须支付经济赔偿金，但应当支付经济补偿金。

4．因政策变化导致用工形式发生变化，属于"客观情况发生重大变化"

例如，（2019）湘 1028 民初 811 号案件中人民法院认为：

> 某县住建局依据政府文件（要求临聘人员劳务派遣）解除与陈某的劳动合同关系，系情势变更原则在劳动争议中的适用，机构改革是中央统一部署，是大势所趋；劳动合同解除的过错不可归责于双方当事人；继续履行所依据的客观情况发生了当事人不能预料的变化，导致劳动合同全部或部分不能履行。某县住建局的工作经费来自财政预算，即使不解除也无法履行劳动合同，如果继续强制履行将显失公平。某县住建局据此解除与陈某的劳动合同关系属客观情况发生重大变化的情形，为无过失的行为。

5．因疫情影响导致企业经营困难，属于"客观情况发生重大变化"

例如，（2020）湘 0104 民初 10567 号案件中人民法院认为：

> 某二手车公司因受新冠肺炎疫情影响巨大，二手车业务需求基本停滞，故关停了李某所在的门店，之后与李某协商调岗但被拒绝，公司便向李某发出解除劳动合同通知。法院认为，该二手车公司向李某发出解除劳动合同通知时，李某所在的门店已关闭，双方劳动合同订立时所依据的客观情况发生重大变化，且公司和李某之间未能就变更劳动合同内容达成协议，故公司以"劳动合同订立时所依据的客观情况发生重大变化"为由解除与李某之间的劳动合同，符合法律规定，但依法应向李某支付经济补偿金。

由上述案例可以看出，湖南地区的司法观点倾向于不认可用人单位基于经营自主权而做出的如组织架构调整、部门或岗位裁撤等调整行为属于"客观情况发生重大变化"，因为这在"主观"上是用人单位可控的逐利行为，不符合"客观情况发生重大变化"的内涵。

（二）司法实践中对于"客观情况"的应用

即使相关情形能够被认定为"客观情况"，但解释空间仍然很大，如企业迁移的情形，法律并未对此进行更为细致的规定，那么在司法实践中企业迁移的范围多大才属于重大变化？

1．企业跨省搬迁，属于"客观情况发生重大变化"

例如，（2019）湘 01 民终 12142 号案件中人民法院认为：

> 2018年11月21日，M公司向姚某出具办公地点搬迁告知书，称因公司经营方式调整的原因，需要从长沙搬迁到广东省深圳市，特此通知姚某于2018年11月21日到新的办公地点上班。如不同意办公地址搬迁，公司将根据《劳动合同法》第四十一条第1款第（3）项的规定，解除与姚某的劳动合同。姚某不同意到M公司新的办公地址工作，双方遂产生纠纷。
>
> 法院认为，姚某不同意到新的公司地址工作导致双方解除劳动合同，该情形属于《劳动合同法》第四十条第（3）项规定的情形，故一审认定M公司应当向姚某支付经济补偿于法有据。M公司以公司搬迁期间姚某无故缺勤，违反了公司的规章制度为由，主张不予支付经济补偿没有事实及法律依据，本院不予采纳。

2. 企业搬迁距离较短，并给职工发放交通补助的，不属于"客观情况发生重大变化"

例如，《最高人民法院公报》2020年第9期公布的（2019）苏191民初1054号案件中人民法院认为：

> B公司拟将厂区整体迁移，是基于生产运作情况作出的经营决策，不改变劳动者的岗位和待遇，并非滥用用工权利刻意为难劳动者的行为。厂区迁移后，确实可能对劳动者产生一定的通勤压力，但B公司搬迁距离并不遥远（两地相距约4.5千米），公司新址具备较好的交通条件，而且B公司也承诺增发交通补助，总体而言，B公司迁移对劳动者的影响是有限的，不构成双方继续履行劳动合同的根本障碍。同时，争议发生后，双方均应当采取正当手段维护自身权利。员工吴某不愿意调整工作地点，可以提出相关诉求，但其自身仍然负有继续遵守规章制度、继续履行劳动合同的义务。吴某在B公司的再三催告下，仍然拒绝返岗工作，已经构成旷工，违反基本的劳动纪律，并且达到员工手册中规定的可被解除劳动合同的严重程度，故B公司在通知工会后做出的解除劳动合同决定并无违法之处，对吴某要求B公司支付违法解除劳动合同赔偿金的请求不予支持。

实践中，对于企业搬迁情形的认定虽属于审裁机构自由裁量的范畴，但在该类案件中，审裁机构一般会从搬迁的距离、通勤的便利等客观因素，以及用人单位是否为降低劳动者工作的不利影响做出补偿等主观因素进行综合判断。如果搬迁带来的变化并不足以导致劳动合同无法履行，则不属于"客观情况发生重大变化"，劳动者仍需正常出勤履行其劳动义务。

（三）适用"客观情况发生重大变化"解除劳动合同的限制

1. 符合经济性裁员的情形时，不得适用

《关于〈中华人民共和国劳动法〉若干条文的说明》中明确排除了经济性裁员的情形，这主要是因为经济性裁员属于特别程序。《劳动合同法》第四十一条对经济性裁员的实质性要件、程序性要件、限制性要件均有严格的规范，如果允许企业跳过经济性裁员程序而直接适用"客观情况发生重大变化"解除劳动合同，将可能引发严重的社会事件。

2. 员工处于解雇保护期间的，不得适用

根据《劳动合同法》第二十一条、第四十二条的规定，员工在试用期、医疗期、"三期"等期间的，用人单位不得适用"客观情况发生重大变化"而解除劳动合同。具体可参见第十七章"用人单位单方解除劳动合同的合规管理"。

（四）适用"客观情况发生重大变化"解除劳动合同的程序

1. 自我审查

用人单位在适用"客观情况发生重大变化"解除劳动合同前，应对事实条件进行全面自我审查，确认现实情形符合"客观情况发生重大变化"的法定条件，"变化"是基于法律、法规、政策变化导致的，被解除劳动合同的劳动者不属于解雇保护人群。如无法满足上述条件，则建议用人单位采取协商解除劳动合同的办法处理。

2. 协商程序

实践中，很多用人单位在适用《劳动合同法》第四十条解除劳动合同时经常忽略一个法定程序，即该法条第（3）项的后半句规定，"经用人单位与劳动者协商，未能就变更劳动合同内容达成协议的"。

也就是说，即使在满足客观情况发生重大变化导致劳动合同无法继续履行的情形，用人单位也不能直接解除劳动合同，而必须先与劳动者就变更劳动合同进行协商，如协商变更工作岗位、工作地点、待岗等事宜，这里仍需注意调岗调薪的合理性问题，否则，仍可能构成违法解除劳动合同。

3. 收集证据，解除劳动合同，支付经济补偿

如果双方通过平等协商，最终未能形成一致意见，用人单位应收集协商过

程的证据后将解除劳动合同的决定通知工会，将解除劳动合同的通知送达劳动者，并计算和支付经济补偿及其他费用。

■■■ 拓展问题：经济补偿

几乎所有劳动争议中都会涉及经济补偿，因此，无论是用人单位、劳动者还是从事人力资源管理相关工作的人士均应准确理解经济补偿的含义及计算方法。

一、经济补偿的含义

我国劳动法律中的经济补偿制度并非对用人单位的"处罚"，其实质兼具一定社会保障作用，并结合失业保险等措施共同构成了"稳就业""保就业"的社会保障体系。

二、经济补偿的计算

虽然经济补偿的计算方法"月工资 × 工作年限"看似简单，但实践中对经济补偿的计算仍存在相当大的争议，主要表现在本人工资的确定、工龄的确定、2008 年前后的分段计算、补偿上限的确定以及一次性补偿的个税等方面的问题上，下面以湖南省的司法实践为例进行详述。

（一）经济补偿年限的确定

根据《劳动合同法》第四十七条的规定，劳动者在用人单位工作每满一年，用人单位须向劳动者支付一个月工资的经济补偿，六个月以上不满一年的，按一年计算，不满六个月的，支付半个月工资的经济补偿。

这里需要注意，在实务中还存在劳动者在关联企业、集团公司内部调动的情况，本书第十七章"用人单位单方解除劳动合同的合规管理"中"15+5"相关内容中详细分析了关联公司用工及劳动者工作年限的问题，此处不再赘述。

（二）本人工资的确定

实践中主要的争议在于本人工资是指应发工资还是实发工资，工资包括哪些收入不包括哪些收入。

1. 本人工资为应发工资

《劳动合同法》第四十七条第 3 款规定：本条所称月工资是指劳动者在劳动合同解除或者终止前十二个月的平均工资。

> 《劳动合同法实施条例》第二十七条规定：劳动合同法第四十七条规定的经济补偿的月工资按照劳动者应得工资计算，包括计时工资或者计件工资以及奖金、津贴和补贴等货币性收入……

根据上述规定可知，本人工资应为应发工资，即计算经济补偿金时，应以劳动者税前的、未扣社会保险等费用的应发工资作为计算基数。

2. 本人工资指正常工作期间的月平均工资

《劳动合同法实施条例》虽列举了一些本人工资所包含的项目，但未明确是否包含加班费以及非正常情况下的工资收入，这就造成实务中的分歧。

一种观点认为，根据国家统计局《关于工资总额组成的规定》第三条规定，工资总额是指各单位在一定时期内直接支付给本单位全部职工的劳动报酬总额。工资总额的计算应以直接支付给职工的全部劳动报酬为根据。故经济补偿的计算基数中应包括劳动者延长工作时间的加班费。

另一种观点认为，经济补偿的计算基数应按照劳动合同解除或终止前劳动者正常工作状态下十二个月的平均工资，包括岗位工资、技能工资和其他福利待遇，但不包括加班、病假、停工留薪期、用人单位停工停产等非正常工作期间的工资。

笔者认可第二种观点。

［关联案例］

案例 18-3　劳动者在离职前只享受医疗期待遇，经济补偿金按其休病假前的正常工作月平均工资计算

卜某于 2005 年 1 月与某花炮厂建立劳动关系，双方未签订书面劳动合同。2014 年 8 月至 2017 年 4 月，该花炮厂为卜某办理工伤保险，其他社会保险未办理。2017 年 4 月至 2018 年 7 月卜某因病就医而退出在该花炮厂的原工作岗位。2018 年 6 月 30 日，卜某以该花炮厂未依法为其缴纳社会保险费为由解除了劳动合同。2018 年 7 月 8 日，卜某因病去世。卜某 2016 年 6 月至 2017 年 5 月期间月工资总额为 88 618 元。

此后，卜某的近亲属诉请该花炮厂支付经济补偿金 94 011 元。

该花炮厂辩称，卜某 2017 年 7 月 1 日至 2018 年 6 月 30 日处于病假期间，其

工资标准为 1144 元，故解除劳动关系的经济补偿应按此标准计算。

人民法院认为，卜某 2017 年 7 月 1 日至 2018 年 6 月 30 日的应得月工资为 1144 元，这是卜某的病假工资标准。花炮厂提出按此标准来计算卜某的经济补偿金，没有法律依据，本院不予采纳。一审法院按照卜某在花炮厂正常工作的月平均工资 7384.8 元来核算其经济补偿金并无不当，本院予以确认。

案例 18-4　经济补偿金基数是否包含加班费

胡某于 2009 年 8 月 17 日入职 A 公司，并与 A 公司签订了劳动合同。2020 年 2 月 1 日至 3 月 10 日，由于疫情影响，A 公司未安排胡某工作。后 A 公司复工，胡某正常工作。2020 年 5 月 7 日，A 公司向胡某发出通知，称因公司客观上已无法正常开展生产经营，公司决定暂缓复工。停工期间，员工无须为公司提供劳动；公司向员工支付工资和生活费，不再给予绩效奖金、津贴、福利等待遇。胡某明确予以拒绝。2020 年 5 月，A 公司对胡某进行调岗降薪。

2020 年 8 月 3 日，胡某向 A 公司发出解除劳动合同通知函，以 A 公司未足额缴纳社会保险费、公积金，未足额支付产假工资，未支付加班费，未提供劳动保护等为由解除与 A 公司的劳动合同。此后，胡某诉请 A 公司支付拖欠的工资、经济补偿等费用。

经审查，A 公司存在拖欠胡某工资的情形，胡某以此为由解除劳动合同，符合《劳动合同法》第三十八条、第四十六条规定的用人单位向劳动者支付经济补偿的情形。

胡某与 A 公司签订的最后一份劳动合同约定工资为"基本工资 2700 元 / 月，绩效工资属于浮动工资，需根据实际情况确定是否发放及发放的具体金额，具体按相关规章制度执行"，故胡某的工资标准应为月基本工资及绩效工资。因自 2020 年 5 月开始 A 公司对胡某进行调岗，工资未正常发放，故认定按胡某正常工作期间即 2019 年 5 月至 2020 年 4 月期间的月平均应发工资计算经济补偿。胡某称经济补偿计算基数应包含加班工资的主张本院不予支持。

案例评析

上述两个案例中，法院从保护劳动者合法利益的立法目的出发，将劳动者未正常提供劳动期间、用人单位未正常发放工资期间的工资排除在外。同时，法院基于公平原则，认为加班费并不能如实反映劳动者正常的工资水平，故排除在经济补偿金的计算基数之外。

此外，《劳动合同法实施条例》第二十七条还规定，劳动者在解除劳动合同前 12 个月的平均工资低于当地最低工资标准的，按照当地最低工资标准计算。

（三）"双上限"的要求

《劳动合同法》为平衡各方权益，在计算经济补偿时针对高收入的劳动者进行了特别规定：劳动者月工资高于用人单位所在的直辖市、设区的市级人民政府公布的本地区上年度职工月平均工资三倍的，向其支付经济补偿的标准按职工月平均工资三倍的数额支付，向其支付经济补偿的年限最高不超过十二年。

例如，老张 2008 年 1 月 1 日入职某公司，2022 年 6 月 25 日，用人单位通知老张因劳动合同期满终止劳动合同，老张离职前 12 个月的平均月工资是 30 000 元，当地 2021 年度职工月平均工资是 9567 元。

那么，老张应得经济补偿的计算如下。

（1）计算基数，算出经济补偿金计算基数的上限，即 9567 元 ×3＝28 701 元，老张的月平均工资为 30 000 元，超过上限的按上限计算；

（2）计算年限，老张的工作时间为 2008 年 1 月 1 日至 2022 年 6 月 25 日，共 14 年 5 个多月，超过 12 年按 12 年计算；

（3）老张的经济补偿金为 28 701 元 ×12＝344 412 元。

需要注意的是，对于月工资不超过当地职工月平均工资三倍的劳动者，其经济赔偿计算年限则没有"最高 12 年"的限制。

例如，老张 2008 年 1 月入职某公司，2022 年 6 月 25 日，用人单位通知老张因劳动合同期满终止劳动合同，老张离职前 12 个月的平均月工资是 28 700 元，当地 2021 年度职工月平均工资是 9567 元。

那么，老张应得经济补偿计算如下。

（1）计算基数，算出经济补偿金计算基数的上限，即 9567 元 ×3＝28 701 元，老张的工资没有超过上限，所以计算基数为他的实际工资；

（2）计算期限，老张的工作时间为 2008 年 1 月 1 日至 2022 年 6 月 25 日，共 14 年 5 个多月；

（3）老张的经济补偿金为 28 700 元 ×15＝430 500 元。

在此种情况下，有人就将老张的经济补偿金计算为 28 700 元 ×12，实际上这是一个错误的算法，因为老张的工资标准并未超过上限，所以其年份的计算不应设置上限。

（四）分段计算

《劳动合同法》第九十七条第3款规定：本法施行之日存续的劳动合同在本法施行后解除或者终止，依照本法第四十六条规定应当支付经济补偿的，经济补偿年限自本法施行之日起计算；本法施行前按照当时有关规定，用人单位应当向劳动者支付经济补偿的，按照当时有关规定执行。

这里涉及两部法律法规，其一是《违反和解除劳动合同的经济补偿办法》（劳部发〔1994〕481号），该办法是1995年1月1日实施，2017年11月24日废止；其二就是于2008年1月1日起施行的《劳动合同法》。

根据《劳动合同法》第九十七条的规定，在计算经济补偿的年限时，如果涉及2008年1月1日之前的工龄的，按《违反和解除劳动合同的经济补偿办法》的规定执行，在此之后的按《劳动合同法》执行。这两部法律法规最大的区别就在于有没有"双上限"。

《违反和解除劳动合同的经济补偿办法》规定了几种用人单位单方解除劳动合同需要支付经济补偿金的情形（见表18-2）。

表18-2　2008年之前需要支付经济补偿的情形

2008年1月1日之前需支付经济补偿的情形	基数上限	期限上限
协商一致用人单位解除劳动合同	没有限制	最多不超过十二个月
劳动者不能胜任工作		
患病或者非因工负伤		没有限制
客观情况发生重大变化		
经济性裁员		

所以，在计算跨2008年1月1日的经济补偿金时要注意以下两点。

一是在此前是否属于需要支付经济补偿的情形，如不属于，则经济补偿金从2008年1月1日起算；

二是此前有没有对于计算期限的上限，如有，则需要分段计算，实践中较为常见的分段计算情形即协商解除劳动合同。

例如，2007年1月1日，老张入职某公司，2022年6月25日，用人单位通知老张因劳动合同期满终止劳动合同，老张离职前12个月的平均月工资是

28 700 元，当地 2021 年度职工月平均工资是 9567 元。

那么，老张应得经济补偿的计算如下。

（1）计算基数，算出经济补偿金计算基数的上限，即 9567 元 ×3=28 701 元，老张的工资没有超过上限，所以计算基数为他的实际工资；

（2）计算期限，因为涉案时段跨 2008 年 1 月 1 日，由于适用法规并未规定合同到期终止的情形需要支付经济补偿，所以计算年限应从 2008 年 1 月 1 日计算至 2022 年 6 月 25 日，即 14 年 5 个多月；

（3）老张的经济补偿金为 28 700 元 ×15=430 500 元。

如果是协商解除劳动合同，则要分段计算补偿金。

例如，2007 年 1 月，老张入职某公司，2022 年 6 月 25 日，双方协商解除了劳动合同，老张离职前 12 个月的平均月工资是 28 700 元，当地 2021 年度职工月平均工资是 9567 元。

计算：

（1）计算基数，算出经济补偿金计算基数的上限，即 9567 元 ×3=28 701 元，老张的工资没有超过上限，所以计算基数为他的实际工资；

（2）计算年限，涉案时段跨 2008 年 1 月 1 日，由于此前的适用法规已经规定了协商解除劳动合同需要支付经济补偿金，且工作年限未超过上限（2008 年 1 月 1 日之前的工作年限未超过 12 年），所以计算年限应从 2007 年 1 月 1 日计算至 2022 年 6 月 25 日，即 15 年 5 个多月；

（3）老张的经济补偿金为 28 700 元 ×16=459 200 元。

■■■ 拓展问题：代通知金

一、"N+1"的法律定义

简单来说，"N"是经济补偿，"+1"是代通知金，这两个费用同时出现的情况极少，只有用人单位在本章所列的三种无过错解除情形下（《劳动合同法》第四十条）合法解除劳动合同，且放弃提前 30 天通知劳动者解除劳动合同权利的，才需要支付"N+1"。所以，"+1"的真实内涵并不是补偿，而是预期利益的工资损失。

现实中，有些用人单位与劳动者采取的是协商解除劳动合同的方式，根据法律规定本无须支付"+1"的代通知金，但用人单位为了与劳动者尽快达成协商一致的结果，往往会支付"+1"，甚至"+2""+3"等额外的补偿，但这并不属于法定要求。

鉴于用人单位在无过错解除劳动合同情形下举证责任较高，且一旦双方决定要解除劳动合同，双方较难再相处 30 天，劳动者的工作效果也难以保证，故笔者仍建议用人单位采取协商的途径处理。

二、代通知金的计算

根据《劳动合同法实施条例》第二十条规定，用人单位支付劳动者的代通知金按照劳动者上一个月的工资标准，并非按照解除劳动合同前 12 个月的平均工资确定。

此外，关于"上一个月的工资标准"如何确定，法律没有明确规定，建议参考离职前一个月的应发工资。而且还需注意，"+1"并不适用上限封顶的规定。

如劳动者离职前一个月工资为 10 万元，按当地月平均工资 3 倍封顶是 3 万元，那么经济补偿金的基数按 3 万元计算，而"+1"则直接计算为 10 万元。

■ ■ ■ ■ 拓展问题：离职补偿的个人所得税

根据《工资支付暂行规定》的规定，劳动者的个人所得税由用人单位代扣代缴。一般来说，离职的工资、经济补偿、代通知金等均应在离职结算时一并支付，但对于离职补偿金的个人所得税代扣问题，因为费用项目的不同也有所区别。

根据《个人所得税法》第二条第 1 款的规定，工资、薪金所得应当缴纳个人所得税。

财政部、国家税务总局《关于个人所得税法修改后有关优惠政策衔接问题的通知》第五条第（1）项规定，个人与用人单位解除劳动关系取得一次性补偿收入（包括用人单位发放的经济补偿金、生活补助费和其他补助费），在当地上年职工平均工资 3 倍数额以内的部分，免征个人所得税；超过 3 倍数额的部分，不并入当年综合所得，单独适用综合所得税率表，计算纳税。

财政部、国家税务总局《关于工伤职工取得的工伤保险待遇有关个人所得税政策的通知》规定，对工伤职工及其近亲属按照《工伤保险条例》规定取得的工伤保险待遇，免征个人所得税。上述工伤保险待遇，包括工伤职工按照《工伤保险条例》规定取得的一次性伤残补助金、伤残津贴、一次性工伤医疗补助金、一次性伤残就业补助金、工伤医疗待遇、住院伙食补助费、外地就医交通食宿费用、工伤康复费用、辅助器具费用、生活护理费等，以及职工因工死亡，其近亲属按照《工伤保险条例》规定取得的丧葬补助金、供养亲属抚恤金和一次性工亡补助金等。

从上述规定可归纳出如下离职补偿个人所得税代扣的合规要点。

1. 劳动者的工伤保险待遇免税；

2. 离职补偿的免税需要满足如下前提条件。

（1）是解除劳动关系，而非终止劳动关系，即如果劳动者是因劳动合同终止而获取经济补偿，是无法享受免税政策的。

（2）是经济补偿金、补助，而非工资。如前述，代通知金实质是一个月工资的预期利益，其本质还是工资，故无法享受免税政策。

（3）经济补偿金、补助总额不超过当地上年职工平均工资3倍。这与经济补偿计算基数的上限一致。

表18-3中列出了离职补偿的情形。

表18-3　离职补偿情形

补偿标准	解除劳动合同提出方	法定情形
N+1	用人单位提出	劳动者患病或者非因工负伤，在规定的医疗期满后不能从事原工作，也不能从事由用人单位另行安排的工作的
		劳动者不能胜任工作，经过培训或者调整工作岗位，仍不能胜任工作的
		劳动合同订立时所依据的客观情况发生重大变化，致使劳动合同无法履行，经用人单位与劳动者协商，未能就变更劳动合同内容达成协议的
2N	用人单位提出	用人单位违法解除劳动合同的
		用人单位违法终止劳动合同的
N	劳动者提出	用人单位未按照劳动合同约定提供劳动保护或者劳动条件的
		用人单位未及时足额支付劳动报酬的
		用人单位低于当地最低工资标准支付劳动者工资的
		用人单位未依法为劳动者缴纳社会保险费的（湖南省规定含未足额缴纳）

（续表）

补偿标准	解除劳动合同提出方	法定情形
N	劳动者提出	用人单位的规章制度违反法律、法规的规定，损害劳动者权益的
		用人单位以欺诈、胁迫的手段或者乘人之危，使对方在违背真实意思的情况下订立或者变更劳动合同的
		用人单位在劳动合同中免除自己的法定责任、排除劳动者权利的
		用人单位违反法律、行政法规强制性规定的
		用人单位以暴力、威胁或者非法限制人身自由的手段强迫劳动者劳动的
		用人单位违章指挥、强令冒险作业危及劳动者人身安全的
	用人单位提出	双方协商一致解除劳动合同的
		劳动者患病或者非因工负伤，在规定的医疗期满后不能从事原工作，也不能从事由用人单位另行安排的工作的，用人单位提前30日书面通知劳动者的
		劳动者不能胜任工作，经过培训或者调整工作岗位，仍不能胜任工作的，用人单位提前30日书面通知劳动者的
		劳动合同订立时所依据的客观情况发生重大变化，致使劳动合同无法履行，经用人单位与劳动者协商，未能就变更劳动合同内容达成协议的，用人单位提前30日书面通知劳动者的
	经济性裁员	用人单位依照《企业破产法》规定进行重整的
		用人单位生产经营发生严重困难的
		企业转产、重大技术革新或者经营方式调整，经变更劳动合同后，仍需裁减人员的
		其他因劳动合同订立时所依据的客观经济情况发生重大变化，致使劳动合同无法履行的
	劳动合同终止	劳动合同期满，用人单位不同意续订的
		用人单位被依法宣告破产的
		用人单位被吊销营业执照、责令关闭、撤销或者用人单位决定提前解散的

（续表）

补偿标准	解除劳动合同提出方	法定情形
N	劳动合同终止	劳动合同期满，用人单位降低劳动合同约定条件续订劳动合同，劳动者不同意续订的
		以完成一定工作任务为期限的劳动合同因任务完成的
		自用工之日起，超过1个月不满1年，劳动者不与用人单位签订书面劳动合同，用人单位书面通知劳动者终止劳动合同的
		劳动合同到期后，超过1个月不满1年，劳动者不与用人单位签订书面劳动合同，用人单位书面通知劳动者终止劳动合同的
N=0	劳动者提出	双方协商一致解除劳动合同的
		劳动者提前30天以书面形式通知用人单位的
		劳动者在试用期内提前3天通知用人单位的
		劳动者违法解除劳动合同的
	用人单位提出	劳动者在试用期间被证明不符合录用条件的
		劳动者严重违反用人单位的规章制度的
		劳动者严重失职，营私舞弊，给用人单位造成重大损害的
		劳动者同时与其他用人单位建立劳动关系，对完成本单位的工作任务造成严重影响，或经用人单位提出，拒不改正的
		劳动者被依法追究刑事责任的
		劳动者以欺诈、胁迫的手段或者乘人之危，使用人单位在违背真实意思的情况下订立或者变更劳动合同的
	劳动合同终止	劳动合同期满，用人单位维持或者提高劳动合同约定条件与劳动者续订劳动合同，劳动者不同意续订，而终止固定期限劳动合同
		劳动者开始依法享受基本养老保险待遇

（续表）

补偿标准	解除劳动合同提出方	法定情形
N=0	劳动合同终止	劳动者死亡或被人民法院宣告死亡或者宣告失踪的
		自用工之日起 1 个月内，劳动者不与用人单位签订书面劳动合同，用人单位书面通知劳动者终止劳动合同的
		劳动合同到期后 1 个月内，劳动者不与用人单位签订书面劳动合同，用人单位书面通知劳动者终止劳动合同的

第十九章

过错解除的合规管理

过错解除，也称过失性解除。《劳动法》《劳动合同法》均对过错解除的情形进行了规定，除此之外，司法实践中还有因劳动者严重违反劳动纪律和职业道德、违反公序良俗被用人单位解除劳动合同的情形（见表 19–1）。

表 19–1　过失性解雇的情形

解除情形	法律依据
在试用期间被证明不符合录用条件的	《劳动法》第二十五条、《劳动合同法》第三十九条
严重违反用人单位规章制度的	
严重违反劳动纪律的	
严重失职，营私舞弊，给用人单位利益造成重大损害的	
被依法追究刑事责任的	
劳动者同时与其他用人单位建立劳动关系，对完成本单位的工作任务造成严重影响，或者经用人单位提出，拒不改正的	《劳动合同法》第三十九条
劳动者以欺诈、胁迫的手段或者乘人之危，使对方在违背真实意思的情况下订立或者变更劳动合同的	
违法劳动纪律、职业道德、公序良俗的	司法实践

过错解除，作为法律赋予用人单位的单方解除权之一，与非过失性单方解

除权、经济性裁员等相比，具有劳动合同立即解除、无须支付经济补偿金的特点，此种解除方式时间成本和经济成本都是最低的。但是法律在赋予用人单位过错解除权的同时，也从实体和程序上对这种权利的行使进行了严格的规制。

笔者在第十七章"用人单位单方解除劳动合同的合规风险"中提到，在湖南长沙的司法实践中，用人单位解除劳动合同导致的争议案件有 59.30% 的案件被法院认定解除行为违法，而违法的主要原因在于用人单位实体违法及程序违法。被认定为实体违法对于用人单位的影响最大，比如用人单位制定的规章制度未被法院采纳，并不仅仅意味着个案的败诉，更意味着用人单位进行日常管理的依据是无效的，这无疑将会给用人单位带来巨大的管理风险。

【合规实务指引】

在人力资源合规工作中，我们会大量运用三段论的推理方法。比如用人单位单方解除劳动合同的合规途径，大前提即法律依据，可以是《劳动法》《劳动合同法》等法律法规，也可以是企业依法制定的员工手册；小前提是事实依据，即员工不能胜任工作的事实证据、违纪的证据；再结合程序合法的要求，就可以得出合法解除劳动合同的结论。

一、规章制度合规

用人单位的规章制度是用人单位人力资源管理合规的基础，它既是用人单位日常管理的依据，也是各方履行劳动合同义务的指引。一般来说，规章制度将涵盖劳动者从入职到变更、履行到离职的全部人力资源管理工作流程，也包含对工时、休息休假、劳动报酬等事宜的规则预设，而且，在奖惩条款中也会有用人单位价值观及自主管理权的体现。可以说有了规章制度，用人单位各职能部门才能各司其职、运转自如，其重要性不言而喻。

> 《劳动争议司法解释（一）》第五十条第 1 款规定：用人单位根据劳动合同法第四条规定，通过民主程序制定的规章制度，不违反国家法律、行政法规及政策规定，并已向劳动者公示的，可以作为确定双方权利义务的依据。

根据上述规定可知，用人单位的规章制度不仅是内部管理的依据，更是劳动争议仲裁和人民法院裁判的依据。比如在劳动者出现"严重失职，营私舞弊，给用人单位造成重大损害"的情形下，判定何为"重大损害"往往是司法实践中的难点，如果用人单位能够提前在规章制度中对"重大损害"进行合理量化，那么审裁机构也会侧重考虑适用。根据笔者的总结，人民法院一般会从合法性、合理性、溯及力等方面对规章制度进行审查，接下来进行分别阐述。

（一）规章制度制定程序的合法性

《劳动合同法》第四条规定，用人单位在制定规章制度时，应当通过职工代表大会或者全体职工讨论，征求职工意见和建议，否则，即便劳动者存在严重违反规章制度、劳动纪律等情形的，用人单位解除劳动合同仍然存在违法的风险。

［关联案例］

案例 19-1　员工手册虽已公示，但非经民主程序制定，对劳动者不生效

陈某于 2012 年 8 月 10 日入职某汽车销售公司（下文简称甲公司），双方签订了两份劳动合同。最后一份书面劳动合同约定期限为 2016 年 1 月 1 日起至 2019 年 6 月 30 日止，工作岗位是信贷专员。甲公司的经营范围为一类汽车维修，保险兼业代理。2015 年 5 月，陈某的配偶出资成立了某汽车贸易公司，该公司的经营范围为：汽车零售、汽车租赁、汽车美容、汽车相关技术咨询业务，汽车零配件、汽车用品的销售。甲公司的员工手册附件利益冲突申报表规定，员工未按照要求进行利益冲突申报，经调查核实冲突存在的，视为严重违纪，公司有权立即解除劳动合同。2017 年 1 月 20 日，陈某填写了利益冲突申报表，否认存在利益冲突的情形。2017 年 9 月 21 日，甲公司向陈某邮寄了解除劳动合同通知书，以"涉及严重外部利益冲突且多次政策宣传后仍未及时书面申报"为由解除与陈某的劳动合同。

陈某申请劳动仲裁，请求甲公司支付解除劳动合同赔偿金 114 110.2 元。

处理结果

人民法院认为，根据相关法律规定，在劳动争议纠纷案件中，因用人单位作出开除、除名、辞退、解除劳动合同等发生的争议，由用人单位负举证责任。根据工商登记显示的经营范围，陈某配偶经营的某汽车贸易公司与陈某所在用人单位的经营范围存在重合的地方，应属于用人单位的竞争方，确实存在利益冲突。陈某应当按公司规定如实告知用人单位需了解的相关情况。陈某在用人单位处任职期间，在用人单位要求申报时未及时如实告知用人单位，存在有利益冲突未申报的情形。

根据《劳动争议司法解释》（一）第十九条"用人单位根据《劳动法》第四条之规定，通过民主程序制定的规章制度，不违反国家法律、行政法规及政策规定，并已向劳动者公示的，可以作为人民法院审理劳动争议案件的依据"之规定（注：已废止），用人单位提交的 2014 版员工守则虽进行了公示并告知了劳动者，但用人单位未能提交证据证实员工守则已经过民主程序制定，该员工守则不能作为法院审理本案的依据。用人单位依据 2014 版员工守则解除与陈某的劳动合同依据不足，系违法解除劳动合同，用人单位应当支付陈某违法解除劳动合同赔偿金。

在实践中，部分地区法院对于用人单位规章制度经民主程序制定的要求有所放松，认为只要规章制度或者重大事项的内容未违反法律、行政法规及政策规定，不存在明显不合理的情形，并已向劳动者公示或告知的，也可以作为人民法院裁判的依据。

此外，并非所有企业制定的制度均需要通过民主程序，《劳动合同法》规定，拟制定的制度涉及劳动报酬、工作时间、休息休假、劳动安全卫生、保险福利、职工培训、劳动纪律以及劳动定额管理等直接涉及员工切身利益时，才需要进入民主程序，而企业的财务、业务、报销等日常经营管理制度的制定，属于公司经营自主权的范围，只要公示送达即生效。

（二）规章制度内容的合法性

《劳动合同法》第四条第 1 款规定，"用人单位应当依法建立和完善劳动规章制度，保障劳动者享有劳动权利、履行劳动义务。"

《劳动争议司法解释（一）》第五十条规定，用人单位……制定的规章制度，不违反国家法律、行政法规及政策规定，并已向劳动者公示的，可以作为确定双方权利义务的依据……

根据上述规定可知，用人单位必须在法律规定的框架内制定规章制度，且所说的法律并不仅指《劳动法》《劳动合同法》等，还包括涉及个人信息保护、劳动者就业权保护、最低工资标准、超时加班、休息休假、工资发放、劳动安全卫生保护等各个方面、各层级的法律法规，只要用人单位的规定与之相抵触、相违背，就是违法的制度，而用人单位也将面临违法解除劳动合同、劳动者被迫解除劳动合同等不利的法律后果。

［关联案例］

案例 19–2　用人单位制定的"十大铁律"违法，制度无效

2018 年 3 月 20 日，某科技公司与蒋某签订一份劳动合同，期限为 2018 年 3 月 2 日至 2021 年 3 月 1 日。

该科技公司制定并公布的 2019 年奖励计划载明："铁军之王第一名，奖励购车基金 30 万元；铁军之王第二名，奖励购车基金 15 万元。"

同时，该科技公司公司制定了"十大铁律"，其内容为："1. 公司同部门不准谈恋爱；2. 不准当众顶撞上司；3. 不准泄露公司机密；4. 不准沉迷游戏、不准传播负面消息；5. 不准拉帮结派、不准私自建群，若建群必须把高层管理者拉入群；6. 不准弄虚作假；7. 不准乱搞男女关系；8. 不准发生黄、赌、毒、酗酒、酒驾等涉及违反法律法规事件；9. 不准欺骗客户，不准向客户借钱，公司内部不准借贷，不准网贷；10. 不准贪污腐败、不准挪用公款、不准私自收款、不准利益输送。"

2020 年 4 月 1 日，蒋某因自己的销售业绩达到该科技公司规定的"铁军之王"第二名的标准，被该科技公司授予"铁军之王"的称号，但该科技公司认为蒋某违反公司铁律中"同部门员工不准谈恋爱"的规定，拒绝向蒋某发放奖金 15 万元。

蒋某离职后，向劳动仲裁委员会申请仲裁，请求裁决该科技公司支付 2019 年奖励计划"铁军之王"第二名的奖励 15 万元。

处理结果

人民法院认为，某科技公司制定的"十大铁律"，其内容是规范公司员工的工作纪律，属于公司规章制度的范畴。而恋爱自由是公民依法享有的人身权利之一，一审判决认为"十大铁律"中"公司同部门不准谈恋爱"的内容有悖法律规定，并据此认定该科技公司以蒋某与同部门同事谈恋爱违反公司铁律为由拒付蒋某"铁军之王"奖金的理由不能成立，因此，某科技公司在蒋某在职期间已公布确认蒋某获得"铁军之王"称号，应当按照 2019 年奖励计划向蒋某发放奖金 15 万元。

（三）规章制度内容的合理性

这里所说的"合理性"，仅从司法实践的经验讲起，建议企业从一般人的角度进行判断即可，也就是本书反复提到的"善良管理"原则。

［关联案例］

案例 19-3　规章制度不违反合法性要求，但不具有合理性，解除劳动合同违法

张某与公交公司签订劳动合同，期限至 2018 年 4 月 14 日止。其中 2010 年 5 月 8 日签订的劳动合同载明："乙方（劳动者）在签订劳动合同时已学习并了解甲方（用人单位）制定的《奖惩条例》及安全管理、人力资源管理等相关规章制度的各项条款，并遵照执行。"劳动合同签订后，张某被派往新巴士公司从事驾驶员工作，由新巴士公司对张某进行管理并支付劳动报酬。上述《奖惩条例》载明：违反交通法规，行车责任事故造成企业经济损失 30 万元以上；造成死亡事故负主要责任（含主要责任）以上，解除劳动关系并视情况追究其经济责任。2016 年 3 月 5 日，张某在工作中驾驶公交车辆时与电动车发生交通事故，2016 年 3 月 30 日，公安局交警部门作出道路交通事故认定书，该认定书载明：2016 年 3 月 5 日，案外人宗某驾驶电动自行车与张某驾驶的在站台处上下客的车辆相撞，致两车受损，电动车驾驶员受伤。电动车驾驶员未按规定通行、观察疏忽、操作不当撞到前方停止车辆是造成事故的主要原因，应承担事故主要责任。张某驾驶车辆未按规定停车，其行为违反了《道路交通安全条例》的规定，其违法行为是造成事故的次要原因，应承担事故次要责任。在交通事故发生时，新巴士公司未为该车辆投保商业保险。2017 年 3 月 21 日，徐州市鼓楼区人民法院作出（2016）苏 0302 民初 4080 号民事调解书，确认由新巴士公司赔偿电动车驾驶员各项损失 48 万元。在处理交通事故的过程中张某为伤者垫付医疗费 15 345.17 元。案涉交通事故发生后，新巴士公司分别于 2016 年 3 月至 5 月、2017 年 4 月至 5 月对张某作出了"停职与学习处理"。2017 年 5 月 25 日，公交公司向公司工会发出解除员工劳动合同通知书，将拟解除张某劳动合同的事由告知工会。通知载明，张某引发的交通事故给企业造成的经济损失约 58.5 万元。鉴于张某的行为给企业造成严重经济损失和影响，根据《劳动合同法》第三十九条第 2 款和公司《奖惩条例》规定，给予张某解除劳动合同处理。

此后，张某诉请公司支付违法解除劳动合同的赔偿金。

　　人民法院认为，公交公司解除与张某劳动合同的依据为公司的《奖惩条例》及《劳动合同法》第三十九条第（2）项，即劳动者严重违反用人单位的规章制度，用人单位可以解除劳动合同。本院认为，适用该条款的前提，一是规章制度本身合法，二是劳动者违反规章制度达到"严重程度"。本案中，虽然公交公司《奖惩条例》已经过民主协商程序，且已告知劳动者，但本院注意到，公交公司《奖惩条例》第三章第 15 条规定"违反交通法规，行车责任事故造成企业经济损失 30 万元以上，给予解除劳动关系"，该规定并未区分驾驶员对事故责任的过错程度等情形。根据道路交通事故认定书记载，该交通事故主要因受害者观察疏忽、操作不当而撞到前方张某停靠在站台的车辆，张某在事故中承担次要责任。因此，从事故发生经过及过错程度来看，张某在事故中的过错程度及过错情节均较轻，达不到上述法律规定的"严重程度"，公交公司以此解除与张某的劳动合同不当。据此，公交公司属于违法解除劳动合同，应承担经济赔偿金。

（四）规章制度的溯及力

　　溯及力的问题，即规定、制度的溯及既往问题。

1．"今天的规定能不能管昨天的我"

［关联案例］

　　案例 19-4　用人单位依据后生效的制度处置生效前的违纪行为，解除劳动
　　　　　　合同违法

　　李某于 2016 年 3 月 16 日入职 A 公司，任业务总监。A 公司因经营战略调整，于 2019 年 9 月 30 日发布《关于印发〈A 公司营销人员基本管理办法（试行）〉通知》。2019 年 10 月 12 日以邮件形式发送该管理办法给全体员工。11 月 6 日组织员工视频培训，11 月 27 日该管理办法通过工会讨论。

　　该管理办法主要针对营销人员的薪酬构成及绩效考核进行了规定，薪酬构成由原来的高固定工资＋低提成变更为低固定工资＋高提成，并根据劳动者前 10 个月的业绩确定固定工资标准及每月业务完成量。A 公司在 2019 年 10 月仍按照之前的薪酬标准支付李某工资，2019 年 11 月开始按新的薪酬制度执行，同时按照新的标准对 2019 年 10 月、11 月的绩效进行考核。

　　2019 年 12 月 25 日，A 公司以李某在 2019 年 10 月、11 月营销人员绩效考核中连续两个月业绩达成度低于月度目标的 50% 为由，于 2019 年 12 月 31 日与李某解除劳动关系。

此后，李某诉请 A 公司支付违法解除劳动合同的赔偿金。

处理结果

人民法院认为，本案中，2019 年 11 月 6 日 A 公司组织全体员工培训学习《A 公司营销人员基本管理办法（试行）》，同月 27 日该办法才通过工会讨论，而 A 公司以该办法的规定考核李某 2019 年 10 月、11 月的绩效，并以该考核结果为依据解除与李某的劳动关系不当，A 公司属于违法解除劳动关系，应支付相应的赔偿金。

案例评析

《立法法》第九十三条规定，法律、行政法规、地方性法规、自治条例和单行条例、规章不溯及既往，但为了更好地保护公民、法人和其他组织的权利和利益而作的特别规定除外。

也就是说，一般情况下，法律法规等以不溯及既往为原则，但如果有利于公民、法人或其他组织作出的特别规定除外。从我国法律体系来说，无论民法还是刑法领域，均有关于溯及既往的规定。例如：最高人民法院《关于适用〈中华人民共和国民法典〉时间效力的若干规定》规定了《民法典》可从民事主体合法权益、社会和经济秩序、当事人合理预期以及社会主义价值观的角度溯及既往；《刑法》规定了从旧兼从轻的溯及力原则；在劳动法领域，一般遵循对劳动者有利的追溯原则，即前后制度之间产生冲突的情况下，审裁机构往往会作出有利于劳动者的解释。

合规建议

用人单位应重视规章制度溯及力的问题。在制定制度时应有全局体系意识，清查尚在生效的其他规定或劳动合同的约定，审查其内容是否存在冲突，并明确适用优先的问题，避免出现歧义。

2."他国的规定能不能管本国的我"

［关联案例］

案例 19-5　子公司可否直接适用母公司规章制度，并依据该制度解除其劳动者的劳动合同

袁某于 2018 年 3 月 20 日入职某金融服务公司，担任高级产品经理。双方订立了为期 3 年的劳动合同，约定袁某月工资标准为 2.5 万元，由基本工资 1 万元、岗位工资 1 万元及绩效工资 5000 元构成。2020 年 9 月 1 日，某金融服务公司在微信工作群中通知，因经营出现困难，依据其上级集团公司制定的《绩效管理办法》的相关规定，决定自即日起停发绩效工资。袁某对停发绩效工资有异议，因此发生争议。

袁某提起劳动仲裁，要求某金融服务公司支付 2020 年 9 月至 10 月期间绩效工资 1 万元。

处理结果

根据《劳动合同法》第四条的规定，用人单位在制定、修改或者决定直接涉及劳动者切身利益的规章制度或者重大事项时，应当经法定程序并向劳动者公示或告知。劳动关系具有较强的人身依附性，因此用人单位的规章制度也当然存在较强的"人身属性"，即只有本单位的规章制度才能对本单位劳动者有效，其他单位的规章制度对本单位劳动者不当然具有约束力。本案中，某金融服务公司对上级集团公司制定的绩效管理办法未经过法定程序转化即直接适用，故未能获得劳动仲裁委员会认可。（本案例选自 2021 年北京市劳动人事争议仲裁十大典型案例）

案例评析

企业规章制度的有效性，取决于制定过程的民主程序、制度本身的合法合理性以及制度的公示告知。实践中，确有不少集团企业中的子公司、关联公司直接采用集团制定的规章制度进行员工管理，一是程序方便，二是体现集团管理的一致性。但往往有企业就忽视了集团内部企业均为独立法人的这个关键问题，导致发生管理争议时，无有效的规章制度适用。

合规建议

笔者建议，集团公司可采取以下途径制定规章制度。

1. 集中制定：在集团制定、修订规章制度时，集团内各独立法人的职工代表应提出意见，并出席职工代表大会进行讨论，在制度中也应明确其适用范围包含集团内各子公司；

2. 转化制定：如难以集中集团内各子公司人员进行民主程序，子公司也可使用集团公示的制度作为自己的制度草案，在子公司内部另行进行民主程序。

二、用人单位单方解除劳动合同所依据的事实证据

根据"三段论"的理论，事实证据是用人单位合法解除劳动合同的小前提。事实证据基本上决定了诉讼的结果。

用人单位应该做好平时的风险防范，把收集证据这个环节，提前到任何用工管理的节点之前进行，在日常管理过程中形成系统而完整的证据链，在面临可能的诉讼风险时，用人单位就可以做到有针对性的准备，防患于未然。

（一）法律事实与客观事实

客观事实，简单来说就是事务原本的样子。而法律事实，是指法律规定的、能够引起法律关系产生、变更和消灭的现象。具体来说，法律事实就是审判者根据各方提交的证据，通过对其真实性、合法性、关联性的审查而推断得出最可能接近当时真实情况的事实。

所以，从上述二者的区别可以看出，法律事实可能永远无法完全还原客观事实，故有理也要有证据才行。

（二）从举证规则看诉讼中的举证技巧

既然证据如此重要，那么用人单位应该如何收集证据呢？

首先来看举证责任的分配。简单来说，就是某个事实处于事实不清的状态，审裁机关将适用举证责任分配的规则对案件事实作出认定。

以用人单位单方解除劳动合同的案件为例，审裁机构的思路是这样的：

1. 查明双方是否存在劳动关系

无论是二倍工资争议、赔偿金争议、经济补偿争议还是劳动报酬争议，确认双方存在劳动关系是前提条件。

目前的司法实践中，审裁机构一般会根据《关于确立劳动关系有关事项的通知》的规定，从主体资格、经济及人身从属性等方面来审查是否存在劳动关系。实践中，劳动关系是否存在的举证责任在劳动者。

下面列举几类"存在劳动关系"的常见证据类型。

（1）书面劳动合同。一般来说，如果劳动者能提供用人单位盖章的劳动合同，是可以证明存在劳动关系的，如果用人单位认为合同上的印章为假，则应向仲裁庭或法庭提出进行司法鉴定，并承担鉴定费用，否则将视为放弃鉴定的权利。

（2）社会保险缴费记录。因为存在代缴社会保险、社会保险挂靠的情形，所以社会保险缴费记录难以单独证明存在劳动关系，审裁机构一般会结合其他实际用工的证据进行综合判断。

（3）个人所得税完税证明。此项证据难以单独证明劳动关系，一般是配合劳动合同、工资发放记录形成证据链来证明劳动关系。

（4）离职证明、工作证明、工作证、空白业务合同、授权书等。主要看这些证据中有无用人单位的盖章，如无，则需要配合其他证据形成证据链。此处提醒用人单位在平时的管理中注意公章的管理，也不要随意开具授权、证明等。

（5）银行流水、微信或支付宝转账记录等。此类证据较难单独证明劳动关系。首先，很多用人单位并未通过企业账户发放工资，也未用法定代表人、公司出纳等关联人的账户进行转账，有些甚至是通过现金发放工资，此种情况下劳动者就需要提供其他证据进行佐证。其次，还要看支付的金额、时间是否符合劳动关系中较为稳定的薪酬特征。最后，在某些劳务关系中，企业往往会要求劳动者提供发票，如果此时劳动者仅提供了转账记录，也难以采信为劳动关系。

（6）考勤记录。考勤记录主要是用来证明单位存在劳动管理的行为，这在劳务、内部承包、新业态用工等复杂案件中较为常见，一般会结合工资发放记录、工作安排记录等形成证据链。

（7）录音、录像。这类证据较为常见，但录音、录像能否证明劳动关系还需要具体分析。首先，录音录像作为视听资料，证据规则、民事诉讼法及相关法律规定很严格，采集过程、原始载体等都有要求，所以此类证据一般采用公证的方式固定，但是没有公证不代表法院不采纳。其次，录音听不清或者听不出双方是不是劳动关系，那么也是很难证明的。最后，跟谁通话也是一个关键，如果是与法定代表人通话里谈到劳动关系工资待遇等问题，一般能证明双方存在劳动关系的，如果用人单位否认，可以做鉴定。如果是与其他人通话，用人单位往往会否认说用人单位没这个人，这种情况下劳动者就需要举证证明有这个人且有职权对双方的劳动关系做出处理。

（8）证人证言。首先，从身份上来看，如果证人是用人单位的员工，且其证明内容对用人单位有利，实践中一般会以证人与用人单位存在利害关系而被排除，但如果证人的证明内容对劳动者有利，而用人单位也不能排除证人的可信度，那么证人证言将可能被采信。其次，要看证人是否出庭接受讯问，如果不能出庭，则无法单独证明事实的存在。

（9）电子邮件、短信、微信等。实务中，劳动者举示这类证据主要是为了证明实际工作的事实，但这类证据属于电子证据，还需要满足最高人民法院《关于修改〈关于民事诉讼证据的若干规定〉的决定》的要求，如对于微信聊天记录，就需要提供原始载体的手机、展示完整的未经删改的聊天记录、聊天双方当事人身份信息等证据，这相比于其他证据类型的举证要求更高，有时甚至还需要进行证据公证、司法鉴定，所以在非必要的情况下，更加建议各方补充提供其他类型的证据。

2．查明双方的劳动合同是否已经解除

对于劳动合同是否解除的举证原则是"谁主张、谁举证"，即主张劳动关系变动的一方承担举证责任。如果劳动者主张是用人单位解除了劳动合同的，由劳动者进行举证证明；如果用人单位主张是员工主动辞职的，由用人单位举证证明；如果双方均无法就此事实举示证据的，只要劳动者已实际离职未再提供劳动，且用人单位也停发了工资、社会保险，一般将认定双方已就解除劳动合同一事达成了一致意见，属于协商解除。

［关联案例］

案例 19-6　双方均无法举证证明解除劳动合同的提出方，劳动者实际离职的，视为协商解除

2021 年 2 月 7 日，郭某经 A 公司员工龚某招聘进入 A 公司。龚某在给郭某发送的入职微信中载明：郭某的职位为项目主管，试用期 3 个月，试用期工资 7000

元/月，正式入职预计在 3 月中旬，并要求郭某于 2021 年 2 月 8 日参加 A 公司的工作会议。

2021 年 4 月，郭某曾有请假处理家庭事务的情形。此后，郭某与 A 公司的实际控制人刘某就劳动合同履行事宜约定于 2021 年 5 月 20 日面谈，此后郭某不再提供劳动。

2021 年 6 月 7 日，郭某提起仲裁，请求裁决 A 公司支付双倍工资、经济赔偿金。

A 公司辩称，双方之间并不存在劳动关系，郭某是自行离职。

人民法院认为，参照原劳动和社会保障部《关于确认劳动关系有关事项的通知》（劳社部〔2015〕12 号）第 1 条之规定，双方是否成立劳动关系，应当结合用人单位和劳动者的主体资格、劳动者是否受用人单位的劳动管理、劳动者提供的劳动是否用人单位业务的组成部分等因素进行综合认定。本案中，双方均符合成立劳动关系的主体资格，郭某与龚某的聊天记录显示，A 公司在 2021 年 2 月 7 日就已经给郭某发送了录用通知，故双方具备成立劳动关系的合意，同时郭某与 A 公司实际控制人刘某的微信聊天记录显示，刘某自 2021 年 3 月开始给郭某布置工作任务，对其进行管理，故法院认定郭某自 2021 年 3 月起就实际给 A 公司提供劳动，且其劳动系 A 公司的业务组成部分。另郭某提交的与龚某的聊天记录显示，双方核对的入职时间为 2021 年 3 月 8 日。综上，法院认定双方于 2021 年 3 月 8 日成立劳动关系。

对于郭某的离职情形，因双方均未有效举证予以证明，且刘某与郭某的微信聊天记录显示，双方于 2021 年 5 月 20 日面谈工作事宜，此后郭某未再提供劳动，故法院认定双方视为协商一致于 2021 年 5 月 20 日解除劳动合同。根据《劳动合同法》第四十六条规定，A 公司应支付郭某经济补偿。

---

3. 查明用人单位单方解除劳动合同的理由及事实

解除事由，是指用人单位单方解除劳动合同时所依据的证据。除了上述提到的"大前提"，即举示能够证明规章制度合理合法的证据，用人单位还应举证证明员工存在"过错"的行为。前述已经分析各类证据类型的举证技巧，这里再着重说明一下取证的注意要点。

（1）取证时机稍纵即逝，应立即取证

大多数劳动者在违纪之后都会产生懊悔、愧疚的心理，而且对事情经过的细节记忆清晰，如用人单位在此时问询劳动者并进行取证，大概率可以达到目的，但劳动者的这种心理会随着时间经过而慢慢淡去，或因为劳动者又咨询了专业人士后害怕受到惩处，所以，建议用人单位应尽量在事情发生后立即取证。

（2）最好的证据永远是当事人的自认

在用人单位问询过程中，可要求劳动者自行书写事情经过及检讨书，如劳动者不愿意或对写检讨书较为排斥，用人单位也可要求劳动者在谈话笔录上签字确认。如劳动者不愿意在任何文件上签字，此时就可采取录音、录像的形式进行证据的固定。

（3）谈话技巧是 HR 的必修课

① 要注意录音、录像证据的法定要求，要在不侵犯劳动者隐私的前提下取证，如安装窃听设备窃听的录音，会因为缺乏合法性而不被审裁机构采信。笔者建议可在安静、不受干扰的公共办公场所进行谈话，并在谈话场所安装录音、录像的器材。

② 在谈话之前，应列好问题提纲，以免失去主导，浪费收集证据的最好时机。

③ 在谈话开始后，首先要确认谈话各方的身份、谈话的地点及时间。此外，在电话录音时，应事先核实谈话各方的电话号码。

④ 在谈话过程中，应注意不能有威胁、恐吓的行为。笔者建议可由被问询者较为熟悉的领导与 HR 一起，并尽量采取平和的沟通方式，不要提及违纪处罚的问题，而应从事件本身及劳动者工作、生活的状态入手，从帮助劳动者解决问题的角度切入。

⑤ 在谈话过程中，如果已经取得需要的证据，则尽快停止谈话，以避免出现反悔不认的情况。

⑥ 提交给审裁机构的录音、录像证据，应先整理成完整的书面材料，并刻制光盘，在开庭时提交原始载体，如录音的手机、录音笔等。对于录音、录像证据不能进行技术处理，如剪接、剪辑或者伪造，如有此行为的，即使内容是真实的也将不被审裁机构采信。

三、用人单位单方解除劳动合同应履行的程序

用人单位单方解除劳动合同是否必须履行通知工会的程序，如果没有通知

工会，是否就违法，这是困扰用人单位的问题，下面以湖南的司法实践为例进行阐述。

（一）如何履行通知工会的法定要求

《劳动合同法》第四十三条规定，用人单位单方解除劳动合同，应当事先将理由通知工会。用人单位违反法律、行政法规规定或者劳动合同约定的，工会有权要求用人单位纠正。用人单位应当研究工会的意见，并将处理结果书面通知工会。

《劳动争议司法解释（一）》第四十七条规定，建立了工会组织的用人单位解除劳动合同符合《劳动合同法》第三十九条、第四十条规定，但未按照《劳动合同法》第四十三条规定事先通知工会，劳动者以用人单位违法解除劳动合同为由请求用人单位支付赔偿金的，人民法院应予支持，但起诉前用人单位已经补正有关程序的除外。

综合上述两个规定，我们可以归纳出以下合规要点。

（1）**单方解除劳动合同，提前通知工会。** 用人单位只有在单方解除劳动合同时，才需要在解除劳动合同前通知工会。建议用人单位保留已经履行通知义务的相关证据，如通知书、意见回执（工会公章）、EMS快递单等，并要注意落款时间应在解除劳动合同之前。

（2）**补正手续。** 即用人单位在劳动争议案件起诉前，可以补充履行通知工会的义务。

（二）用人单位未建立工会组织，如何通知工会

从上述分析可以看出，《劳动争议司法解释（一）》第四十七条是对《劳动合同法》第四十三条的补充、完善，但规定仍然不够明确、不够全面，比如对于用人单位未建立工会组织的情况，在司法实践中就存在着不同的理解。

观点一：无须履行通知工会的程序性义务，劳动者可以通过劳动行政部门、劳动仲裁和民事诉讼的方式维护自身权益（天津、上海、北京、湖南、江苏徐州等地区有相关规定或判例）。

观点二：可通过通知街道或者地区工会的方式履行通知工会的程序性义务（江苏、海南等地区有相关规定或判例）。

观点三：可以通知职工代表、全体职工等方式代为履行通知工会的程序性

义务（重庆、湖北等地区有相关规定或判例）。

笔者认可第一种观点。如前述分析，《劳动争议案司法解释（一）》第四十七条是对《劳动合同法》第四十三条的解释，即是对于履行通知工会的程序性义务的主体做了一个缩小解释，也就是"建立了工会组织的用人单位"。从法律位阶来看，《劳动合同法》与《劳动争议司法解释（一）》是上位法，而各地出台的地方性法规是下位法，如果上位法是限缩解释，则下位法不应再做扩大解释。

（三）如何在起诉前补正通知

同上述分析，法律对此并无明确规定，目前司法实践中主要有两种观点。

观点一：事后通知无效，应在劳动仲裁前补正。法律明确规定用人单位解除劳动合同应当征求工会意见。用人单位未履行通知工会的前置程序，即可认为是违法解除劳动合同。

例如，闵劳人仲（2017）办字第 2321 号案件中，劳动仲裁委员会认为：因用人单位作出的开除、除名、辞退、解除劳动合同、减少劳动报酬、计算劳动者工作年限等决定而发生的劳动争议，用人单位负举证责任。被申请人就其解除依据向本会提供了绩效改进计划、绩效发展回顾通知、业绩统计表、电子邮件等材料，申请人对此不发表质证意见，放弃了质证的权利，故本会对被申请人提供的上述材料均予以采信。上述证据材料可以证明申请人未达到业绩要求，且经过培训后仍不能胜任工作。但根据《劳动合同法》的规定，用人单位单方解除劳动合同，应当事先将理由通知工会。被申请人未在解除与申请人的劳动合同之前通知工会，违反了程序性规定。虽然相关司法解释认为在劳动者起诉前用人单位可以采取措施补正有关程序，但该措施应为主动的弥补过失行为，而非被动的应付仲裁和诉讼的行为。被申请人在解除劳动合同长达一年之后方通知工会，且申请人当时已经申请仲裁，客观上已经不能起到征询工会意见的作用，因此其解除行为违法。

观点二：事后通知有效，且在法院一审前补正即可。如果用人单位仅存在未征求工会意见这一瑕疵的，只要在起诉前补正了有关程序，就无须承担违法解除劳动合同的后果。

例如，（2018）湘 01 民终 13 号案件中法院认为：最高人民法院《关于审理劳动争议案件适用法律问题的解释（四）》第十二条规定：建立了工会组织的用人单位解除劳动合同符合《劳动合同法》第三十九条、第四十条规定，但未按照《劳动合同法》第四十三条规定事先通知工会，劳动者以用人单位违法解除劳动合同为由请求用人单位支付赔偿金的，人民法院应予支持，但起诉前用人单位已经补正有关程序的除外。根据该规定，用人单位解除劳动合同通知工会的期限在一审起诉之前。

再如，（2018）湘 01 民终 6584 号案件中法院认为：本案于 2016 年 6 月 18 日立案，公司提供的证据显示公司在 2016 年 4 月 26 日通知了工会，故公司已经补正了相关程序，公司解除与张某之间劳动合同没有违反法律规定，故对公司主张不应向张某支付经济赔偿金的诉讼请求，本院依法予以支持。

实务中，法院往往采用第二种观点，即适用《劳动争议司法解释（一）》，而第一种观点的适用往往发生在劳动仲裁阶段。

故笔者建议，用人单位如果单方解除劳动合同，还是应事先将理由书面通知工会，如果用人单位因为未通知工会而被劳动仲裁委员会认定为解除行为违法的，也请及时补正，以便在一审阶段寻求法院的支持。此外，用人单位还需注意，如劳动争议案件符合一裁终局的情形，则可能并无机会再补正程序，故应尽量依法履行通知工会的程序。

推荐范本 19-1

关于解除 ×× 劳动合同事宜的意见征求函

×× 工会：

由于我司 ×× 部职工 ×× 在_____年____月____日至_____年____月____日期间存在无故旷工的情况，已经严重违反了公司员工手册第 ×× 章第 ×× 条、第 ×× 章第 ×× 条的规定。经我司研究决定，拟根据《劳动合同法》第三十九条第（2）项规定，于_____年____月____日依法解除与 ×× 的劳动合同，特此函告工会，如有意见，请书面回复。

推荐范本 19-2

<h1 style="text-align:center">关于解除劳动合同事宜的工会意见函</h1>

就公司 ×× 因严重违反用人单位的规章制度解除劳动合同事宜，本工会经研究，特说明如下：

一、工会已经收到公司提供的该事宜的材料与说明，并听取了公司的相关解释说明。

二、工会意见为第＿＿＿项。

　　1. 同意公司对其予以解除劳动合同处理。

　　2. 不同意公司对其解除劳动合同，理由：

　　3. 其他意见：

■■■ 拓展问题：民主程序的合规处理

什么是民主程序，简而言之，即"一讨论二协商三公示或告知"，从合规实务的角度来看，民主程序主要按以下程序进行。

一、制定员工手册、规章制度的草案

现实中，大多数企业规章制度的草拟工作是由人力资源工作者完成，一般来说，HR 会参考其他企业的员工手册并结合自身的特点制定，但鉴于专业限制，HR 很难也很少关注制度的合规方面，建议可委托人力资源合规的专业人员进行审查。

二、讨论、协商制度内容

从这一步开始，将正式进入民主程序。一般来说，规章制度制定的民主程序，应分两步实施，包括征求意见和平等协商。

（一）将制度草案发送给员工征求意见

企业可以通过以下方式进行：

1. 召开全体员工大会或职工代表大会进行现场讨论、征求意见。但鉴于法律对于民主会议的程序、参会人数等均有严格规定，所以企业难以确保程序的合法性。

2.分部门、分小组进行讨论并收集意见。此种形式较为常见。

3.采用书面签收、收集意见的形式，可要求员工在制度草案签收表中直接填写意见或填写无意见，此种形式较为常见。

4.将制度草案通过钉钉、OA、企业微信等向全体员工公示，并发出通知要求员工限期反馈意见。但注意软件账号应事先由员工签收，以证明为本人操作。

5.以电子邮件的形式送达制度草案并收集意见。注意员工应事先签署邮箱地址。

（二）就前期收集的意见，与工会或者职工代表平等协商。这是民主程序中最为核心的环节，司法实践中审查较为严格，建议企业应留存召开职工代表大会或与工会协商的会议纪要、签字确认表等书面材料，且相关材料除了单位盖章，还应由参会员工签字或工会盖章，此外，如有对协商讨论的过程进行录音录像的，也最好留存相关证据。

此外，对于采取召开职代会方式讨论的，应注意职工代表人选的合法性，即单位应证明参会人员有权代表全体员工，全国厂务公开协调小组办公室于2022年3月17日发布的《关于印发〈职工代表大会操作指引〉的通知》也对此进行了具体规定，并适用于国有、集体及其控股企业、私营、港澳台投资、外商投资等企业，建议企业应保留职工代表选举的相关文件。

表 19-2　职工代表大会的人数、比例要求

《关于印发〈职工代表大会操作指引〉的通知》	
人数规定	企业工会委员会按照不少于全体职工人数的百分之五的比例确定职工代表人数，同时确保职工代表的人数不少于三十人；如果按此比例计算出的职工代表人数超过一百人，超出部分的代表人数可以由企业行政管理方与企业工会委员会协商确定
比例规定	职工代表大会的代表要具有广泛性、代表性，其中，企业中层以上管理人员和领导人员一般不得超过职工代表总人数的百分之二十。所属单位多、分布广的企业集团，中层以上管理人员和领导人员一般不超过代表总数的百分之三十五。促进女职工代表比例与企业女职工比例相适应，有被派遣劳动者的企业，职工代表中应有被派遣劳动者代表
代表选举、罢免	选举、罢免职工代表，应当召开选举单位全体职工会议，会议应有三分之二以上职工参加。选举、罢免职工代表的决定，应经全体职工的过半数通过方为有效
会议人数	到会职代表必须超过全体职代表总数的三分之二，会议方为有效
决策规则	表决事项须获得全体职工代表过半数赞成方为通过；如果对多个事项进行表决，应当分项表决，以确保职工代表对每一事项都能准确行使民主权力

三、公示或者告知

公示或者告知，是制度对员工生效的必要条件，如果规章制度没有履行发布程序或程序有瑕疵，则对劳动者没有约束力，发生争议后，也无法作为案件审理依据。

［关联案例］

案例 19-7　员工手册未公示，即便劳动者符合违纪解除条件，用人单位解除劳动合同仍违法

刘某与 A 公司于 2002 年 10 月 14 日签订劳动合同，约定合同期限为 2002 年 10 月 14 日至 2004 年 10 月 13 日，合同第八条第 2 款约定：刘某应遵守公司的劳动纪律和管理制度，包括但不限于员工手册……；第 4 款约定：在本合同有效期内，在中华人民共和国境内刘某不得为本人或其他单位的利益从事与公司的业务相竞争的业务……；第十条第 1 款第（2）项约定：如刘某严重违反公司的劳动纪律、安全规定或者 A 公司的规章制度，公司可以立即解除本合同而无须给予刘某任何补偿。

刘某在 A 公司正常工作至 2019 年 1 月 14 日，当日，A 公司向刘某出具警告和解聘函，以刘某收到 3 份严重警告处分为由，决定当日起解除与刘某的劳动合同。

此后，刘某诉请 A 公司支付违法解除劳动合同赔偿金 817 900.30 元。

庭审中，A 公司主张员工手册已贴在公示栏中，并出示了照片；刘某称从未见过员工手册，A 公司提供的员工手册纸质版是崭新的，只有封面有公章，可以随意修改打印和篡改，没有经过民主程序，照片未显示拍摄时间、地点、拍摄人。

处理结果

人民法院认为，A 公司虽提供了纸质版员工手册放置于公告栏内的照片，表示员工可自行翻阅，但无法出示该照片的原始载体，无法显示拍摄时间等，刘某对此亦不予认可，故难以采信 A 公司关于员工手册已经过公示或送达刘某的主张。故法院认为员工手册无法成为 A 公司解除劳动合同的制度依据，A 公司的解除行为构成违法解除劳动合同。

合规建议

在企业与工会或者职工代表平等协商后，应确定规章制度的定稿，以及生效与发布的时间。对于制度的公示告知的形式，法律没有明确规定，实务中比较常见的如内部网站、钉钉、工作群、网盘等以电子数据的形式公示，也有直接签收、培训等书面的形式。笔者更建议采取培训签到、制度考试加制度签收表的组合形式进行，这样可以确保劳动者收到"制度"，又可证明其已经充分学习并知晓制度内容。